INHALT

V&R

BENSHEIMER HEFTE
Herausgegeben vom Evangelischen Bund
Heft 117

Die Kirchen der Gegenwart

Herausgegeben von Gury Schneider-Ludorff
und Walter Fleischmann-Bisten

Band 6

MATTHIAS MEYER / PETER VOGT (HG.)

Herrnhuter Brüdergemeine (Evangelische Brüder-Unität / Unitas Fratrum)

VANDENHOECK & RUPRECHT

Bibliografische Information der Deutschen Nationalbibliothek:
Die Deutsche Nationalbibliothek verzeichnet diese Publikation in der Deutschen Nationalbibliografie; detaillierte bibliografische Daten sind im Internet über https://dnb.de abrufbar.

Umschlagbild: Peter Vogt/Herrnhut unter Verwendung von Lammssignets aus unterschiedlichen Provinzen der Brüder-Unität.

Druck und Bindung: ⊕ Hubert & Co. BuchPartner, Göttingen
Printed in the EU

Vandenhoeck & Ruprecht Verlage | www.vandenhoeck-ruprecht-verlage.com

ISSN 0522-9014
ISBN 978-3-525-82552-5

VORWORT

Die heutige Brüder-Unität / Unitas Fratrum / Herrnhuter Brüdergemeine verdankt sich einer langen, verschlungenen Entstehungs- und Entwicklungsgeschichte. Die Forderung nach Erneuerung der Kirche, angestoßen durch den Prager Magister Jan Hus († 1415), führte in Böhmen und Mähren 1457 zur Gründung einer Glaubensgemeinschaft, die unter dem Namen der Böhmischen Brüder bekannt wurde und als eine der ältesten evangelischen Kirchen gilt. Der pietistische Impuls zur Ausbreitung des Reiches Christi, dem sich Nikolaus Ludwig Graf von Zinzendorf (1700–1760) verpflichtet fühlte, bereitete den Boden für das Entstehen der Herrnhuter Brüdergemeine. Die Gemeinde Herrnhut, die sich 1722 aus einer ersten Ansiedlung mährischer Glaubensflüchtlinge bildete, verwandelte sich durch den weiteren Zustrom geistlich erweckter Personen aus deutschen Regionen in eine pietistisch geprägte und überkonfessionell ausgerichtete Sammlungsbewegung. Daraus wiederum entstand ab 1732 eine internationale Missions- und Evangelisationsbewegung, die sich in alle protestantischen Länder Europas verzweigte und in vielen Kolonialgebieten Missionsprojekte etablierte. Während Zinzendorf vorhatte, die Brüdergemeine als eine Gemeinschaft innerhalb der landeskirchlichen Strukturen zu bilden, erfolgte mit der Übernahme des alt-brüderischen Bischofsamts 1735 und der Anerkennung der Brüdergemeine in England 1749 als einer „ancient Episcopal Church" die Weichenstellung für kirchliche Selbständigkeit. Im 19. Jahrhundert führte die zunehmende regionale Assimilierung zur Bildung von drei getrennten Provinzen in Nordamerika, Großbritannien und auf dem europäischen Festland. Im 20. Jahrhundert signalisierte die Gründung des Ökumenischen Rates der Kirchen (ÖRK) in Amsterdam 1948 den Beginn einer weiteren wichtigen Entwicklung, nämlich die wachsende Wahrnehmung christlicher Einheit als einer globalen Kategorie und damit verbunden die Anerkennung ehemaliger Missionskirchen als gleichberechtigte Partner. In der Brüder-Unität führte dieser Prozess ab 1960 zur Bildung zahlreicher neuer Provinzen in

Süd- und Mittelamerika, im Karibischen Raum und vor allem in Afrika.

Inzwischen ist die Brüdergemeine in Europa zahlenmäßig verschwindend klein im Vergleich zu den rapide wachsenden Mitgliederzahlen in Tansania und anderen ostafrikanischen Ländern. Damit geht eine signifikante Verschiebung des Schwerpunkts vom Norden in den Süden einher, die sowohl den Leitungsanspruch als auch das kirchliche Selbstverständnis betrifft. Wie sich unter diesem Vorzeichen das Miteinander der zunehmend vielfältigen Provinzen im gemeinsamen Haus der Unität im 21. Jahrhundert weiter entwickeln wird, ist noch nicht abzusehen.

Charakteristisch für die heutige Vielfalt der Brüder-Unität ist die Tatsache, dass zahlreiche unterschiedliche Namen für sie im Gebrauch sind. Im deutschen Sprachraum ist die Brüder-Unität als Herrnhuter Brüdergemeine bekannt, gelegentlich ist auch schlicht von den „Herrnhutern" die Rede. Die gemeinsame englischsprachige Kirchenordnung verwendet die lateinische Bezeichnung „Unitas Fratrum" und davon abgeleitet den englischen Begriff „Unity". Gleichwohl hat sich im anglo-amerikanischen Bereich schon seit Mitte des 19. Jahrhunderts der Ausdruck „Moravian Church" durchgesetzt, der auf die Herkunft der ersten Siedler aus Mähren (engl. Moravia) rekurriert. Ähnlich heißt die Brüdergemeine auf Spanisch „Iglesia Morava" und auf Kisuaheli „Kanisa La Moravian". Im Deutschen ist hingegen der Ausdruck „Mährische Kirche" ganz ungebräuchlich. Für die Übersetzung der Beiträge in diesem Band bildete diese Namensvielfalt eine gewisse Herausforderung. Es hat sich als sinnvoll erwiesen, bei den Selbstdarstellungen der Provinzen zu Beginn den lokal gebräuchlichen Eigennamen zu nennen und dann von „Brüdergemeine" oder „Herrnhutern" zu sprechen. Die Begriffe „Brüder-Unität" und „Unitas Fratrum" wurden vorrangig für die Kirche in ihrer weltweiten Gesamtheit gewählt. Dass sich der Name „Brüdergemeine" am Ende ohne den Buchstaben „d" schreibt, geht übrigens auf die Schreibweise des 18. Jahrhunderts zurück, die beibehalten wurde. Die Herrnhuter Brüdergemeine unterscheidet sich so von anderen Kirchen und Gemeinschaften, die den Namen „Brüdergemeinde" tragen und im 19. Jahrhundert aus ganz anderen konfessionellen Wurzeln entstanden sind.

Der Name „Moravian Church“ erinnert an die mährischen Exulanten, die von Böhmen und Mähren kommend über Herrnhut zu Boten der Weltmission wurden. Ihre Wirksamkeit geht bis heute weiter, wie sich etwa Prof. Dr. Jürgen Moltmann erinnert: „Als ich begann, alle zwei Jahre das Evangelische Seminar (CIEETS) in Managua, Nicaragua, zu besuchen, begegnete ich vielen Studenten von der Atlantikküste. Es waren Miskito-Indianer, die durch Mission vor hundert Jahren ‚böhmische Brüder‘ geworden waren!“[1] Diese Reminiszenz hebt die Verwurzelung der außer-europäischen Provinzen in der Geschichte der europäischen Brüder-Unität hervor, sie berührt aber auch die Frage nach der Inkulturation dieser Geschichte im eigenen indigenen Kontext. Es ist zu vermuten, dass die Miskito-Indianer in Nicaragua eine ganz andere Geschichte erzählen würden, was ihnen ihre brüderische Identität bedeutet, als etwa „Herrnhuter“ in Deutschland oder „Moravians“ in den USA.[2]

Es ist ein Ziel des vorliegenden Bandes, dieser Vielfalt der heutigen Brüder-Unität Rechnung zu tragen, gerade auch darin, dass die unterschiedlichen Provinzen ihre Geschichte jeweils selbst erzählen. In der zweiten Hälfte des 20. Jahrhunderts sind drei wichtige Gesamtdarstellungen der Brüder-Unität erschienen: der von Heinz Renkewitz herausgegebene Band „Die Brüder-Unität“ in der Reihe „Kirchen der Welt“ (1967), die im gleichen Jahr von Kenneth G. Hamilton in den USA veröffentlichte „History of the Moravian Church“ und die 1975 in den Niederlanden erschienene Aufsatzsammlung „Unitas Fratrum – Moravian Studies“.[3] Ihnen ist gemeinsam, dass sie die Geschichte der Brüder-Unität aus europäischer bzw. amerikanischer Sicht erzählen. Mit dem vorliegenden Band wird hier ein neuer Weg

---

[1] Jürgen Moltmann, Erfahrungen mit dem Moravian Collage und Theological Seminary in Bethlehem/Pa., USA, Typoskript an Matthias Meyer, 2014, 2.

[2] Vgl. Peter Vogt, How Moravian Are the Moravians? The Paradox of Moravian Identity, in: *Journal of Moravian History* 18, 2018, 77–101.

[3] Heinz Renkewitz (Hg.), *Die Brüder-Unität*, Kirchen der Welt 5, Stuttgart 1967; Kenneth G. Hamilton, *History of the Moravian Church. The Renewed Unitas Fratrum 1722–1957*, Bethlehem/PA 1967; und Mari P. van Buijtenen, Cornelis Dekker und Huib Leeuwenberg (Hg.), *Unitas Fratrum. Herrnhuter Studien/Moravian Studies*, Utrecht 1975.

eingeschlagen. Dass die Geschichte einer weltweiten Kirche wirklich von einem globalen Autorenteam geschrieben wird, ist in der Historiographie der Brüder-Unität ein Novum. Während die europäischen Autoren eher der klassischen akademischen Tradition verpflichtet sind, bieten Autoren der jungen Kirchenprovinzen im Kontext ihrer Kultur und Theologie andere Zugänge und Schwerpunkte. Dieser methodische Ansatz ist um so bedeutsamer, als die heutige Brüder-Unität sich als eine Gemeinschaft von Partnern begreift, die gleichberechtigt zusammenwirken. Sollte sich das nicht auch in der Geschichtsschreibung widerspiegeln?

Der vorliegende Band ist ein erster Schritt auf diesem Weg, wenn auch den Herausgebern die Schwierigkeiten und Grenzen eines solchen Unterfangens immer wieder deutlich wurden, nicht zuletzt, weil viele Provinzen erst dabei sind, für das Erzählen der eigenen Geschichte sprachfähig zu werden. Gleichwohl kommen verschiedenartige Perspektiven in den Blick, die unterschiedliche Expertisen und Formate in Leben und Lehre, Kirche und Kultur, Kirchenleitung und theologische Ausbildung widerspiegeln. Insgesamt wird lokal, regional, national und international eine Kontinuität der Brüder-Unität sichtbar, die in der gemeinsamen Geschichte wurzelt und zugleich vielfach im Umbruch ist. In dieser Vielfalt und in dieser Spannung wird das heutige Profil der weltweiten Brüder-Unität lebendig, plastisch und real.

Ein wichtiges Thema des Bandes ist die ökumenische Ausrichtung der Brüder-Unität. Sie hat ihren Weg als Kirche immer als Partnerschaft mit anderen Kirchen verstanden und sich vielfältig in das ökumenische Geschehen eingebracht. Dabei ist sie trotz – vielleicht auch wegen – ihrer kleinen Mitgliederzahl oft ein Brückenbauer für ökumenische Verständigung und Zusammenarbeit gewesen. Hier wird auch in Zukunft ein wichtiges Aufgabenfeld liegen. Die Brüder-Unität weiß sich dabei dem gleichen Auftrag verpflichtet, der auch im Thema für die 11. Vollversammlung des Ökumenischen Rates der Kirchen 2022 in Karlsruhe angesprochen wird: „Die Liebe Christi bewegt, versöhnt und eint die Welt.“ Wir hoffen, dass der vorliegende Band für das ökumenische Gespräch nicht nur aktuelle konfessionskundliche Informationen bereithält, sondern vor allem Impulse vermittelt, wie das reiche ökumenische Erbe der

Brüder-Unität (Comenius, Zinzendorf, die Losungen, weltweite Mission) weiterhin fruchtbar sein kann.

An dieser Stelle danken wir allen Autoren und Autorinnen, die durch ihre Beiträge authentische Einsichten in das Leben der internationalen Brüder-Unität ermöglichen, und denjenigen, die uns bei den Übersetzungen fremdsprachiger Texte wichtige Zuarbeit leisteten. Ein Wort des Dankes gebührt den Bischöfen der Brüder-Unität Volker Schulz in Basel und Theodor Gill (1928–2019), die an diesem Projekt mit wohlwollendem Interesse Anteil genommen haben.

Für die Gewährung von Druckkostenzuschüssen, die die Herausgabe dieses Bandes ermöglicht haben, danken wir der Graf-Zinzendorf-Stiftung/Herrnhut, dem Freundeskreis des Evangelischen Bundes Hessen und der Evangelischen Landeskirche in Baden/Karlsruhe. Last but not least danken wir Pfarrer Dr. Walter Fleischmann-Bisten für die Anregung und die hilfreiche Begleitung in der Zeit der Erarbeitung des Textes, sowie der Mitherausgeberin der Reihe „Die Kirchen der Gegenwart“ und ehemaligen Präsidentin des Evangelischen Bundes, Frau Prof. Dr. Gury Schneider-Ludorff, für ihre Unterstützung. Dass unser Band „Unitas Fratrum“ im Vorfeld zum Herrnhuter Stadtjubiläum im Jahr 2022 erscheint und gleichsam einen Auftakt zur Vergegenwärtigung und Würdigung der vielgestaltigen 300-jährigen Wirkungsgeschichte bildet, freut uns besonders.

Weinheim, den 17.6.2020	Herrnhut, den 17.6.2020
Pfarrer Dr. Matthias Meyer	Pfarrer Dr. Peter Vogt

A. VORGESCHICHTE UND ENTSTEHUNG DER UNITAS FRATRUM

1. Die Alte Brüder-Unität

Jindřich Halama

1.1 Die Wurzeln in der Hussitischen Reformation

Die Brüder-Unität (Unitas Fratrum) oder die Kirche der Böhmischen Brüder, wie sie in der Geschichtsschreibung in der Regel bezeichnet wird, entstand als eine Frucht der Reformbewegung am Ende des 14. und in der ersten Hälfte des 15. Jahrhunderts in Böhmen.[1] Theologisch haben die Brüder Einsichten des radikalen Flügels der hussitischen Bewegung aufgenommen und weiterentwickelt. Die Theologie der Prager Universität kam um 1400 unter den verstärkten Einfluss der Schriften John Wycliffs. Repräsentanten dieser Orientierung waren in erster Linie Jan Hus und Jakobellus von Mies (Jakoubek ze Stříbra). Wesentliche Anliegen waren die Autorität der Heiligen Schrift vor allen kirchlichen Autoritäten und der Kelch, nämlich das Abendmahl unter beiderlei Gestalt. Das hussitische Reformprogramm wurde in den Vier Prager Artikeln (1419) formuliert. Sie beinhalten 1. das Wort frei zu verkündigen, 2. das Abendmahl „sub utraque" unter beiderlei Gestalt von Brot und Wein, auszuteilen, 3. den Priestern und Mönchen weltliche Herrschaft und Besitz zu nehmen und alle Christen zum gehorsamen Leben nach dem apostolischen Vorbild zu verpflichten und

[1] Joseph Theodor Müller, *Geschichte der Böhmischen Brüder,* 3 Bände, Herrnhut 1922–1931; Rudolf Říčan, *Die Böhmischen Brüder. Ihr Ursprung und ihre Geschichte*, Berlin 1961; und Craig D. Atwood, *The Theology of the Czech Brethren from Hus to Comenius,* Pennsylvania State University 2009. Zur Quellenlage vgl. Joachim Bahlcke u. a. (Hg.), *Acta Unitatis Fratrum. Dokumente zur Geschichte der Böhmischen Brüder im 15. und 16. Jahrhundert.* Band 1. Regesten der in den Handschriftenbänden Acta Unitatis Fratrum I–IV überlieferten Texte, Wiesbaden 2018.

4. alle Todsünden zu bestrafen und ihnen in allen Bevölkerungsschichten zu wehren.[2]

Während an der Universität die Lehre unter dem Druck der konservativ Lehrenden besonnen weiterentwickelt wurde, nahmen die Schüler von Hus und Jakoubek, die die Theologie des Hussitentums nach 1415 vorantrieben, deutlich radikalere Positionen ein. Besonders in Tabor wurde die Lehre theologisch zugespitzt, auch im Kontakt mit der waldensischen Bewegung, die in der Umgebung relativ weit verbreitet war.[3] So beschränkte das Taboritentum die Konsequenzen christlicher Botschaft nicht nur auf die Ebene von Gottesdienst und Kirche (Predigt, Sakramente, Priestertum), sondern zog aus ihnen Konsequenzen für die ganze Sozialstruktur, etwa mit revolutionären Forderungen der Gleichheit aller Menschen und Gemeinschaft der Güter, um nach dem Vorbild der Urgemeinde die Nachfolge Christi mit dem Leben zu bezeugen.

Die Auseinandersetzung zwischen dem radikalen taboritischen Flügel und dem konservativeren „Prager" Teil der Hussiten, der sogenannten Utraquisten, hat nach den Hussitenkriegen in einer vollständigen Niederschlagung der Radikalen ihr Ende gefunden (militärisch in der Schlacht bei Lipany 1434, diplomatisch in der Synode von Kuttenberg 1443, symbolisch durch die Eroberung von Tabor im Jahre 1452).[4] Dies führte dazu, dass die radikalen Tendenzen im Utraquismus untergingen und die utraquistische Kirche mit Billigung Roms unter dem Schutzmantel der Basler Kompaktakten (1433) zwangsweise als einheitliche Landeskirche etabliert wurde.

Paradoxerweise versammelten sich schon in dieser Zeit unter der Kanzel des gewählten utraquistischen Erzbischofs, Jan Rokycana, eine Anzahl von Leuten, die in dem Kompromiss mit Rom einen Verrat der ursprünglichen hussitischen Forderung – Gehorsamkeit des Wortes Gottes vor allen anderen Autoritäten – sahen. Rokycana unterstützte die Suche seiner Hörer nach einem besseren christlichen Leben und verwies sogar eine

---

[2] Hans Jörg Dieter, *Leben wie es Gott gefällt. Das Schriftverständnis in der Confessio Taboritarum von 1434*, Berlin 1991.

[3] Vgl. Martin Wernisch, *Husitství. Raně reformační příběh*, Brno 2003, 74 ff.

[4] František Šmahel, *Die Hussitische Revolution*. Bd. 1–3, Hannover 2002.

Gruppe, die von Gregor von Prag, seinem Verwandten, geführt war, auf den Laienprediger Petr Chelčický.

Chelčický, ein eigenständiger gelehrter Denker, der mit den hussitischen Theologen lange im engen Kontakt stand, vertrat in vielen Punkten die radikale taboritische Lehre. Er unterschied sich jedoch von Anfang an von den Taboriten durch die konsequente Machtablehnung und Gewaltlosigkeit.[5] Seine Theologie und seine Schriften beeinflussten die Brüder und vor allem Gregor selbst zutiefst. Ihre Sehnsucht nach einer Kirche, die „nach dem Vorbild des Herrn Christus und der heiligen Apostel" lebt, hat Chelčický in einer derartigen Weise verstärkt, dass viele sich endgültig entschlossen, eine eigenständige Gemeinschaft zu bilden, die sich ausschließlich nach dem Wort Gottes auszurichten suchte und seine Gebote zu halten trachtete.[6]

Im Jahre 1457/58 ließen sich die ersten Brüder im Dorf Kunwald im Adlergebirge nieder, um ihre Vorstellungen vom wahren Christentum mit dem Leben und der Tat zu bezeugen. Bruder Gregor war geistlich und organisatorisch die führende Gestalt. Er stand in Verbindung mit verschiedenen Gruppen in Böhmen, die von ähnlichen Vorstellungen bewegt waren. In kurzer Zeit schlossen sich einige dieser Gruppen aus den Kreisen der Waldenser, der radikalen Hussiten oder auch Schwärmer den Brüdern an. Das theologische Programm der Gemeinschaft wurde in einer Versammlung im Jahre 1464 erarbeitet, bekannt als „Einwilligung in den Reichenauer Bergen." Der Kernsatz dieser Erklärung ist aussagekräftig: „Vor allen anderen Dingen haben wir zuerst darin eingewilligt, dass wir uns allesamt im Glauben des Herrn Christus erhalten und auf die Gerechtigkeit, die aus Gott ist, unser Leben gründen, und in Liebe wohnend, Hoffnung in dem lebendigen Gott haben sollen."[7]

Die Reihenfolge „Glaube, Gerechtigkeit, Liebe, Hoffnung" lässt schon ahnen, dass die ersten Brüder großes Gewicht auf die „bessere Gerechtigkeit" (Mt 5,20) legten, die sie traditionell

---

[5] Neuere Forschung: Jaroslav Boubín, *Petr Chelčický. Myslitel a reformátor*, Praha 2005, und Murray L. Wagner, *Petr Chelčický. A radical separatist in Hussite Bohemia*, Scottdale/PA 1983.

[6] Müller, *Geschichte* I, 96.

[7] Zitiert nach Rudolf Říčan, *Brüder*, 24.

mittelalterlich als sittlich gutes Leben verstanden.[8] Ihre Theologie knüpfte überwiegend an Gedanken von Petr Chelčický an und sah die wahre Kirche als eine Alternative zur bestehenden Gesellschaft. Nach Ansicht der Brüder lag die Welt im Argen, und Christen sollten aus ihrem Glauben heraus keine tiefere Verankerung in den weltlichen Strukturen und Zwängen suchen. Ein Christ sollte kein Amtsträger werden; vom Regieren und Kriegsdienst bis hin zum Ratsherren- oder Zunftmeisterstand galt es, Abstand zu nehmen. Die wahre christliche Kirche muss sich durch das Gesetz Christi bestimmen lassen, das klar, eindeutig und unwandelbar Gültigkeit hat und sich verhältnismäßig leicht verstehen lässt, wenn man nur will. Die Bibel soll wörtlich verstanden werden. Die Brüder waren von der Überzeugung getragen, dass die Erfüllung dieses Gesetzes nicht nur erforderlich, sondern auch möglich ist, und suchten darin ein gottgefälliges Leben zu führen.

Solche scharfe Unterscheidung der Separation von der Welt und des Lebens in der Welt brachte aber eine ernsthafte Schwierigkeit – den Mangel an einem glaubwürdigen Priestertum. Mit dem moralischen Nachdruck auf das gute Leben aller Christen wuchs auch das Verlangen nach guten, besseren Priestern, die die Brüder intensiv suchten. In den ersten Jahren nutzten sie den Dienst einiger utraquistischer Priester mit römischer Weihe – eine Weihe, die die Utraquisten beibehielten – obgleich die Brüder der Weihe grundsätzlich kritisch gegenüberstanden. Im Jahre 1467 entschlossen sie sich schließlich für die Einsetzung eigener Priester. Bei einer Synode in Lhotka wählten sie die ersten drei Priester und ließen diese durch die Waldenser bestätigen. Diese entschiedene Trennung von der utraquistischen Kirche hat eine Welle von Verfolgungen ausgelöst, die die Brüder in ihrem Weg noch bestärkten: Verfolgung und Leiden verstanden sie als ein Zeichen der wahren Kirche Christi, das sie davor bewahrte, sich der Welt anzupassen.

Um 1480 suchte eine größere Gruppe deutscher Waldenser Zuflucht in Böhmen und Mähren und schloss sich den Brüdern an, wodurch ein deutschsprachiger Zweig der Unität entstand. Dieser lebte teilweise in Mähren, besonders in dem Gebiet um

[8] Vgl. Erhard Peschke, *Kirche und Welt in der Theologie der Böhmischen Brüder*, Berlin 1981, 123–125.

Fulneck. In derselben Zeit begannen sich Anzeichen dafür zu mehren, dass das brüderische Ideal des wahren christlichen Lebens sich nicht durchhalten ließ und eigentlich undurchführbar war. Die Brüder kamen zur Überzeugung, dass das Ideal der Einfalt und Weltflucht keine Grundlage bot, auf der eine lebensfähige und verantwortliche christliche Gemeinschaft hätte aufgebaut werden und Bestand haben können. Ab 1480 zeigte sich immer mehr die Notwendigkeit, dass die Beziehung zur Welt und die sich daraus ergebenden sozialen Fragen anders durchdacht und neu beurteilt werden mussten.[9]

Die zweite Generation der Brüder, die politisch eine ruhigere Zeit erlebte, sah sich einem scharfen theologischen Konflikt innerhalb der Gemeinschaft ausgesetzt. Mehrere Adlige und Gebildete traten der Unität bei, meist Utraquisten, die eine glaubwürdige Frömmigkeit suchten, darunter auch eine Reihe von Edelleuten und eine Gruppe von Universitätsprofessoren. Unter diesen neuen Mitgliedern und Geistlichen trat bald Lukas von Prag (ca. 1460–1528) als ein profilierter Theologe hervor, der eine neue Formulierung der brüderischen Lehre vorbereitete und ihr in zahlreichen Kirchenversammlungen, Disputationen und Streitschriften zum Durchbruch verhalf. Der wesentliche Wandel in der brüderischen Theologie erfolgte in den Jahren 1490 bis 1495. Scheinbar ging es vor allem um die Stellung der Brüder zur weltlichen Macht, dahinter steckte aber eine Grundfrage, die von der ersten Generation der Brüder nicht befriedigend beantwortet worden war: Wie lässt sich Gewissheit erlangen, dass unser Leben gottgefällig ist? Die strengen, asketisch-moralistischen Regeln für das christliche Leben konnten diese Gewissheit nicht hervorbringen. Lukas und die „große Partei“, wie sie in dem Konflikt hervortraten, verhalfen dazu, dass „die Brüder-Unität bewusst diese erste Etappe ihres Weges als eine Epoche von Übermaß bzw. Maßlosigkeit im Moralisieren beendet hat“.[10] Wenn Lukas einige Jahre später die „Erneuerung der Kirche“ in der Brüder-Unität beschreibt, nennt er in der Reihe der Zeugen nicht Chelčický, sondern Hus

---

9 Vgl. Erhard Peschke, *Die Theologie der Böhmischen Brüder in ihrer Frühzeit*, 2 Bände, Stuttgart 1935/1940.

10 Amedeo Molnár, *Pohyb teologického myšlení*, Praha 1982, 297f.

und Žižka (!), was als klares Zeichen gelten darf, dass sich die Brüder ihrer hussitischen Wurzeln bewusst waren.[11]

Es besteht kein Zweifel darüber, dass die Gestalt der brüderischen Lehre und Praxis, wie sie im Laufe des ersten Viertels des 16. Jahrhunderts – vorwiegend durch Bruder Lukas – ausformuliert wurde, für die gesamte weitere Entwicklung der Brüder-Unität richtungsweisend geworden ist.[12]

1.2 Die Sozialethik der Brüder

Der entscheidende Wandel in der brüderischen Lehre geschah im Verständnis des Verhältnisses der Brüder-Unität zur Gesellschaft und ihren Institutionen.[13] Die Brüder gaben die kompromisslose Ablehnung aller gesellschaftlichen Einrichtungen auf und übernahmen entschlossen Mitverantwortung für die Organisation der menschlichen Gesellschaft, wenn auch aus kritischer Distanz und mit vielerlei Vorbehalten. Das Instrumentarium staatlicher Gewalt beobachteten sie weiterhin mit Vorsicht bis Misstrauen. Erste Aufgabe der obrigkeitlichen Macht soll sein, das Recht zu schützen und Unrecht in Ordnung zu bringen. Das ist nicht immer zu leisten, und auch im besten Fall kann man damit nur das Übel unter Kontrolle halten, nicht aber Frieden und Gerechtigkeit schaffen.

Was die soziale Gliederung der Gesellschaft angeht, kamen die Brüder dazu, die Gliederung der Gesellschaft allmählich zu akzeptieren. Ursprünglich wurde von den Adligen gefordert, Titel und Besitztümer aufzugeben, um Mitglied der Brüder-Unität zu werden. Mit Beginn des 16. Jahrhunderts wurde verlangt, dass nur die Verwaltung aufzugeben sei; später, unter dem Einfluss der europäischen Reformation, wurden Adlige ohne zusätzliche Vorbedingungen angenommen.[14] Die Aufgabe der Adligen bestand darin, Verantwortung zu übernehmen und sich um ihre Untergebenen zu kümmern. Mit dem Einsatz ihrer Güter und ihrer Macht sollten sie Wohltäter sein, also nicht bloß

[11] Peschke, *Kirche und Welt*, 161 f.
[12] Müller, *Geschichte* I, 456–516.
[13] Umfassende Darstellung in Jindřich Halama, *Die Soziallehre der Böhmischen Brüder 1464–1618*, Herrnhut 2017.
[14] Vgl. Říčan, *Brüder*, 98 f, und Müller, *Geschichte* II, 59.

Ordnung halten, sondern sich vielmehr um notwendige Hilfe kümmern und Wege suchen, das allgemeine Wohl zu fördern.

Ähnlich waren die Priester zwar für einen besonderen Dienst freigestellt, der es rechtfertigen mochte, dass andere sie materiell unterstützten. Doch auch die Priesterschaft hatte sich nach Möglichkeit ihren Lebensunterhalt selbst zu verdienen, um niemandem zur Last zu fallen und um den anderen geistlich und materiell auch auf diese Weise zu dienen. Keine Herrschaft, sondern Dienst und Verantwortung sollten die Merkmale der Christen in allen Ständen sein.

Anders als die Lehre Gregors in der ersten Generation, der durch sein kräftiges Auseinanderreißen von Welt und Reich Gottes die Wirklichkeit zerteilt hatte, begriff Lukas mit seiner Theologie die Wirklichkeit als Kontinuum. Das natürliche Leben stand nicht mehr notwendigerweise in direktem Gegensatz zu Gott und geriet nicht mehr zum Hindernis für das Heil. Nach Lukas steht die bessere Gerechtigkeit, von der Jesus in der Bergpredigt spricht, nicht im Gegensatz zum Alten Testament.[15] Das Neue Testament ist nicht ein neues Gesetz, sondern die Anweisung Jesu, wie man das Gebot Gottes verstehen muss. Was die Gebote Gottes betrifft, so liegt das zentrale Prinzip aller Gebote im Gesetz der Gnade, das eine geistliche Größe sei und überhaupt nicht festgeschrieben werden könne. Die Bibel, die Lukas als ein „dienlich Ding“ bezeichnet, kann also die sämtlichen nötigen Anweisungen für die Gestaltung eines christlichen Lebens gar nicht umfassend darbieten.[16]

Mit dem Wort „dienlich“ berühren wir das „Formalprinzip“ der brüderischen Lehre, das von Lukas eingeführt wurde. Die traditionelle Teilung von „wesentlichen“ und „unwesentlichen“ bzw. „zufälligen“ Dingen wurde um die Kategorie der „dienlichen“ Dinge erweitert: die Heilige Schrift, die Kirche, die Sakramente und das Priestertum. Die „dienlichen Dinge“ wurden als Instrumente verstanden, die dem christlichen Leben dienen. Als wesentliche Grundlagen wurden gemäß 1 Kor 13,13 Glaube, Liebe und Hoffnung gesehen.

---

15 Vgl. eingehender Peschke, *Kirche und Welt*, 138.

16 Siehe das Kapitel von Amedeo Molnár, Über die Theologie der Brüder, in: Říčan, *Brüder*, 283–321.

Ein beispielhaftes christliches Leben sollte nicht in radikaler Abtrennung und Abwendung von der Gesellschaft erfolgen, sondern mitten im gesellschaftlichen Leben. Ein Christ sollte mit seinem Beispiel die Umgebung davon überzeugen, dass ein gutes Leben möglich sei. Etwas vereinfachend könnte man sagen: Die Haltung der ersten Generation der Unität war überwiegend durch Gehorsam geprägt, unter Lukas wurde Verantwortung zum bestimmenden Merkmal.

Eine wichtige Charakteristik der Lehre der Unität war und ist die Autonomie der Kirchenverwaltung. Das hat sich von Bruder Gregor bis zu Comenius nicht geändert. Die weltliche Macht darf keinesfalls in geistliche Dinge eingreifen; die Obrigkeit darf keine Mitsprache bei der Besetzung der Pfarrstellen und bei der Berufung der Bischöfe haben. Die Autorität der Kirche zeigte sich in der Kirchenzucht, die keine Rücksicht auf soziale Unterschiede zu nehmen hatte. Unter dem Gericht des Wortes Gottes und auch unter seiner Gnade sind alle Menschen gleich.

Der andere kennzeichnende Zug der brüderischen Lehre ist die vom Hussitentum übernommene Forderung, in der Nachfolge Jesu soziale Aufgaben wahrzunehmen und mit dem Leben zu bewahrheiten. Nicht so radikal wie die Taboriten, aber doch deutlich genug verstand die Brüder-Unität ihre Gemeinden als christlichen Gemeinschaftsverband in Solidarität und im gemeinsamen Dienst. Unterschiede zur herrschenden Gesellschaft waren auch hier klar und deutlich gewahrt. Christliches Leben musste und muss ein „Dienst an Gott in den Nächsten“ sein.[17]

1.3 Gemeinde- und Amtsverständnis

Die Trennung von geistlicher und weltlicher Macht gründete sich natürlich auch in dem brüderischen Verständnis der Kirche. Die Unität fand nach und nach zu einigen Elementen der kirchlichen Tradition zurück, welche die ersten Brüder unter dem Einfluss von Chelčický verworfen hatten, jedoch passte sie sich auch nach der Veränderung ihres Verhältnisses zur Gesellschaft nicht wieder in die etablierten kirchlichen Ordnungen ein. Ihre Abkehr von der Mehrheitskirche zog sie nicht in Zwei-

---

[17] Vgl. Halama, *Soziallehre*, 5.

fel, sie durchdachte sie vielmehr und begründete sie theologisch. Ihr Verständnis von Kirche und Sakramenten unterschied sich völlig von dem der Utraquisten. Die Brüder haben Kirche als „communio electorum" verstanden, als eine Gemeinschaft, die durch den Geist Gottes erweckt und berufen ist und deshalb in der Welt immer eine Minderheit bleiben wird. Daher darf die Kirche keinen Anspruch auf das Gewissen der Menschen erheben und kann niemanden zum Glauben zwingen.[18]

Auf der anderen Seite haben die Brüder Disziplin und Erziehung als notwendig für ein gutes christliches Leben gesehen. Sie haben die Gemeinden von Anfang an nach einer traditionellen Ordnung des geistlichen Wachstums (incipientes, proficientes, perfecti) organisiert, inhaltlich aber mit starker pädagogischer Ausrichtung. Die Kirche soll den Gliedern auch durch Bildung, Anleitung und Aufsicht helfen, das christliche Leben zu stärken und zu entwickeln. Im Einklang mit dieser Sichtweise entwickelten die Brüder ab Ende des 15. Jahrhunderts ein Schulsystem, das im 16. Jahrhundert relativ weit verbreitet und hoch geschätzt war (trotz der faktischen Illegalität der Brüder) und das auch den Priesternachwuchs bis hin zu Johann Amos Comenius für die Unität prägte.

Das Priestertum in der Unität wurde seit 1467 selbstständig verwaltet. Formal war es traditionell gegliedert: Diakon, Priester, Bischof. Wir haben schon erwähnt, dass es inhaltlich nicht hierarchisch, sondern seelsorgerlich organisiert wurde. Die Priester sollten ledig bleiben, um sich ganz für den Dienst des Evangeliums einsetzen zu können (erst im letzten Viertel des 16. Jahrhunderts hat sich diese Situation geändert). Das Leben wurde in den Brüderhäusern organisiert, in denen aktive Priester mit jungen Männern, die sich für das Priestertum vorbereiteten, und älteren Priestern im Ruhestand zusammenlebten und arbeiteten. In der Regel hatten sie eine Wirtschaft oder Werkstatt, um die Mittel für den eigenen Unterhalt und die Bedürftigen zu erwerben.

Die Ausbildung der Priester veränderte sich stark, von selbstgebildeten und gegen akademische Theologie misstrauisch eingestellten Handwerkern im 15. Jahrhunderts bis hin zu hochgebildeten Theologen im 16. und 17. Jahrhundert, wie

---

[18] Vgl. Peschke, *Kirche und Welt*, 146 ff.

Jan Blahoslav und besonders Johann Amos Comenius, die an mehreren Universitäten studierten. Die Werke des Pädagogen, Brüderbischofs und Universalgelehrten Comenius fanden in ganz Europa Verbreitung und sind bis heute ein wichtiger Beitrag zur Kultur- und Geistesgeschichte.

1.4 Begegnung mit der Reformation in Deutschland und der Schweiz

Die Unität hatte sich schon als eine selbstbewusste und stabile Kirche etabliert, als die von Martin Luther ausgehende Reformation Mitteleuropa erfasste. Die Brüder begrüßten die Reformation und nahmen bald mit Wittenberg und Martin Luther Kontakte auf.[19] Eine Generation lang war der Einfluss Luthers in der Unität sehr stark. 1535 legten die Brüder durch ihre adligen Vertreter dem böhmischen König Ferdinand I. eine Bekenntnisschrift vor, die ihnen zwar nicht zur erhofften Anerkennung verhalf, aber bald zu einem wichtigen Faktor im Gespräch mit der europäischen Reformation wurde.

In der Zeit Luthers war Jan Augusta die führende Person in der Unität. Er hat sich bemüht, die reformatorisch-orientierten Kirchen in Böhmen zusammen zu bringen. Die Utraquisten teilten sich unter dem Einfluss der Reformation in zwei Flügel: konservative Alt-Utraquisten und reformatorisch ausgerichtete Neu-Utraquisten, die nicht weniger als die Unität von der lutherischen Reformation beeinflusst waren. Die Hoffnungen auf eine Union erwiesen sich als trügerisch, insbesondere nach dem unglücklichen Ausgang des Schmalkaldischen Kriegs, in dem sich auch brüderische Adelige engagierten. Daraus resultierte eine harte Verfolgung der Unität in Böhmen. Eine Reihe von Gemeinden wurde vernichtet, die Brüder wurden aus allen königlichen Städten verwiesen und eine große Zahl emigrierte nach Preußen und Polen. 1548 wurde Augusta selbst verhaftet und 16 Jahre lang gefangen gehalten. Das Zentrum der Arbeit verschob sich nach Mähren, wo der Unität mehr Freiheit gewährt wurde.

---

[19] Michael Rohde, *Luther und die Böhmischen Brüder nach den Quellen*, Brno 2007.

Zugleich führte die Verfolgung zu einer kritischen Überprüfung der „Faszination“ mit dem Luthertum, was eine Rückkehr zu den eigenen Quellen, vor allem zur Theologie des Bruder Lukas und ein gestärktes Bewusstsein der eigenen Tradition und des eigenen Weges mit sich brachte. Die Unität, in diesen Jahren schon von Jan Blahoslav geführt, blieb sich treu, zeigte sich nun jedoch zurückhaltend gegenüber Lutheranern einerseits und Calvinisten andererseits. Anfänglich langsam, dann mehr und mehr näherte sich die Brüder-Unität der schweizerischen Reformation, die den Brüdern insbesondere in der Sakramentenlehre und im Verständnis der Kirchenzucht sehr nahestand.

In der zweiten Hälfte des 16. Jahrhunderts unternahmen die protestantischen Stände in Böhmen den Versuch, das Augsburgische Bekenntnis als gültig für Böhmen durchzusetzen. Das lehnte Kaiser Maximilian II. ab, so dass die böhmischen protestantischen Adeligen einen neuen Weg zur Anerkennung der evangelischen Kirchen suchten. Ein eigenes Bekenntnis – die Confessio Bohemica – sollte erarbeitet und vorgelegt werden. Die Unität hat sich dem Projekt zögernd angeschlossen. 1575 wurde das Bekenntnis verfasst und dem Kaiser vorgelegt, der sich ausweichend verhielt. Lange Jahre hindurch blieb die konfessionelle Lage unsicher – die Confessio Bohemica wurde weder bestätigt noch abgelehnt, immerhin erlebten die Brüder eine ruhigere Periode unter dem Schutz von Adligen, die der Unität angehörten oder ihr gewogen waren.

Am Ende des 16. Jahrhunderts veröffentlichte die Unität die erste tschechische Bibelübersetzung aus den Ursprachen (1579–1594), die nicht nur die tschechischen Protestanten für die drei kommenden Jahrhunderte begleitete und stärkte, sondern auch kulturell bis heute ein Nationalschatz für die tschechische Sprache geblieben ist. Die nach ihrem Herstellungsort benannte „Kralitzer Bibel“ erschien 1995 als Faksimile unter der Schirmherrschaft des tschechischen Staatspräsidenten Václav Havel in Paderborn.

Zu Beginn des 17. Jahrhunderts erhielt die Unität für eine kurze Zeit den Status einer rechtlich anerkannten Kirche, nachdem die evangelischen Adeligen von Kaiser Rudolf II. einen Majestätsbrief erzwungen hatten. Die evangelischen Christen in Böhmen und Mähren lebten von 1609 bis 1620 in völliger legaler Freiheit. Allerdings geriet die Unität dadurch überraschend in eine innere Krise. Die Gründe dafür lagen in dem brüderischen Kirchenverständnis und ihren historischen Erfahrungen. Nach einem Jahrhundert von Diskriminierung und Verfolgung (seit dem St. Jakobs Mandat von 1508 war die Unität offiziell illegal) besaßen die Brüder verschiedene Strategien, wie kritische Situationen und Konflikte mit der Obrigkeit zu bewältigen waren, sie hatten aber keine Erfahrungswerte für eine freie Existenz und legale Wirksamkeit in der früher als feindlich erlebten und beurteilten Gesellschaft. Noch wichtiger war das Kirchenverständnis der Unität: Die Kirche als Gemeinschaft der Gläubigen wurde grundsätzlich als eine Minderheit verstanden. Dementsprechend interpretierte und gestaltete die Unität das christliche Leben bewusst anspruchsvoll. Dass diese Auffassung der Kirche kein Potenzial hatte, sich zu einer Volkskirche zu entwickeln, hatte schon Matthias Flacius Illyricus erkannt und ausgesprochen.[20] Die Unität ist in den Jahren der Legalität nicht gewachsen, sondern die Zahl der Mitglieder hat sich im Gegenteil verkleinert.[21]

1.5 Das Ende der Unität

Diese durch die Legalität verursachte Krise fand für die Unität bald ein Ende. Nachdem Ferdinand II., ein entschiedener Gegner der evangelischen Seite, den Thron als böhmischer König bestiegen hatte, nahm der Druck gegen Protestanten zu und erregte schließlich den Aufstand der tschechischen protestantischen Adeligen. Die Niederschlagung des Aufstandes im Jahre 1620 bedeutete das Ende der nichtkatholischen Kirchen in Böhmen und Mähren. Die evangelischen Priester wurden 1624 aus dem Lande endgültig ausgewiesen, der Adel musste 1627 entweder katholisch werden oder das Land verlassen. Der letzte tschechische Bischof der Unität, Johann Amos Comenius (1592–1670), ist zu einem Symbol und einer Lichtgestalt der

---

20 Illyrici scriptum de receptione fratrum an M. Antonium Bodenstein. Zitiert in Anton Gindely, *Quellen zur Geschichte der Böhmischen Brüder*, Wien 1859, 281.

21 Vgl. Jindřich Halama, The Crisis of the Unity of Czech Brethren in the Years Prior to the Thirty Years War or On the Usefulness of Persecution, *Communio viatorum* 44, 2002, 51–68.

Brüder und Schwestern im Exil geworden. Zerstreute Gruppen der Brüder stärkten den polnischen Zweig der Unität und fanden an anderen Orten Zuflucht, nicht zuletzt in Preußen. Die Brüder passten sich nach und nach der neuen Umgebung an. Comenius, der diese Gruppen geistlich und auch materiell unterstützte, sah ihre fortschreitende Assimilierung und kam zur Auffassung, dass die Unität, nachdem sie ihren Dienst nach dem Willen Gottes vollendet hatte, dazu bestimmt war, sich aufzulösen. Seine diesbezügliche Schrift lautet: „Testament der sterbenden Mutter der Brüder-Unität".[22] Er konnte nicht wissen, dass eine Generation nach seinem Tod 1670 ein neues Kapitel in der Geschichte der Brüder-Unität beginnen sollte.

---

[22] Johann Amos Comenius, *Vermächtnis der sterbenden Mutter, der Brüder-Unität, Eingleitet*, übersetzt und mit Anmerkungen versehen von Milos Bic, Neukirchen 1958.

2. Die erneuerte Brüder-Unität und ihre Entwicklung bis zum Zweiten Weltkrieg

Dietrich Meyer

2.1 Entstehung Herrnhuts 1722

Für die Entstehung der Herrnhuter Brüdergemeine sind insbesondere drei geistliche Voraussetzungen entscheidend gewesen: die Herkunft Nikolaus Ludwig von Zinzendorfs aus dem halleschen, lutherisch geprägten Pietismus, die Ansiedlung der mährischen Brüder als Nachfahren der alten, letztlich auf Jan Hus zurückgehenden Brüder-Unität auf dem Grund und Boden Zinzendorfs und die philadelphische Bewegung, die nach Einheit und Sammlung der Kinder Gottes mit dem Ideal der Urkirche, wie es besonders in den Johanneischen Schriften gezeichnet wird, strebte und von mystisch-spiritualistischen Gruppen vertreten wurde, aber auch im kirchlichen Pietismus (Arnold, Spener) Eingang fand. Für Zinzendorf als Mensch muss man bedenken, dass er dem Reichsadel angehörte, der viele Vorrechte besaß und der sich insbesondere in der Oberlausitz eine gewisse Unabhängigkeit gegenüber dem sächsischen Kurfürsten und seinen Behörden bewahrte. Wie sich diese verschiedenen Kräfte mischten und welche Gegenkräfte ihnen entgegenwirkten, darüber hat die Darstellung der geschichtlichen Entwicklung zu berichten.

Bis heute wird der 17. Juni als der Gründungstag Herrnhuts gefeiert, da der Zimmermann Christian David (1692–1751) am 17. Juni 1722 den ersten Baum zur Ansiedlung der ersten Siedler in Herrnhut fällte. Den ersten Siedlern, den Mähren Augustin und Jakob Neisser mit ihren Familien[1] hatte der Zinzendorfische Gutsverwalter Johann Georg Heitz und der Hauslehrer Johann Christian Marche das Gelände an der alten Handelsstraße von Löbau nach Zittau und Prag unter dem Hutberg angewiesen. Die eigentlich treibende Kraft dieser Auswande-

[1] Edita Sterik, *Mährische Exulanten in der erneuerten Brüderunität im 18. Jahrhundert*, Herrnhut 2012, 29–31. Ferner Gerhard Reichel, *Die Anfänge Herrnhuts. Ein Buch vom Werden der Brüdergemeine*, Herrnhut 1922, 177–187.

rung war Christian David, der jährlich mindestens einmal eine Evangelisationsreise nach Mähren unternahm.[2]

Diese Emigration der Mähren, zu denen sich später auch Böhmen gesellten, steht in keinem unmittelbaren Zusammenhang mit den „Böhmischen Exulanten", die seit dem 17. Jahrhundert aus unterschiedlichen, vorrangig aber wirtschaftlichen Gründen nach Sachsen auswanderten.[3] Die im sog. Kuhländchen wohnenden deutschsprachigen Mähren um Fulneck und Neutitschein waren zwangskatholisierte Nachkommen der Alten Brüderunität, die durch die seit 1709 in Teschen wirkenden halleschen Prediger, vor allem durch den seit 1720 dort predigenden Johann Adam Steinmetz (1689–1762)[4] in ihrem evangelischen Glauben neu bestärkt wurden und sich zu Erbauungsstunden heimlich versammelten. Angesichts der Bedrückung durch die katholischen Geistlichen und die intolerante Habsburger Religionspolitik, die vor Gefängnisstrafen, Enteignung und Folter nicht zurückschreckte, sahen sie keinen anderen Ausweg als die Auswanderung in ein evangelisches Land. Sie dachten zunächst an Polen, wo sich ein Zweig der Alten Unität um Lissa seit etwa 1548 niedergelassen hatte, doch konkretisierten sich ihre Pläne durch die Besuche Christian Davids zugunsten Sachsens. Dieser bat „1722 um Pfingsten" durch Vermittlung von Pfarrer Johann Andreas Rothe und den Görlitzer Pfarrer Melchior Scheffer den Grafen Zinzendorf um die Ansiedlung einiger mährischer Ansiedler.[5] Im Gegensatz zu den ersten Exulanten aus Sehlen lebten die 1724 emigrierten „fünf Kirchenmänner" David Nitschmann der Bischof, David Nitschmann der Syndicus, David Nitschmann der Märtyrer, Johann Töltschig und Melchior Zeisberger, alle aus Zauchtenthal, stärker in der altbrüderischen, später reformiert geprägten

[2] Edita Sterik, *Christian David (1692–1751). Ein Lebensbild des Gründers von Herrnhut und Mitbegründers der erneuerten Brüderunität*, Herrnhut 2012.

[3] Vgl. dazu Edita Štěříková, *Exulantská útočiště v Lužici a Sasku*. Praha, 2004; Alexander Schunka, *Gäste, die bleiben. Zuwanderer in Kursachsen und der Oberlausitz im 17. und frühen 18. Jahrhundert*, Hamburg 2006. Allein in der ersten Hälfte des 17. Jahrhunderts sollen 36.000 Adels- und Bürgerfamilien Böhmen verlassen haben, vgl. Eduard Winter, *Die tschechische und slowakische Emigration in Deutschland im 17. und 18. Jahrhundert*, Berlin 1955, 22.

[4] Herbert Patzelt, *Der Pietismus im Teschener Schlesien 1709–1730*, Kirche im Osten 8, Göttingen 1969.

[5] Vgl. Reichel, *Anfänge Herrnhuts*, 180.

Tradition. Sie stießen nun auf den lutherischen Pfarrer Johann Andreas Rothe und den reformierten Gutsverwalter Heitz aus der Schweiz, der den Mähren die Bibel auslegte, was bald zu Gegensätzen führte. Zinzendorf stellte sich hinter Rothe, so dass Heitz zum großen Kummer der Mähren Herrnhut im Sommer 1723 verließ. Durch die neueren Forschungen von Edita Sterik über die Lebensläufe der Mähren erhalten wir ein detailliertes Bild über deren Biographien und die offensive katholische Religionspolitik der Habsburger.

Die angedeuteten religiösen Gegensätze eskalierten, als im August 1726 der aus Ebersdorf zugewanderte Rat Krüger seine Endzeiterwartungen auf Herrnhut übertrug und in Zinzendorf das Tier aus dem Abgrund und in Rothe den falschen Propheten aus Apk 13 sah. Krüger fand zwar unter den Mähren wenig Zustimmung, aber er gewann Christian David für seine Ansichten, der nun an der Echtheit der Frömmigkeit Zinzendorfs und Rothes zweifelte, sich ein Häuschen außerhalb Herrnhuts baute und fast ein Jahr brauchte, bis er aus dieser „sektiererischen Blindheit“ (Sterik) befreit werden konnte.[6]

Zur Überwindung der Krise verhalf wesentlich, dass sich Zinzendorf seit dem 20. April 1727 zum Bleiben in Herrnhut entschloss und mit Pfarrer Rothe, Christian David und anderen die sog. Herrnhuter Statuten vom 12. Mai ausarbeitete, die im ersten Teil die äußerlichen wirtschaftlichen Verhältnisse der Siedlung, wie z. B. die Lehnsfreiheit (§ 1) regelten und Gewissensfreiheit (§ 41) zusicherten.[7] Wichtiger war den Mähren der zweite Teil mit dem Titel „Brüderlicher Verein und Willkür“ vom 4. Juli, der die geistlichen Bedingungen für das Zusammenleben der Gemeinschaft in Herrnhut festlegte, auf den sich jeder mit Unterschrift verpflichten musste und den man heute als eine Lebens- und Seelsorgeordnung bezeichnen könnte. Als Christian David auf einer Reise nach Schlesien die lateinische Ausgabe der Geschichte und Kirchenordnung der Böhmischen

---

[6] Sterik, *Christian David*, 42.

[7] Joseph Theodor Müller, *Zinzendorf als Erneuerer der alten Brüderkirche*, Leipzig 1900, 23–26 und 106–118; auch abgedruckt bei Hans-Christoph Hahn und Hellmut Reichel (Hg.), *Zinzendorf und die Herrnhuter Brüder. Quellen zur Geschichte der Brüder-Unität von 1722 bis 1760*, Hamburg 1977, 70–80.

Brüder von Johann Amos Comenius[8] entdeckte, bat er Zinzendorf inständig, diese zu übersetzen,[9] was Zinzendorf dann anhand eines Exemplars der Zittauer Ratsbibliothek auch tat. Zinzendorfs Auswahl aus diesem Text fügte sich so gut zu den Bestimmungen des zweiten Teils der Statuten, dass die Mähren darin eine Bestätigung ihrer Traditionen sahen und ein neues Vertrauen zu Zinzendorf fassten.[10]

Die Herrnhuter Statuten 1727 bedeuten den Anfang einer Erweckungsperiode für die Herrnhuter Siedler, die durch die folgenden Merkmale geprägt ist.

- Die Einrichtung von zahlreichen Laienämtern, unterteilt in leitende, seelsorgerliche und diakonische Ämter,[11]
- Die Wahl von zwölf Ältesten, darunter Christian David, aus denen vier Oberälteste als Leiter gewählt wurden,
- Die Gliederung der Gemeinschaft in Seelsorgegruppen am 9. Juli (23 „Banden" bei 220 Einwohnern),
- Die Einrichtung von fortlaufenden Stundengebeten seit August, an denen sich 77 Personen beteiligten,
- Die Kindererweckungen vom 18. August und danach.

Höhepunkt dieser Wochen war die Abendmahlsfeier am 13. August, die Pfarrer Rothe mit der Gemeinde in Berthelsdorf an einem Mittwoch unter Pfarrer Süß feierte.[12] Was bei dieser Feier geschah, war zunächst einmal nicht außergewöhnlich: Die Einsegnung der beiden ersten Konfirmanden, Gebete von Brüdern über die Not der unterschiedlichen Auffassungen und Trennungen, ein Beichtgebet durch Zinzendorf, Absolution und Feier des Abendmahls. Danach ging „ziemlich außer uns selbst ein jeglicher wieder heim". Das Diarium fasst zusammen: Wir „lernten lieben."[13] Der Bedeutung dieser Abendmahlsfeier als eigentliche Geburtsstunde der Gemeine wurde man sich erst nachträglich bewusst, in der Erkenntnis, dass die

---

[8] Johann Amos Comenius, *Historia Fratrum Bohemorum, eorum ordo et disciplina ecclesiastica*, hg. v. Johann Franz Buddeus, Halle 1702.

[9] Sterik, *Mährische Exulanten*, 134f.

[10] Ebd., 144.

[11] Im Einzelnen vgl. dazu Hanns-Joachim Wollstadt, *Geordnetes Dienen in der christlichen Gemeinde. Dargestellt an den Lebensformen der Herrnhuter Brüdergemeine in ihren Anfängen*, Göttingen 1966.

[12] Gerhard Reichel, *Der 13. August 1727*, zweite Auflage, Hamburg 1959.

[13] So das Herrnhuter Diarium, abgedruckt bei Hahn/Reichel, *Quellen*, 105.

unterschiedlichen Geister durch den Opfertod Christi zu einem Leibe geformt werden. Das Abendmahl wurde darum später in der Brüdergemeine im Sinne eines Gemeinschaftsmahles auch liturgisch ausgestaltet, indem z. B. das Brot von allen gleichzeitig nach der Austeilung genossen wird.[14] Die Herrnhuter „Gemeinidee" bildete sich aus dem Erlebten der vergangenen Monate heraus und wuchs damit über die Einrichtung der Spenerschen, von Zinzendorf philadelphisch verstandenen „ecclesiola in ecclesia" als einem Kreis erweckter Christen hinaus: Zur Gemeinde gehören fortan feste Statuten, mannigfaltige Laienämter, Seelsorgegruppen, Kirchenzucht, das Abendmahl als Höhepunkt und tiefster Ausdruck einer Herzensverbindung aller Glieder mit ihrem Haupt Christus. Die Deutungen dieser Abendmahlsfeier als „Taufe durch den Heiligen Geist" oder als „Versiegelungsmahl" stammen aus späteren Jahren und zeigen, welchen Stellenwert man später diesem Ereignis zumaß.

Die unmittelbare Folge der Erweckung vom Sommer 1727 äußerte sich in dem Wunsch, das Erlebte festzuhalten. Darum fügte Zinzendorf seinem Auszug aus Comenius Berichte über das Schicksal der Emigranten an und gab damit den Anstoß zur brüderischen Geschichtsschreibung.[15] Sein Text bildete die Grundlage für spätere Selbstdarstellungen Herrnhuts und wurde immer wieder erweitert oder umgeschrieben. In den Jahren 1727 und 1728 weilte Zinzendorf dreimal in Jena, um Johann Franziscus Buddeus und die dortigen erweckten Studenten zu treffen, hatte doch Buddeus die Geschichte und Kirchenordnung der Brüder von Comenius herausgegeben.[16]

---

[14] Manfred Gerland, *Wesentliche Vereinigung. Untersuchungen zum Abendmahlsverständnis Zinzendorfs*, Hildesheim 1992.

[15] Ein Auszug ist abgedruckt in: N. L. von Zinzendorf. *Er der Meister, wir die Brüder. Eine Auswahl seiner Reden, Briefe und Lieder*, hg. v. Dietrich Meyer, Gießen 2000, 115–133; ferner: *Geschichtserzählung verschiedener um des Evangeliums willen aus Böhmen und Mähren vertriebener Leute der alten und neuen Zeit*, Basel 1749.

[16] Vgl. dazu August Gottlieb Spangenberg, *Leben des Herrn Nicolaus Ludwig Grafen und Herrn von Zinzendorf und Pottendorf*, Barby 1773–1775, 455f, 488 und 564f (Nachdruck in: Z-MuD, Reihe 2, Bd. 3/4, Hildesheim 1971), dazu Gerhard Reichel, *August Gottlieb Spangenberg. Bischof der Brüderkirche*, Tübingen 1906, 14–18 (Nachdruck in Z-MuD, Reihe 2, Bd. 13/2, Hildesheim 1975).

Die Erweckung von 1727 führte ferner zu der Beauftragung einzelner Brüder als Boten, um eine „Kette" der erweckten Kreise in Deutschland und bald darüber hinaus zu schmieden und sich gegenseitig zu stärken.[17] Man mag darum die Anfänge der später ausgedehnten Gemeinschaftspflege, der sog. Diasporaarbeit, schon in den Ereignissen dieses Sommers erkennen. Dieser starke Gemeinschaftssinn und das Bedürfnis, miteinander aus dem Wort der Schrift und dem gemeinsamen Gottesdienst zu leben, führte zu dem Entschluss der jungen Brüder, am 11. Februar 1728 ein gemeinsames Leben zu beginnen, indem sie ein Haus bezogen, wo sie zugleich miteinander arbeiten und sich in Sprachen oder Medizin für einen Zeugendienst bilden konnten. Die jungen Schwestern folgten ihnen 1730. Das intensive Leben in diesen sog. Chorhäusern förderte natürlich auch eine große Kreativität in den Versammlungsformen, die durch Gottfried Arnolds Beschreibung der Urkirche angeregt wurden. So traf man sich seit 1727 täglich zu Singstunden, die Zinzendorf von den Singstunden mit Schülern in Halle her kannte und nun übernahm, sie aber auf die Gemeinde übertrug und ihnen damit das Pädagogisch-Lehrhafte nahm.[18] Von Arnolds Darstellung der Urkirche übernahm er das Liebesmahl und die Fußwaschung.[19]

Die aber wohl bedeutsamste Folge dieser Erweckung war Zinzendorfs Entscheidung, die Gemeinde ganz fest an das Wort Gottes zu binden. Darum legte er am Abend einer Singstunde am 3. Mai 1728 ein Bibelwort aus, das am folgenden Tag durch einen Boten in die Häuser des noch sehr übersichtlichen Ortes gebracht wurde.[20] Diese sog. Losungen erfolgten also zunächst mündlich, ab 1731 dann auch schriftlich, um die vielen reisen-

---

17 So sandte er Andreas Beyer und Johann Gottlieb Wried im September 1727 nach Jena und Bayreuth (3 Briefe von der Reise sind abgedruckt bei Hahn/Reichel, *Quellen*, 380–383).

18 Vgl. Anja Wehrend, *Musikanschauung, Musikpraxis, Kantatenkomposition in der Herrnhuter Brüdergemeine*, Frankfurt/Main 1995, 34–38.

19 Paul Peucker, The Ideal of Primitive Christianity as a Source of Moravian Liturgical Practice, *Journal of Moravian History* 6, 2009, 6–29.

20 Vgl. dazu Heinz Renkewitz, *Die Losungen. Entstehung und Geschichte eines Andachtsbuches*, Hamburg ²1967; und Peter Zimmerling, *Die Losungen. Eine Erfolgsgeschichte durch die Jahrhunderte*, Göttingen 2014.

den Brüder miteinzuschließen.[21] Zentrales Anliegen war dabei für Zinzendorf, Christus als den eigentlichen Sprecher zu verherrlichen, weshalb er z. B. in einigen Losungsbüchern die Worte, Beschreibungen und Namen Jesu sammelte (1744, 1749). Später suchte er auch Bibelworte zu einem Thema, wie Losungen über den Heiligen Geist (1757) oder die christliche Sittenlehre (1756). Die Auswahl der Texte übernahm Zinzendorf selbst, um auf diese Weise immer neu die Schrift durchzuarbeiten. Diese Losungsarbeit steht im Zusammenhang seiner intensiven Bemühungen, in einem Collegium Biblicum eine zeitgemäße Übersetzung des Neuen Testaments zu erarbeiten.[22] Die Entscheidung, die Losungen unter Gebet aus einer festen Auswahl von Schriftworten aus dem Alten Testament auszulosen, wurde erst 1788 getroffen.[23]

2.2 Zinzendorfs Jugendentwicklung

Die so entstandene Brüdergemeine als eigenständige Größe besäße ohne die Auswanderung der Mähren und anderer keine einsatzbereite Mannschaft und soziologische Basis, aber sie ist andrerseits auch nicht ohne die Adelsbeziehungen, die Frömmigkeit und Ideenvielfalt des jungen Grafen von Zinzendorf, der Menschen zu begeistern wusste, zu begreifen. Der Graf war mit dem Schicksal der Emigration durch seine Herkunft bestens vertraut, denn er entstammte selbst einem angesehenen österreichischen Adelsgeschlecht. Sein Großvater Maximilian Erasmus (1633–1672) verkaufte seine Besitzungen in Niederösterreich, verließ um des Glaubens willen seine Heimat

---

[21] Eine vollständige Sammlung aller bis zum Tode Zinzendorfs 1760 erschienenen Losungen enthält das Werk: *Samlung der Loosungs- und Text-Büchlein der Brüder-Gemeine von 1731 bis 1761*, 4 Bände, Barby 1762 (Nachdruck in: Z-MuD, Reihe 2, Bd. 25/1–4, Hildesheim / Zürich / New York 1987). Der Sammlung ist ein ungedrucktes Fragment mit den Losungen von Januar bis 14. September 1729 vorangestellt.

[22] Vgl. dazu in der historisch-kritischen Zinzendorf-Edition die Bände zur Bibelübersetzung, Dietrich Meyer (Hg.), *Nikolaus Ludwig von Zinzendorf, Werke*, Bd. 7/1–7/4, Göttingen 2016 ff.

[23] Zu den Losungsausgaben nach Zinzendorfs Tod vgl. Peter Zimmerling (Hg.), *Die täglichen Losungen und Lehrtexte der Brüdergemeine 1761–1800*, in: Z-MuD, Reihe 2, Bd. 36, Hildesheim / Zürich / New York 2019 ff.

und ließ sich 1669 auf Schloss Oberbürg bei Nürnberg nieder.[24] Auch dessen Frau Anna Amalie von Dietrichstein entstammte einem evangelischen Geschlecht, das 1629 aus Österreich emigriert war,[25] die Politik der habsburgischen Gegenreformation war also noch in lebendiger Erinnerung. Zinzendorfs Vater Georg Ludwig (1662–1700), seit 1688 Geheimer Rat Kursachsens an verschiedenen Höfen, gehörte zu den frommen, mit Philipp Jakob Spener befreundeten Adelsfamilien. Er heiratete in zweiter Ehe 1699 Charlotte Justine von Gersdorf (1675–1763), Tochter der sich für den Halleschen Pietismus auch finanziell einsetzenden, hoch gebildeten und poetisch begabten Henriette Katharina von Gersdorf (1648–1726), die sich nach dem Tod (1702) ihres Mannes, des Landvogts Nicol, auf ihr Gut in Großhennersdorf in der Oberlausitz zurückzog und der Erziehung ihres Enkels Lutz annahm.[26]

Es war nur konsequent, dass die Großmutter den Jungen mit zehn Jahren auf das Pädagogium in Halle gab, wo er als Mitglied des Hochadels mit dem Gründer des Waisenhauses an einem Tisch essen durfte. Hier wurde er mit der halleschen Bekehrungsfrömmigkeit intensiv vertraut und hatte Mühe, sich bei seiner selbstbewussten und zum Jähzorn neigenden Art den pädagogischen Grundsätzen Halles einzufügen, zumal er einen wenig verständnisvollen Erzieher, von dem sich die Großmutter nicht trennen wollte, Folge leisten musste.[27] August Hermann

---

[24] Die Genealogie der Zinzendorfs hat Gerhard Meyer intensiv erforscht: Nikolaus Ludwig von Zinzendorf und Pottendorf. Eine genealogische Studie mit Ahnen- und Nachfahrenliste, in: *N. L. von Zinzendorf, Ergänzungsbände zu den Hauptschriften*, Bd. 1, Hildesheim 1966, hier 17f, 42 und 124f. Darin auch: Emil von Rajakovicz, Kurze Adelsgeschichte im Hinblick auf Zinzendorfs Vorfahren, 133–140.

[25] Ebd., 145 und 147.

[26] Robert Langer, *Eine sächsische Gelehrte. Ermahnungen zu einem tugendhaften Leben in Bildungsbriefen der Henriette Katharina von Gersdorff*, Dresden 2013; ders., *Pallas und ihre Waffen. Wirkungskreise der Henriette Katharina von Gersdorff*, Dresden 2008.

[27] Über Zinzendorfs Jugendentwicklung ist immer noch grundlegend Gerhard Reichel, *Der ‚Senfkornorden' Zinzendorfs. Ein Beitrag zur Kenntnis seiner Jugendentwicklung und seines Charakters*, Leipzig 1914 (Nachdruck in: Z-MuD, Reihe 2, Bd. 12, Hildesheim / New York 1975); ferner Otto Teigeler, *Zinzendorf als Schüler in Halle 1710–1716*, Halle 2017, und Erich Beyreuther, *Der junge Zinzendorf*, Marburg 1957.

Francke aber wurde für ihn, wie seine Briefe zeigen, zu einem Vaterersatz, dem er in den nächsten Jahren nachstrebte und zum Vorbild nahm.

Im Hinblick auf seine spätere Entwicklung sind vor allem drei Punkte von Bedeutung. Im Adelspädagogium erhielt er eine gründliche Ausbildung in dem Schulwissen seiner Zeit, das auf sprachliche, rhetorische und poetische Kenntnisse Wert legte. Eine besondere Liebe und Neigung verband ihn mit Johann Anastasius Freylinghausen, der den Gesang der Schüler leitete und in besonderen Singstunden einübte.[28] Als Herausgeber des weit über Halle hinaus in pietistischen Kreisen bekannten „Geistreichen Gesangbuchs" und als theologischer Lehrer, der eine systematische Heilsordnung verfasst hatte, blieb er Zinzendorf auch später wichtig. Mit einigen seiner Mitschüler, insbesondere mit dem Schweizer Friedrich von Watteville, verband ihn eine lebenslange Freundschaft. Seine Freunde suchte er in kleine Sozietäten mit festen Statuten einzubinden und zu christlichen Aktivitäten zu ermuntern.[29]

In Halle lernte der junge Graf ferner ein weltweites Netzwerk von Missionsverbindungen kennen, wenn Missionare wie Heinrich Plütschau oder einzelne Grafen aus Schlesien einkehrten und von ihren Erfahrungen berichteten. Franckes Ideen zu einer Generalreform der Welt in missionarischer und pädagogischer Hinsicht haben den Knaben beeindruckt,[30] denn schon damals machte der begeisterungsfähige Junge mit Friedrich von Watteville einen „Bund zur Bekehrung der Heyden, und zwar nur solcher, an die sich sonst niemand machen würde".[31]

Am Ende seiner Ausbildung konnte sich Zinzendorf zu den Pietisten rechnen.[32] In der Frage der Adiaphora wie Tanzen,

---

[28] Dietrich Meyer, Johann Anastasius Freylinghausen und Nikolaus Ludwig von Zinzendorf, in: Wolfgang Miersemann und Gudrun Busch (Hg.), *Pietismus und Liedkultur*, Halle/Tübingen 2002, 287–303.

[29] Vgl. dazu vor allem Reichel, *Senfkornorden*, 293–213.

[30] Vgl. dazu Wolfgang Breul, August Hermann Franckes Konzept einer Generalreform, in: Wolfgang Breul und Jan Carsten Schnurr (Hg.), *Geschichtsbewusstsein und Zukunftserwartung in Pietismus und Erweckungsbewegung*, Göttingen 2013, 69–83.

[31] N.L. von Zinzendorf, *Naturelle Reflexionen*, Beilagen, 7, in: *Ergänzungsbände zu den Hauptschriften*, Bd. 4, Hildesheim 1964.

[32] Vgl. dazu Hans Schneider, Die „zürnenden Mutterkinder". Der Konflikt zwischen Halle und Herrnhut, *Pietismus und Neuzeit* 29, 2003, 37–66, hier 40.

Fechten, Reiten, Spielen, in die Oper gehen und anderes dachte er ganz im Sinne der Hallenser. Anders urteilten freilich die maßgeblichen Theologen in Halle. Zwar ließ Francke Zinzendorf nach einem gewissen Aufschub schließlich zum Abendmahl zu, aber die Hallenser hielten ihm auch weiterhin nach, dass Zinzendorf eine Bekehrung im halleschen Verständnis nicht erlebt hatte und misstrauten ihm bei seinen hochfliegenden Plänen. Andrerseits konnte auch der von Kindheit an religiös erweckte Zinzendorf das hallesche Verständnis eines Bußkampfes und schließlichen Durchbruchs zur Gnade nicht verinnerlichen. So liegen die Wurzeln der späteren Trennung und gegenseitigen Ablehnung schon in dieser Schulzeit begründet.

Auf Wunsch der Familie, insbesondere seines Onkels Otto Christian von Zinzendorf, hatte Zinzendorf nach Schulabschluss Jurisprudenz in Wittenberg zu studieren. Darüber musste er in einem Tagebuch täglich Rechenschaft ablegen.[33] Neben seinen juristischen Vorlesungen besuchte er die Gottesdienste und nahm Kontakt mit den Theologieprofessoren auf, darunter vor allem Johann Gottlieb Wernsdorf als wichtigem Vertreter der lutherischen Orthodoxie. Trotz seiner Kritik an Wernsdorfs Sicht des Christus in uns war diese erste wirkliche Begegnung mit den Theologen der lutherischen Fakultät fruchtbar und ließ in ihm den Plan reifen, zum Ärger seiner Familie ein Friedensgespräch mit den Theologen in Halle anzuregen. Als Zinzendorf dann auch noch einen Zensurvermerk fälschte, um ein Gedicht zum Druck zu bringen, ordnete Stiefvater Dubislav Gneomar von Natzmer den sofortigen Abbruch des Studiums an.[34] Zu dem geplanten, aber erfolglosen Gespräch der Theologen August Hermann Francke, Johann Daniel Herrnschmidt und Valentin Ernst Löscher kam es vom 10. bis 12. Mai 1719 in Merseburg ohne Zinzendorf, aber nicht

---

33 Das Tagebuch ist bisher nur unvollständig ediert, vgl. Gerhard Reichel und Joseph Theodor Müller, Zinzendorfs Tagebuch 1716–1719, *Zeitschrift für Brüdergeschichte* (Nachdruck in: Z-MuD, Reihe 3, Bd. 1–4, Hildesheim / New York 1973), 1, 1907, 133–203; 2, 1908, 81–117, und 4, 1910, 5–97

34 Genaueres bei Hellmut Reichel, Zinzendorfs Studienzeit in Wittenberg. Eine Vorlesung von Gerhard Reichel, überarbeitet und ergänzt mit Anmerkungen, *UnFr,* 44, 1998, 9–94, hier 64.

ohne seine wesentliche Vorarbeit.[35] An den damals aktuellen Auseinandersetzungen um eine Union zwischen Lutheranern und Reformierten beteiligte er sich in den nächsten Jahren mit eigenen Entwürfen und Fühlungnahme mit Männern wie Christoph Matthäus Pfaff (1686–1760).[36]

Die mit seinem Stiefbruder Carl Friedrich Christian unternommene Cavalierstour führte ihn von Frankfurt/Main rheinabwärts nach Düsseldorf mit Besichtigung der Gemäldegalerie, wo ihn der Ecce Homo von Domenico Feti tief beeindruckte, nach Utrecht und Paris, wo er vom 27. September 1719 bis zum 24. April 1720 blieb. Die Bekanntschaft mit dem westeuropäischen Calvinismus und anderer evangelischer Kirchen, darunter eine armenische, die Kontakte mit katholischen französischen Geistlichen und insbesondere die Freundschaft, die er mit dem Pariser Erzbischof und Kardinal Louis Antoine de Noailles (1651–1729), einem Anhänger des Jansenismus, schloss, öffneten ihm eine neue Welt und haben seine philadelphischen Neigungen neu und tiefer verankert und in der Liebe zu dem für uns leidenden Christus den wahren Grund einer Herzensökumene erkennen lassen.[37] Auf dem Rückweg über die Schweiz besuchte er seinen Jugendfreund Friedrich von Watteville und den für die Unionsbewegung wichtigen Baseler Theologen Samuel Werenfels.

Durch seinen bei seiner Bildungsreise gewonnenen Freund Heinrich XXIX. von Reuß wurde Zinzendorf mit dem Grafenhaus in Ebersdorf bei Schleiz bekannt, das unter der Gräfin Erdmuthe Benigna (1670–1732) in einem pietistisch-philadelphischen Geist geführt wurde. Was ihn anzog, war die gegenüber dem halleschen Pietismus offene und fröhliche Atmosphäre dieser Schlossgemeinschaft, die ihm zum Vorbild für seinen eigenen Hausstand wurde und die ihm den Weg zu einer prak-

---

[35] Martin Greschat, *Zwischen Tradition und neuem Anfang. Valentin Ernst Löscher und der Ausgang der lutherischen Orthodoxie*, Witten 1971, 281–308.

[36] Vgl. dazu Thilo Daniel, *Zinzendorfs Unionspläne 1719 bis 1723. Nikolaus Ludwig von Zinzendorfs theologische Entwicklung bis zur Gründung Herrnhuts*, Herrnhut 2004, 99–105 und passim.

[37] Alice Salomon, *La catholicité du monde chrétien d'après la correspondence inédite du comte Louis de Zinzendorf avec le cardinal Noailles et les evèques appelants 1719–1728*, Paris 1929 (Nachdruck in: N.L. von Zinzendorf, *Ergänzungsbände zu den Hauptschriften*, Bd. 10, Hildesheim / New York 1970).

tisch gelebten philadelphischen Gemeinschaft wies.[38] Mit der Schwester seines Freundes, Erdmuthe Dorothea (1700–1756), deren nüchterne, von Halle geprägte Frömmigkeit er schätzte, glaubte er eine christliche Ehe im Sinne einer Dienstgemeinschaft für Christus wagen zu können. Erdmuthe ließ sich nach ernstlicher Prüfung darauf ein und wurde am 7. September 1722 seine Frau. Zinzendorfs Eheauffassung war beeinflusst von dem mit Ebersdorf verkehrenden Hochmann von Hochenau (gest. 1721) und dessen Unterscheidung unterschiedlicher Grade der Ehe von einer tierischen bis zur reinen jungfräulichen Ehe mit Christus, er entwickelte aber später mit den Begriffen der „Streiterehe" und der „Ehereligion" eine eigenständige Konzeption.

Nicht nach seinem Herzenswunsch, sondern auf das Drängen der Familie nahm er im Oktober 1721 eine unbezahlte Hof- und Justizratsstelle in Dresden an, die ihn mit dem Hof, dessen Beamten, der Stadt und den kirchlichen Verhältnissen in Dresden (Superintendent Valentin Ernst Löscher 1673–1749) bekannt machte. Neben seiner beruflichen Tätigkeit widmete er sich intensiv der Pflege eines von Gräfin Magdalena Elisabeth von Hallart bei ihrem Weggang zurückgelassenen Hauskreises, zu dem auch Gichtelianer gehörten.[39] In einer Wochenschrift, deren erste Nummer vom 2. November 1725 den Titel „Le Socrate de Dresde, d.i. Bescheidene Gedancken eines Christlichen Philosoph" trug und anonym in 32 Nummern erschien, setzte er sich kritisch mit der aufgeklärten Religiosität seiner Mitbürger auseinander, um sie zum Nachdenken zu bringen und „stutzig" zu machen.[40] Gleichzeitig suchte er Einfluss auf die Einwohner seiner Gutsherrschaft von Berthelsdorf und Herrnhut zu nehmen, indem er ganz in der Nachfolge Speners als Dresdner Hofprediger zwei Katechismen herausgab und

---

[38] Hans Schneider führt Zinzendorfs Verständnis des philadelphischen Gedankens, der seinem Kirchenbegriff zugrunde liegt, auf Ebersdorf zurück, vgl. „Philadelphische Brüder mit einem lutherischen Maul und mährischen Rock". Zu Zinzendorfs Kirchenverständnis, in: Martin Brecht und Paul Peucker (Hg.), *Neue Aspekte der Zinzendorf-Forschung*, Göttingen 2006, 11–36.

[39] Vgl. Daniel, *Unionspläne,* 164–241.

[40] Eine zweite Auflage der Zeitschrift erschien 1732 unter dem Titel „Der Teutsche Sokrates", Leipzig 1732 (Nachdruck in: N. L. von Zinzendorf, *Hauptschriften,* Bd. 1, Hildesheim 1962).

Predigtwiederholungen in Herrnhut einführte.[41] Sie verraten neben dem „Sokrates“ sein innerstes missionarisches Streben, einen lebendigen Glauben an Christus zu fördern, haben allerdings keine größere Wirkung gehabt. Nach dem Tod seiner Großmutter 1726 fühlte er sich frei, seine Stelle am Hof aufzugeben und sich ganz seiner geistlichen Aufgabe an der wachsenden Kolonie in Herrnhut zu widmen.

Wie sehr Zinzendorf in der Begeisterung für seinen Herrn lebte, zeigt seine Dichtung, in der er seine inneren Erfahrungen und auch Sorgen aussprach und die ihm seit seiner Schülerzeit zu einem notwendigen Ausdruck seines Lebens wurde. Dass die meisten dieser Gedichte Gelegenheitsgedichte zu Geburtstagen oder Hochzeiten waren und also einer barocken Gepflogenheit entsprachen, darf nicht darüber hinwegtäuschen, dass er gerade darin seiner religiösen Entwicklung einen lebendigen Ausdruck gab. Als er 1735 eine erste Sammlung seiner Gedichte vorlegte, machte diese einen stattlichen Band von 310 Seiten aus und sagt nicht nur viel über seine Beziehung zu den ihm wichtigen Menschen aus, sondern mehr noch über sein Ringen um geistliches Wachstum.[42] Seine Jugendzweifel an der Unendlichkeit und Übermacht Gottes hatten sich um 1708 an dem Lied „O Ewigkeit, du Donnerwort“ entzündet, und er klammerte sich daraufhin an den Mensch gewordenen, niedrigen Christus, was er in seinem Lied „Allgegenwart“ beschreibt.[43] Für 1727 gibt er das Lied „Der Glaube bricht durch Stahl und Stein“ als Leitmotiv an.[44] Den Abschluss seiner theologischen Entwicklung, den er in Auseinandersetzung mit Johann Konrad Dippel (1673–1734) und dem Menschenbild der Aufklärung gewann, hielt er in seinem Gedicht „Du unser auserwähltes Haupt“ von 1734 fest, das er als entscheidend für seine Führung im Jahr

[41] Diese Katechismen sind in der historisch-kritischen Zinzendorf-Edition abgedruckt: Dietrich Meyer (Hg.), *Nikolaus Ludwig von Zinzendorf, Werke*, Bd. 6/1, Göttingen 2008.

[42] *Teutscher Gedichte Erster Theil*, Herrnhut 1735 (Nachdruck in N. L. von Zinzendorf, *Ergänzungsbände zu den Hauptschriften*, Bd. 2, Hildesheim 1962).

[43] Vgl. Otto Uttendörfer, *Zinzendorf und die Mystik*, Berlin 1953, 73–101 (Nachdruck in: Z-MuD, Reihe 2, Bd. 29/2, Hildesheim / Zürich / New York 2001); Heinz Renkewitz, *Im Gespräch mit Zinzendorfs Theologie. Vorträge aus dem Nachlaß*, Hamburg 1980, 93–96.

[44] *Das Gesang-Buch der Gemeine in Herrn-Huth*, Herrnhut 1735 (Nachdruck in: Z-MuD, Reihe 4, Bd. 3/1–3, Hildesheim / Zürich / New York), Nr. 512.

1736 angibt.[45] In diese Zeit fiel zugleich seine endgültige Absage an die Heilsordnung von Halle, die er grundsätzlich umstellte: Wenn ein Mensch Christus in seinem Leben begegnet, der für ihn bereits Buße getan hat, besitzt er alles (‚Minutenbekehrung') und erkennt erst danach in der Scham und Beugung vor seinem Heiland seine Schuld und sein Versagen.

2.3 Auf dem Weg zu einer internationalen Missionskirche

Als sich im Sommer 1727 die Erweckung der Einwohner Herrnhuts und die impulsiv vorwärtsdrängende Führergestalt Zinzendorfs zusammenfanden, waren die Wege für eine weit ausstrahlende Erneuerungsbewegung geebnet. Zu diesem Zweck sandte Zinzendorf die beiden Vettern Johann und David Nitschmann im Oktober 1727 nach Kopenhagen, um den Prinzen Carl über die Vorgänge in Herrnhut zu informieren und damit eine folgenreiche Verbindung zum dänischen Hof, zu dem verwandtschaftliche Beziehungen bestanden, aufzunehmen.[46] Auf einem Gemeintag im Februar 1728 schmiedete man Pläne über eine Mission in der „Türkei, Grönland, Mohrenland, Lappland".[47] Zunächst ging es um Europa, und Zinzendorf sandte Boten nach Holland und England, in die Schweiz, ins Baltikum, nach Schweden und Lappland. Die Missionspläne sollten sich realisieren, als Zinzendorf 1731 zur Königskrönung Christians VI. nach Kopenhagen reiste, wo er zwar kein Staatsamt erhielt, aber über den „Kammermohr" Anton des Grafen Laurwig über die Situation der Sklaven auf St. Thomas und über die Pläne der Regierung, die Mission von Hans Egede in Grönland aufzugeben, erfuhr. Diese Informationen lösten in Herrnhut eine spontane Missionsbegeisterung unter den ledigen Brüdern aus und führten zur Aussendung von David Nitschmann und Leonhard Dober nach St. Thomas am 21. August 1732[48] und von Christian David, Matthäus und

---

45 Ebd., Nr. 973.

46 Vgl. Tagebuch von David Nitschmann in: Hahn/Reichel, *Quellen*, 383–386.

47 Adolf Schulze, *Abriß einer Geschichte der Brüdermission*, Herrnhut 1901, 4.

48 Vgl. die Neuedition von Christian Georg Andreas Oldendorp, *Historie der caraibischen Inseln Sanct Thomas, Sanct Crux und Sanct Jan*, 3 Bände, Dresden 2000–2002, sowie ein Kommentarband als Beiheft 19 der Unitas Fratrum, Herrnhut 2010.

Christian Stach nach Grönland am 19. Januar 1733. Dieses kühne Wagnis, Laien als Missionare auszusenden, unternommen von einer einzelnen Gemeinde, ohne landeskirchliche oder staatliche Absicherung, bedeutete gegenüber Halle einen völlig neuen Missionsansatz, dessen Konsequenzen man zunächst gar nicht überschauen konnte. Es konnte ja zunächst nur als Unterstützung der dänischen Missionsunternehmungen verstanden werden.

Die Konsequenzen ergaben sich aber bald auf den Missionsfeldern, als die ersten Heiden getauft werden wollten. Waren die nicht ordinierten Laienmissionare dazu berechtigt? Nach der Enttäuschung in Kopenhagen, wo Zinzendorf auf ein Amt am Hof gehofft hatte, verzichtete er auf eine Karriere im Staatsdienst und strebte eine Laufbahn als Prediger und Evangelist an, legte 1734 in Stralsund ein theologisches Examen ab und hoffte auf eine Stelle in der württembergischen Kirche, die zwar die Rechtgläubigkeit der Herrnhuter Gemeinde anerkannte, ihn aber nicht ordinierte. So trat er am 4. Advent 1734 auf eigene Faust das geistliche Amt mit einer Predigt in der Stiftskirche von Tübingen an.[49]

Da es aussichtslos war, auch anderen Orts durch eine lutherische Kirche eine Ordination zu erlangen, wandte sich Zinzendorf an den Senior der polnischen Brüder-Unität Daniel Ernst Jablonski, der Hofprediger in Berlin war. Der wagte es mit Genehmigung des Königs, 1735 David Nitschmann als Bischof mit der speziellen Beschränkung seiner Tätigkeit auf die Missionsgebiete zu ordinieren. Er sah in Herrnhut eine Fortsetzung der alten Brüderkirche in Sachsen und war bereit, auch Zinzendorf 1737 als Bischof ohne Einschränkung zu ordinieren.[50]

Indessen wurde die Situation in Sachsen für die Brüder immer schwieriger, weil Kurfürst August der Starke auf Drängen des Kaisers wegen der zahlreichen Emigranten aus seinen österreichischen Landen eine Untersuchungskommission

---

[49] Erich Beyreuther, *Zinzendorf und die Christenheit 1732–1760*, Marburg 1961, 85–87.

[50] Vgl. Dietrich Meyer, Von Herrnhut in die Neue Welt. Jablonski als Begleiter Zinzendorfs und der mährischen Exulanten, in: Joachim Bahlcke, Bogusław Dybaś und Hartmut Rudolph (Hg.), *Brückenschläge. Daniel Ernst Jablonski im Europa der Frühaufklärung*, Dößel 2010, 186–201.

für Herrnhut anordnete. Diese Unsicherheit für die Gemeinde und die letztliche Ausweisung Zinzendorfs aus Sachsen 1736 wurden zum Anstoß von außen, der Zinzendorf nach neuen Unterkünften und Siedlungsplätzen suchen ließ. Fand er selbst eine Bleibe auf einem der Schlösser der Grafen von Ysenburg-Büdingen in Marienborn, so dachten die Mähren mehr an eine Niederlassung in der neuen Welt. In der Provinz Georgia vergab Großbritannien kostenlos Land zur Ansiedlung, und Zinzendorf ließ über August Gottlieb Spangenberg (1704–1792), der sich 1733 von Halle getrennt hatte, eine Kolonie anlegen, die freilich wegen Anfeindungen und inneren Unfriedens bald aufgegeben wurde und zu einem neuen Siedlungsversuch in Pennsylvanien führte. Im Hintergrund standen für Zinzendorf Pläne einer dann bald erfolgreichen Indianermission. Im Herbst 1741 brach er selbst nach Nordamerika auf, weil er hoffte, hier seine lang gehegten philadelphischen Ziele einer „Gemeinde ohne Namen" verwirklichen zu können. In sieben ökumenischen Konferenzen zeigte sich freilich die Unmöglichkeit eines solchen Unterfangens, und er lernte neu den Wert der Konfessionskirchen schätzen, ja er ließ sich in Philadelphia selbst zum lutherischen Prediger wählen.[51] Er erkannte die Notwendigkeit, sein philadelphisches Ideal mit dem Mantel einer Konfessionskirche zu verbinden und entwickelte die „Tropenlehre" (von tropos = Gestalt, Form), die zur Einsetzung von Tropenbischöfen oder Administratoren führte, um etwa bei Brüdersynoden die Belange der einzelnen Konfessionen zu vertreten.[52]

Um eine Absicherung der Arbeit in den englischen Kolonien zu erreichen, verfolgte Zinzendorf gleichzeitig eine Anerkennung der Brüderkirche in England. Nach zähen Verhandlungen gelang es den Brüdern eine Parlamentsakte zu erlangen, die sie im Blick auf die alte Brüder-Unität als „Ancient Protestant Episcopal Church" bestätigte. Er nahm den Begriff der „Unität" auf und sprach gern von der „Brüder-Unität". Damit standen den Brüdern die englischen Kolonien offen, und Zinzendorf

---

[51] Vgl. dazu Peter Vogt, Einführung zu *N.L.v. Zinzendorfs Authentische Relation,* in: Z-MuD, Reihe 2, Bd. 30, Hildesheim/Zürich/New York 1998, VII–XXXV.

[52] Sigurd Nielsen, *Der Toleranzgedanke bei Zinzendorf. Ursprung, Entwicklung und Eigenart seiner Toleranz,* Bd. 1, Hamburg 1952.

verlegte seit 1749 seinen Amtssitz nach London, wo er das Lindseyhouse in Chelsea ausbauen ließ.[53]

Dieser letztlich erfolgreichen Evangelisations- und Missionsarbeit standen freilich die größten Hindernisse entgegen, die Zinzendorf bis zu seinem Tod begleiteten. Mit dem Jahr 1727 setzen die Streitschriften gegen die Herrnhuter Gemeinde ein, die zunächst von dem Leiter der Jesuiten Mission gegen die Schwenckfelder in Niederschlesien, Pater Carl Xaver Regent, angeführt wurden.[54] Bald folgten Schriften von lutherisch-orthodoxen Geistlichen gegen das Herrnhuter Gesangbuch von 1735, darunter der Hamburger Pfarrer Erdmann Neumeister. Zu ihnen gesellten sich die Hallenser, die nach dem Tod August Hermann Franckes eine regelrechte Partei gegen Herrnhut formierten, zu denen vor allem die mit Halle verbündeten Adligen wie die von Stollbergs gehörten und die in dem dänischen König einen starken Verbündeten hatten.[55]

Ebenso folgenreich erwies sich der sog. Amsterdamer Hirtenbrief[56] von 1738, der auf Beschluss einer Synode vom Amsterdamer Kirchenrat veröffentlicht wurde und nicht nur zum Auslöser zahlreicher holländischer Streitschriften gegen Herrnhut, sondern auch in den niederländischen Kolonien (Surinam, Berbice, Kapland, Guines, Ceylon) zum Hindernis für die Brüdermission wurde.[57] Dazu kamen die Animositäten einzelner Adliger aus der Nachbarschaft Herrnhuts, vor allem aber die genannten Maßnahmen des sächsischen Hofes und des Habsburger Kaisers.

Eine christliche Mission war im 18. Jahrhundert nur möglich, wenn man mit einer der Kolonialmächte zusammenarbeitete und sich damit auch in deren Abhängigkeit begab. Es war also jeweils abzuwägen, mit welchen Kolonialbeamten

---

53 Vgl. dazu Colin Podmore, *The Moravian Church in England 1728–1760*, Oxford 1998, 228–265.

54 Die Streitschriften gegen Herrnhut sind verzeichnet in *BHZ*, Teil B, hier Nr. 2f, 10–13.

55 Detailliert herausgearbeitet in Hans-Walter Erbe, *Zinzendorf und der fromme hohe Adel seiner Zeit*, Leipzig 1928 (Nachdruck in: Z-MuD, Reihe 2, Bd. 12, Hildesheim / New York 1975).

56 *Herderlyke en vaderlyke Brief*, Amsterdam 1738 (BHZ B 39).

57 Wilhelm Lutjeharms, *Het philadelphisch-oecumenisch streven der Herrnhutters in de Nederlanden in de achttiende eeuw*, Zeist 1935.

eine Zusammenarbeit möglich war. Ferner war man auf das Wohlwollen der Plantagenbesitzer angewiesen und konnte das System der Sklaverei nicht grundsätzlich in Frage stellen. Als Zinzendorf am 29. Januar 1739 in St. Thomas erschien, um den Vorwurf, sich selbst nicht den Gefahren der Mission auszusetzen, zu widerlegen, befanden sich seine Mitarbeiter im Gefängnis. Beklemmend waren die mangelnden hygienischen Verhältnisse und noch wenig erforschten Krankheiten in den Missionsgebieten, die in den Tropen die Missionare und noch schneller ihre Frauen dahinrafften.

Zu diesen äußeren Schwierigkeiten traten innere. Zinzendorfs philadelphisches Ideal rieb sich immer wieder an den ekklesiologischen Vorstellungen der Mähren, ihrer Kirchenzucht, ihrer Kirchenordnung, ihrem Beharren auf alten Traditionen. Andrerseits benötigte er die Alte Unität zur Legitimierung der erneuerten Brüderkirche und als Gehäuse für deren äußere Einrichtungen, wie die Bischofsordination durch Jablonski zeigte. Das hieß für ihn nun freilich nicht, dass sich die neue Brüder-Unität zu einer Bischofskirche wandeln sollte.[58] Als Leonhard Dober 1741 auf einer Synode in London seinen Rücktritt vom Generalältestenamt erklärte, hätte es nahe gelegen, einen leitenden Bischof zu benennen und ihn mit dieser Aufgabe zu betrauen. Die Wahl Christi zum Generalältesten auf dieser Synode bedeutete das Festhalten an der Ältestenverfassung, den Bischöfen war lediglich eine seelsorgerliche und Weihefunktion zugedacht. Nachdem dies 1741 in der Verfassung verankert war, konnte Zinzendorf 1745 erneut auf die Mähren zugehen und die Weihegrade der alten Unität von Diakon, Presbyter und Bischof einführen und damit die bis heute gültige Ordinationsfolge übernehmen, ja er hielt wichtige Reden über die Hochschätzung der alten Unität,[59] verdankte er der Opferbereitschaft der Mähren doch gerade die Erfolge der brüderischen Missionsunternehmungen.

---

[58] Zinzendorfs eigene Ordination zum Bischof 1737 lässt sich auch so verstehen, dass er damit nicht die Kontrolle aus der Hand geben wollte, vgl. Joseph Theodor Müller, *Das Bischoftum der Brüder-Unität. Eine geschichtliche Untersuchung*, Herrnhut 1889.

[59] Abgedruckt in den *32 einzelnen Homilien* (Nachdruck in: *Ergänzungsbände zu den Hauptschriften*, Bd. 10, Hildesheim 1970).

Wie sehr Zinzendorf einen Alleingang der Mähren fürchtete, enthüllt seine Reaktion nach Rückkehr aus Nordamerika 1743, als die stellvertretende Leitung Konzessionen mit Preußen im Blick auf Schlesien ausgehandelt hatte. Als Jurist wusste er zur Genüge, was eine solche Anerkennung einer nicht auf die Augsburger Konfession gegründeten Kirche an Kritik heraufbeschwor. Darum drängte er auf Nachbesserung, und bei seiner Rückkehr nach Sachsen 1747 setzte er ein „Versicherungsdekret" (1749) mit der Anerkennung der Augsburger Konfession als Bekenntnisgrundlage durch.

Angezogen von diesen weltweiten Aktivitäten und christlichem Missionseifer suchten zahlreiche junge Menschen Anschluss an die Gemeinden in der Wetterau (1738 Ausbau von Herrnhaag). Zinzendorf glaubte in einem kindlichen Blut- und Wundenkult den theologischen Schlüssel gefunden zu haben, der die Gemeinde in der Erweckung erhält und die Kraft zur frohen Botschaft bei allen Entbehrungen des Evangelisten- und Missionsdienstes verleiht. Da trat seit etwa 1743 eine religiöse Entwicklung ein, die zu einem Überschwang der Gefühle, einem Nachlassen der kirchlichen Disziplin, zu einem Singen und Spielen in der Gnade und Verliebtheit in den Bräutigam und Ehemann Christus mit einer ganz eigenen expressiv-dadaistischen Poesie wurde, die den Anlass zu einer wahren Flut von Streitschriften gegen die Brüderkirche bildete.[60] Zinzendorf lebte um 1748/49 in der chiliastischen Erwartung, dass Christi Wiederkommen zu seiner Gemeinde unmittelbar bevorstehe und sah in den Erfolgen der Mission dafür deutliche Anzeichen.[61] Erst durch seine Mitarbeiter musste er auf die Gefahren aufmerksam gemacht werden, bis er am 10. Februar 1749 in einem Strafbrief aus London dem Überschwang auf

---

[60] Hans-Walter Erbe, *Herrnhaag. Eine religiöse Kommunität im 18. Jahrhundert*, = UnFr 23/24, 1988, und Paul Peucker, *A Time of Sifting. Mystical Marriage and the Crisis of Moravian Piety in the Eighteenth Century*, Pennsylvania State University 2016.

[61] Dietrich Meyer, Chiliastische Hoffnung und eschatologische Erwartung innerhalb der Brüdergemeine und der Mission bei Zinzendorf und Spangenberg, in: Wolfgang Breul und Jan Carsten Schnurr (Hg.), *Geschichtsbewusstsein und Zukunftserwartung in Pietismus und Erweckungsbewegung*, Göttingen 2013, 129–140.

dem Herrnhaag Einhalt gebot.[62] Aus Amerika rief er Spangenberg zurück, damit er als an dieser Entwicklung unbeteiligter Theologe das Ansehen der Brüderkirche durch apologetische Schriften rette. Die von Zinzendorf nach Lk 22,31 als „Sichtungszeit" bezeichnete Krise ebbte langsam ab, die Polemik beruhigte sich und Zinzendorf fand bei allem Festhalten an seiner Kreuzestheologie zu einer sachgemäßeren, weniger bildhaften Sprache, die die tägliche „Konnexion mit dem Heiland" zum Zentrum machte.

Die Gefährdung der brüderischen Missionskirche kam seit Ende der 1740er Jahre ferner aus einer noch heikleren Selbstüberschätzung. Als sich die Regierung in Büdingen nach dem Tod von Graf Casimir kritisch zu Zinzendorf stellte und eine Trennung der dortigen Gemeinde von ihrem Leiter verlangte, gab die Gemeinde den gesamten Besitz auf und verteilte die Kinder der Anstalten auf andere Gemeinden. Das alles verursachte erhebliche finanzielle Verluste, und Kredite konnten nicht pünktlich zurückgezahlt werden.[63] Der Ausbau des Lindseyhouses in London verschlang erneut Summen und die Aufnahme neuer Kredite. Als es 1753 zu einem Bankerott eines Bankiers kam, wurden die englischen und holländischen Gläubiger hellhörig und verlangten ihre Kredite zurück. Zinzendorf musste damit rechnen, in den Londoner Schuldturm zu kommen.[64] Die Gefahr konnte durch die Zusicherung pünktlicher Bezahlung und die Aushilfe befreundeter Kaufleute abgewendet werden, belastete aber die Brüderkirche noch bis zum Ende des Jahrhunderts.

Zinzendorf erkannte seine Nachlässigkeit in finanzieller Hinsicht, sie war noch nie seine Sache gewesen. Er konnte keine Kritik vertragen und wollte auf Warnungen von Freunden nicht rechtzeitig hören. Die Notwendigkeit einer besseren finanziellen Übersicht und die Schaffung dafür geeigneter Organe musste er nun erkennen, und sie wurde in verschiedenen

---

[62] Abgedruckt bei Hahn/Reichel, *Quellen*, 172–176.

[63] Otto Uttendörfer, *Wirtschaftsgeist und Wirtschaftsorganisation Herrnhuts und der Brüdergemeine von 1743 bis zum Ende des Jahrhunderts*, Herrnhut 1926, Nachdruck: Z-MuD, R 2, Bd. 22, Hildesheim 1984, 12–28.

[64] Über diese Finanzkrise berichtet Beyreuther, *Zinzendorf und die Christenheit*, 272–276.

Versuchen in den nächsten Jahren umgesetzt.[65] Als Zinzendorf am 9. Mai 1760 in Herrnhut starb, missionierte die Gemeinde in der Karibik, Surinam, Berbice, Südafrika, Ostindien (Trankebar), Grönland und betrieb eine intensive Gemeinschaftspflege in den meisten Ländern Deutschlands, der Schweiz, in Frankreich, Skandinavien und auf dem Baltikum. Eine internationale Missionskirche war entstanden, die, wenn sie Bestand haben sollte, einer besseren organisatorischen und finanziellen Absicherung bedurfte.

2.4 Die Ausbildung fester Strukturen

Die von Zinzendorf eingesetzten „Generaldiakonen“ für die Finanzverwaltung hatten sich nicht bewährt, so dass die ökonomische Konferenz von Taubenheim 1755 ein „Direktorial-Kollegium“ zur Erfassung und Verwaltung der Finanzen einsetzte. Damit war ein erstes kollegiales Gremium geschaffen und der Weg zu einer kollegialen Leitung der Unität nach Zinzendorfs Tod vorgezeichnet. In drei verfassungsgebenden Synoden von 1764, 1769 und 1775 wurde die neue Struktur der Gemeine festgelegt: Die Familie Zinzendorf wurde mit 120.000 Thalern abgefunden und der Landbesitz mit seinen Gütern in Berthelsdorf und Großhennersdorf von der Unität mit allen Schulden übernommen. Ein Tilgungsfonds und eine übersichtliche Kassenführung zur Abzahlung der Kredite und Lasten wurden eingerichtet und alle Gemeinden in einem „Diakonieverband“ zur Finanzierung der gesamten Arbeit verbunden. An der Spitze der Unität steht die Synode mit gesetzgebender Funktion. Ständiges Leitungsgremium der Unität (auch der englischen und amerikanischen Gemeinden) ist die „Unitätsältesten-Konferenz“ in drei Abteilungen mit Sitz in Herrnhut. Auch die Einzelgemeinde wird von einem Ältestenrat geleitet.

Zinzendorf hatte Herrnhut und die folgenden Gemeingründungen nach alttestamentlichem Vorbild als theokratische Einheiten verstanden, in denen nicht zwischen weltlicher und kirchlicher Gemeinde, weltlichem und geistlichem Besitz unter-

---

[65] Wilhelm Ludwig Kölbing, *Die Geschichte der Verfassung der Evangelischen Brüder-Unität in Deutschland mit besonderer Berücksichtigung der kirchenrechtlichen Verhältnisse*, Leipzig 1906.

schieden wurde.[66] Wer sich in einer Ortsgemeinde niederlassen wollte, musste ihr Mitglied werden und die Statuten unterschreiben. Eine solche Gemeinde konnte auch wie im Beispiel von Neuwied, Neusalz oder Berlin in einer Stadt liegen, sie bildete dann ein abgeschlossenes Viertel. 1775 bestanden die folgenden Gemeinden auf dem Kontinent: Herrnhut, Niesky und Kleinwelka in Sachsen, Gnadenberg, Gnadenfrei und Neusalz (seit 1782 ferner Gnadenfeld) in Schlesien, Ebersdorf im Vogtland, Neudietendorf im Herzogtum Gotha, Barby und Gnadau bei Magdeburg, Berlin und Rixdorf (= Berlin-Neukölln), Christiansfeld im Herzogtum Schleswig, Neuwied im Fürstentum Wied, Zeist in Holland und Sarepta in Russland.

Eine Besonderheit der brüderischen Ortsgemeinde war die Tatsache, dass sie in ihren Chorhäusern der ledigen Brüder- und Schwestern einen sozialisierten Wirtschaftszweig ausbildete, da diese Chorhäuser sich möglichst selbst finanzieren mussten.[67] Jedes Chorhaus lediger Brüder verfügte also je nach Mitgliedern über Schneider, Schuhmacher, Tischler, Weber, Bäcker usw., die nicht nur für sich selbst, sondern auch für ihr Chorhaus, ja für die Gemeinde zu sorgen hatten. Begabte Handwerker oder Kaufleute, die sich hier bewährten, haben sich dann gern verselbstständigt und eigene Betriebe aufgebaut, wie die angesehene Tischlerei Abraham Röntgen in Neuwied oder der elsässische weltgewandte Kaufmann Abraham Dürninger mit einem Leinwandhandel in Herrnhut. Dass es dabei zu Konflikten mit der Unitäts- oder Gemeindeleitung über Abgaben an die Gemeinde kommen konnte, versteht sich. Der Ruf der Brüdergemeine als eine wirtschaftlich moderne, innovative Gemeinschaft mit zuverlässigen fähigen Handwerkern, Fabrikanten und Kaufleuten brachte ihr Besuche von Fürsten und Königen wie Kaiser Joseph II. (1766) ein, die sich um Ansiedlungen in ihren Ländern bemühten.

---

[66] Dietrich Meyer, Die Brüdergemeine als Theokratie und ihr Verhältnis zum Staat, in: Udo Sträter (Hg.), *Interdisziplinäre Pietismusforschung. Beiträge zum ersten internationalen Kongress für Pietismusforschung 2001*, Bd. 1, Tübingen 2005, 279–286.

[67] Guntram Philipp, Wirtschaftsethik und Wirtschaftspraxis in der Geschichte der Herrnhuter Brüdergemeine, in: Mari P. van Buijtenen (Hg.), *Unitas Fratrum – Herrnhuter Studien/Moravian Studies*, Utrecht 1975, 401–464, hier 418–429.

Neben dieser äußeren Absicherung der Gemeine war ihre innere theologische Festigung und Annäherung an die Landeskirche, die wesentlich durch August Gottlieb Spangenberg geleistet wurde, entscheidend. Er lieferte der Gemeine eine systematische Darstellung ihrer Lehre in den „Idea fidei Fratrum", die ganz auf der Bibel beruhte. Er legte ihre Missionsgrundsätze in kurzen Darstellungen fest. Ebenso richtungsweisend wie diese Grundlegungen war, was er an theologischen Besonderheiten von Zinzendorf und noch bestehenden Resten der sog. „Sichtungszeit" (auch an Akten aus dem Archiv) ausschied. Er bestimmte die Ausbildung im theologischen Seminar und normierte das Geschichtsbild der Gemeinde, insbesondere durch seine achtbändige Zinzendorfbiographie. In der praktischen Frömmigkeit wirkte das von Christian Gregor herausgegebene Gesangbuch und Choralbuch prägend für Gemeindefrömmigkeit und Gesang. Gregor regte durch seine Kantatenkompositionen das liturgische Leben und die Ausgestaltung des Festkalenders durch jeweils neu zu schaffende liturgische Psalmen an.[68]

Nun wurde auch das Erziehungswesen der Brüdergemeine auf der Synode 1782 neu geregelt.[69] Die von Zinzendorf nicht geliebten „Pensionsanstalten" für auswärtige Kinder, gemeint sind Internate, wurden genehmigt und erfreuten sich bald großer Beliebtheit. Die Knabenanstalt in Neuwied entwickelte sich vorzüglich und wurde im 19. Jahrhundert vorrangig von englischen Schülern besucht. In Montmirail bei Neuchâtel, dem elterlichen Gut von Friedrich von Watteville, lud ein Mädcheninstitut zu religiöser Erziehung und zum Erlernen der französischen Sprache ein. In Zeist bei Utrecht baute der begabte Pädagoge Friedrich Renatus Frühauf ein gut besuchtes Mädchen- und Jungeninternat auf. Für die Kinder aus der Brüdergemeine blieben Knabenanstalt und Pädagogium in Niesky, welches der angesehene Pädagoge Paul Eugen Layritz (1707–1787) in Großhennersdorf aufgebaut hatte, die zentrale Ausbildungsstätte, die sich nun auch anderen öffnete. Die Kin-

---

68 Dietrich Meyer, Christian Gregor als Kantor, Liederdichter und Bischof der Brüdergemeine, *UnFr* 47, 2000, 61–82.

69 Vgl. dazu Hans-Walter Erbe, Erziehung und Schulen der Brüdergemeine, in: Mari P. van Buijtenen (Hg.), *Unitas Fratrum – Herrnhuter Studien / Moravian Studies*, Utrecht 1975, 315–349, hier 327 f.

der der Missionare erhielten in Kleinwelka ein eigenes Internat. Brüderische Erziehung wollte Kinder nicht zu Gelehrten machen, sondern war ganzheitlich angelegt, zielte auf Herzensbildung und Integration in ein christliches Gemeinschaftsleben. Das machte sie für viele attraktiv.

Das zentrale Anliegen Zinzendorfs, das Werben für den Heiland, wurde in den Ländern Europas durch die „Gemeinschaftspflege" innerhalb der Landeskirchen oder, wie man damals sagte, die „Diasporapflege"[70] geleistet. Diese evangelistisch-seelsorgliche Arbeit entsprach dem philadelphischen Anliegen und wurde von Zinzendorf in seinem letzten Lebensjahrzehnt besonders gefördert, in Reden verbreitet und durch den Pädagogen Paul Eugen Layritz ausgebaut und in Regionen gegliedert. Sie wurde als Dienst der Brüdergemeine für die Landeskirchen verstanden, richtete sich bewusst gegen eine Austrocknung der Gemeinden durch den Rationalismus und konnte nur gedeihen, wenn die „Diasporapfleger", in der Regel Laien, engen Kontakt mit den Pfarrern hielten. Sie vollzog sich in der Weise, dass diese Reiseprediger in regelmäßigen Abständen Gemeinden besuchten, Versammlungen hielten, Seelsorge an einzelnen übten, um damit einen Anstoß zu gegenseitigem Austausch und Gemeinschaft untereinander zu geben. Sie haben als Laien Bevölkerungsgruppen angesprochen, die ein Theologe schwerer erreichte, und da sie oft mit ihren Frauen unterwegs waren, fand hier auch eine Seelsorge an Frauen statt. Ihre regelmäßigen Reiseberichte sind heute eine einzigartige Quelle über die Laienfrömmigkeit des 19. Jahrhunderts.

Das Ausmaß dieses Arbeitsfeldes war erheblich. 1769 waren 170 Diasporaarbeiter in 800 Orten in Deutschland unterwegs. Bedeutender noch war die Arbeit im Baltikum, wo 1775 15.000 Menschen erreicht und für ihre Zusammenkünfte besondere Bethäuser errichtet wurden.[71] Die Diasporakonferenz

---

[70] Horst Weigelt, Die Diasporaarbeit der Herrnhuter Brüdergemeine und die Wirksamkeit der Deutschen Christentumsgesellschaft im 19. Jahrhundert, in: Martin Brescht (Hg.), *Geschichte des Pietismus*, Bd. 3, Göttingen 2000, 113–149; Otto Steinecke, *Die Diaspora der Brüdergemeine in Deutschland. Ein Beitrag zu der Geschichte der evangelischen Kirche Deutschlands*, Bd. 1, Halle 1905.

[71] Guntram Philipp, *Die Wirksamkeit der Herrnhuter Brüdergemeine unter den Esten und Letten zur Zeit der Bauernbefreiung*, Köln / Wien 1974, 220 ff.

1785 gliederte die Arbeit in 20 Bezirke, von denen hier nur die außerhalb Deutschlands liegenden genannt seien: Dänemark, Norwegen, Schweden, Baltikum, Schweiz, Niederlande und Frankreich. Stellte sich freilich eine Kirchenleitung gegen diese Arbeit, wie es dann im Baltikum geschah, so blieb der Brüdergemeine nur der Rückzug (Synode von 1857), da sie keine eigene Kirchenbildung anstrebte. Wo sich Schwerpunkte der Betreuung bildeten, war man bereit, sog. Societäten zu bilden, die dann meist der Sitz eines Diasporapflegers waren. Dass es in den Landeskirchen ein Verlangen nach dieser biblisch-erwecklichen Gemeinschaftspflege gab, beweisen die Predigerkonferenzen, die 1754 von Pfarrern aus der Umgebung Herrnhuts begründet wurden und ab 1765 jährlich in Herrnhut stattfanden.[72] In der Zwischenzeit hielt man brieflich Kontakt, um sich in praktisch-theologischen Fragen zu beraten. Die Konferenz öffnete sich nach 1775 auch reformierten Christen aus Holland und der Schweiz und wurde von Jung-Stilling als ein Zeichen der überkonfessionellen Einheit der Christen mit Begeisterung begrüßt.

2.5 Eine Freikirche vor den Herausforderungen der Zeit

Eine Folge dieser Zusammenarbeit mit der Landeskirche war das besondere Verhältnis, das die Brüdergemeine bis heute mit den Landeskirchen verbindet und im Vergleich mit anderen Freikirchen einzig ist. Das zeigte sich in der Tatsache, dass sie im 20. Jahrhundert der Deutschen Evangelischen Kirche angegliedert werden konnte oder darin, dass ein Herrnhuter zugleich Mitglied der Brüdergemeine und der Landeskirche sein kann.[73] Die juristische Regelung in den einzelnen Ländern war dabei unterschiedlich. Gehörte die Brüdergemeine in Sachsen bis zum Ende des Ersten Weltkriegs der sächsischen Landeskirche an, so bildete sie in Preußen durch eine Konzession des Königs von 1742/46 eine eigene Freikirche, in England und Amerika eine anerkannte Denomination. Solche Nähe zur

[72] Hellmut Reichel, Die Anfänge der Herrnhuter Predigerkonferenz, *UnFr* 17, 1985, 7–56.

[73] Vgl. dazu Walther Günther, Zum Verhältnis Brüder-Unität – EKD, *UnFr* 3, 1978, 111–117; Theodor Gill, Herrnhut – Freikirche in der Landeskirche, *UnFr* 2, 1977, 3–20.

Landeskirche war Vorteil und Nachteil zugleich. Vorteilhaft war ihre gemeinsame theologische Basis, die Brüdergemeine besitzt keine eigene Bekenntnisschrift, sondern erkennt die reformatorischen Bekenntnisschriften an. Nachteilig war, dass sie sich so in Deutschland nie vergrößern konnte, sondern ihren Bestand von ca. 7.000 Mitgliedern am Ende des 18. Jahrhunderts auch in etwa noch heute besitzt (im Unterschied zu Amerika oder den Missionsgebieten), da sie innerhalb Deutschlands keine Mission betrieb.

Der Zwang, sich den gegebenen rechtlichen Voraussetzungen anzupassen, führte zu einer ständigen Erweichung ihrer theokratischen Struktur, die sich am deutlichsten in den Ortsgemeinden zeigte. Charakteristika der unmittelbaren Herrschaft Jesu waren die Einheit von bürgerlicher und kirchlicher Gemeinde, das Ältestenamt Christi und der Losgebrauch, der dazu diente, den Willen Christi in wichtigen Entscheidungen zu erkennen.[74] Die Verfassung der Gemeinde wurde durch die staatlich festgelegten Gemeindeordnungen in der Mitte des 19. Jahrhunderts obsolet, nun musste das Vermögen jeweils auf Kommune oder Kirche aufgeteilt und eine eigene kommunale Verwaltung unter einem Bürgermeister aufgebaut werden.

Schon die Alte Brüder-Unität hatte sich als Friedenskirche verstanden, die Militärdienst und Eid ablehnte, und diesen Grundsatz übernahm auch die neue Unität. Sie forderte ihn als Bedingung bei jeder Neugründung einer Gemeinde von der Obrigkeit ab. Mit den Freiheitskriegen aber entstand ein völlig neues Nationalgefühl, dem die Verteidigung des Vaterlandes höchste Pflicht war. Darum ließ sich diese Forderung nicht mehr durchsetzen, zumal eine neue Generation in Deutschland kein Verständnis mehr dafür hatte. 1815 wurde die Militärfreiheit in Preußen abgeschafft.[75]

Mit dem Erwachen eines neuen Freiheitsbewusstseins wurde auch der Losgebrauch zunehmend als Willkür einer Kirchen-

---

[74] Vgl. dazu Peter Vogt, Die Medialität göttlicher Willenskundgebung in der Lospraxis der Herrnhuter Brüdergemeine, in: Christian Soboth und Pia Schmid (Hg.), *„Schrift soll leserlich seyn". Der Pietismus und die Medien. Beiträge zum IV. Internationalen Kongress für Pietismusforschung 2013*, Halle 2016, 465–480.

[75] Vgl. dazu Peter Vogt, Die Brüder-Unität als Friedenskirche. Eine Spurensuche, *Freikirchenforschung* 24, 2015, 92–118.

leitung verstanden und daher stufenweise abgebaut. Noch 1801 wurde ein Antrag aus England auf Aufhebung des Loses bei Heiraten scharf abgelehnt, 1825 aber verzichtete man darauf und hob schließlich 1889 durch eine Synode jeglichen amtlichen Losgebrauch auf.

Das neu erwachte Nationalbewusstsein in den englischsprechenden Teilen der Unität, das aus dem amerikanischen Unabhängigkeitskrieg gestärkt hervorging, wehrte sich gegen die Bevormundung durch eine Direktion in Deutschland. Die Synode von 1857 tat daraufhin den längst fälligen Schritt und teilte die bis dahin zentral verwaltete Brüderkirche in drei Provinzen, eine deutsche, englische und amerikanische mit weitgehend selbstständiger Entscheidungsfreiheit, so dass neben die Generalsynode nun die Provinzialsynoden traten.[76] Um ein Auseinanderfallen der Unität zu verhindern, da die erstere nur alle 10 Jahre tagte, verblieb die international besetzte Missionsabteilung in Deutschland. Die Mission wurde also weiterhin einheitlich verwaltet, da sie das Herzstück und den Existenzgrund der Unität bildete.

Als 1891 der russische Staat alle Sonderrechte für die Gemeinde Sarepta aufhob und nur noch die Kommunalordnung des Ortes für gültig erklärte, bestritt er damit das Existenzrecht der geistlichen Gemeinde, der Brüdergemeine, so dass Herrnhut nur noch ihre Auflösung konstatieren konnte. Das führte auf den nächsten Synoden 1893/97 zu einer Überarbeitung der Kirchenverfassung und einer schärferen Unterscheidung von Unitäts- und Gemeindevermögen. Die Begriffe wurden der Sprache der Zeit angepasst. Statt „Unitätsältestenkonferenz“ hieß es nun „Direktion“. Eine neue Kirchenordnung wurde gedruckt.

Viel einschneidender aber war der Erste Weltkrieg, denn die politischen Gegensätze wirkten sich nun katastrophal für die Mission aus. Das Beispiel Tansania mag das verdeutlichen. Als 1916 die Engländer Tansania übernahmen, wurden die

---

[76] Vgl. dazu J. Taylor Hamilton und Kenneth G. Hamilton, *History of the Moravian Church. The Renewed Unitas Fratrum 1722–1957*, Bethlehem/PA 1967, 315–317; ins Deutsche übertragen von Joachim Haarmann, *Die erneuerte Brüder-Unität 1722–1957*, 2 Bde, Herrnhut 2001–2003. Der Distrikt Süd wurde durch die Synode von 1899 als selbstständige Provinz anerkannt.

deutschen Missionare interniert und konnten nicht vor 1919 in ihre Heimat zurückkehren. Erst 1925 konnte wieder ein deutscher Missionar nach Tansania entsandt werden. Eine einheitliche Missionsverwaltung von Deutschland aus war nun unvorstellbar und die Brüderkirche als eine internationale Kirche stand vor ihrer Zerreißprobe. Die für 1931 einberufene Generalsynode legte ein klares Bekenntnis für die Erhaltung der Gesamtunität ab.

Die Inflation von 1923 hatte für die Unität verheerende Auswirkungen im Blick auf die Unterhaltung der Missionsgebiete, denn sie vernichtete alle Rücklagen und größeren Spenden, die zum Jubiläum 1922 eingegangen waren.

In der Zeit der nationalsozialistischen Herrschaft war die deutsche Unität gespalten. So sehr die Direktion betonte, dass sie mit dem Kirchenkampf in den Landeskirchen nichts zu tun habe und um der Erhaltung ihrer Schulen willen ein gutes Einvernehmen mit dem Staat suchte, so wenig ließ sich eine Gruppe von Predigern davon abhalten, auf die theologisch-kirchlichen Gefahren hinzuweisen und eine Synodalerklärung im Sinne der Barmer Erklärung durchzusetzen.[77] Zu der befürchteten Verstaatlichung des Schulwesens kam es 1944 in Königsfeld und Niesky.[78]

Die Auswirkungen des Zweiten Weltkriegs waren für die Brüdergemeine gravierend. Ihr gingen nicht nur die zum Teil wohlhabenden und mitgliederstarken schlesischen Gemeinden Neusalz, Gnadenberg, Gnadenfrey und Gnadenfeld verloren, sondern das gesamte Diasporawerk im Oder- und Netzebruch, in Polen, Russland und dem Baltikum. Zwar gelang es Bischof Hermann Steinberg aus den Flüchtlingen eine neue Gemeinde in Neugnadenfeld im Emsland zu errichten und die Wege für eine Schule in Tossens zu ebnen, aber damit konnte man die Verluste nicht aufwiegen.[79] Nach der Schließung des theologischen Seminars in Herrnhut 1945 fand die theologische Arbeit fortan ihren Schwerpunkt im Theological Seminary von Bethlehem, Pa.

---

[77] Vgl. dazu die Aufsätze im Themenheft *UnFr* 40, 1997.

[78] Hans-Jürgen Kunick, Die Königsfelder Zinzendorfschulen in der Zeit des Nationalsozialismus. Geschichte der Schulen 1933–1944, *UnFr* 43, 1998.

[79] Vgl. dazu die Aufsätze im Themenheft *UnFr* 53/54, 2004.

Als 1948 in Amsterdam die Christenheit der Welt auf einer großen ökumenischen Konferenz den Weltrat der Kirchen begründete, da waren auch mehrere Abgeordnete aus der Brüdergemeine vertreten. Für die Einheit der Christen hatte die Brüdergemeine seit Bestehen hingearbeitet und nahm an den Beratungen der ökumenischen Gremien seit Anfang des 20. Jahrhunderts teil.[80] Die Gemeinschaftspflege der Herrnhuter darf mit Recht als ein Vorläufer der ökumenischen Bewegung gesehen werden. Insofern kam in Amsterdam das philadelphische Bestreben Zinzendorfs in neuer Gestalt zum Tragen.

Die Brüder-Unität selbst hielt nach dem Zweiten Weltkrieg an der Einheit ihrer Kirche fest und konnte vom 13. August bis 10. September 1957 eine weitere Generalsynode, später Unitätssynode genannt, einberufen. Es versammelten sich 50 Vertreter (einschließlich der Mitarbeiter) aus 16 Ländern in Bethlehem, Pennsylvanien. Die Verhandlungssprache war nun zum ersten Mal die englische Sprache. Inzwischen überwogen die Mitglieder der Missionsgebiete bei weitem die der europäischen und amerikanischen Provinzen. Die 18 Gemeinden in der Tschechoslowakei mit knapp 10.000 Mitgliedern wurden als fünfte Provinz anerkannt, und es folgte noch vor der nächsten Unitätssynode die Anerkennung von Südafrika-West, Westindien-Ost, Jamaica und Surinam als selbstständige Provinzen. Wichtigster Verhandlungsgegenstand war der Beschluss einer neuen Kirchenordnung mit einer Erklärung über die theologische Basis im Vorspann, als „Grund der Unität“ bezeichnet.[81] Somit wurde in Bethlehem das Fundament gelegt, auf dem sich die Brüder-Unität zu derjenigen internationalen Kirche entwickeln konnte, die in den folgenden Beiträgen dieses Bandes beschrieben ist.

---

80 Frieder Vollprecht, Die Verbindung der deutschen Brüder-Unität mit der ökumenischen Bewegung in der Zeit des Nationalsozialismus, *UnFr* 42, 1998, 47–61.

81 Bis heute Teil der Kirchenordnung, vgl. den Abschnitt zur Theologie der Brüder-Unität in diesem Band.

B. DIE THEOLOGIE DER BRÜDER-UNITÄT

Peter Vogt

Für eine Darstellung der Theologie der Brüder-Unität mag es hilfreich sein, bei ihrem wichtigsten Symbol einzusetzen, dem Bild des Lammes mit der Siegesfahne, das von den Worten umrandet ist: „Vicit Agnus Noster Eum Sequamur" – „Unser Lamm hat gesiegt, lasst uns ihm nachfolgen". Bekanntermaßen ist das Bild des Siegeslamms ein allgemeines christliches Symbol, das in vielen kirchlichen Traditionen vorkommt und eine Geschichte besitzt, die bis ins 4. Jahrhundert zurückreicht.[1] Das Proprium der Brüder-Unität liegt in der Verbindung des Lamm-Symbols mit der Umschrift, die sonst in keiner anderen Kirche bekannt ist. Diese Kombination findet sich zum ersten Mal im 17. Jahrhundert auf einem Siegel der Böhmischen Brüder und ist bis heute im Bischofssiegel der Brüder-Unität gebräuchlich.[2] 2016 hat die Unitäts-Synode, das höchste Gremium der weltweiten Brüder-Unität, die Umschrift zu ihrem offiziellen Motto erhoben.[3]

Das Siegeslamm als Kirchensymbol lädt ein zur Betrachtung. Welche theologischen Inhalte, die für Glauben und Leben der Brüder-Unität wichtig sind, lassen sich darin entdecken? Als erstes ist hier die tragende christozentrische Orientierung zu nennen: In der Mitte der Theologie steht Jesus Christus. Mit allen anderen christlichen Kirchen teilt die Brüder-Unität den Glauben an den Dreieinigen Gott, aber es ist die Verkündigung Christi, mehr als die Rede von Gott dem Vater oder die Lehre

1 *Lexikon der christlichen Ikonographie*, Bd. 3, Freiburg/Br. 1971, Sp. 7–14.

2 Vgl. Wolfgang Bickerich, Von den Siegeln der ev. Kirchenverbände und Kirchenbehörden im Gebiet des ehemaligen Polen, *Aus Posens kirchlicher Vergangenheit. Jahrbuch des Evangelischen Vereins für die Kirchengeschichte der Provinz Posen* 5, 1915/16, 112–125, hier 115.

3 Resolutions of the 43rd Unity Synod (the 27th Unity Synod of the Renewed Moavian Church), August 12–19, 2016, Montego Bay, Jamaica. (digital verfügbar unter www.unitasfratrum.org), 16, Nr. 25.

vom Heiligen Geist, die ihre Theologie und Frömmigkeit prägt. Im 2012 beschlossenen Leitbild der Brüder-Unität (Europäisch-Festländische Provinz) heißt es: „Jesus Christus steht für uns im Zentrum. Mit seinem Leben hat er uns gezeigt, wie Gott ist. Er hat uns Liebe, Vergebung und Gemeinschaft gelehrt und ging damit bis zum Äußersten, zum Tod am Kreuz. Christus ist auferstanden. Wir vertrauen auf ihn, auch da, wo wir scheitern und schuldig werden. Er begegnet uns als Bruder, der uns befreit, befähigt und beauftragt, seine Liebe weiterzugeben."[4] Diese Akzentsetzung knüpft an die neutestamentliche Überlieferung an, die von Jesus als Menschen in einer konkreten historischen Situation erzählt, zugleich aber seine universale heilsgeschichtliche Bedeutung verkündigt, die im urchristlichen Bekenntnis zum Ausdruck kommt: „Jesus Christus ist der Herr" (Phil 2,11). Im Symbol des Lamms spiegelt sich die doppelte Blickrichtung des christologischen Anspruchs wider: Christus ist das Lamm, das demutsvoll der Welt Sünde trägt (Joh 1,29, vgl. Jes 53,7 und 1Petr 1,19), und er ist auch das Lamm, das den Tod und alle Mächte des Bösen überwunden hat und auf dem himmlischen Thron den Lobpreis der Erlösten empfängt (Apk 7,9–12). Das Lamm ist Opferlamm und Siegeslamm zugleich, es trägt die Zeichen der Verwundung an sich, aber es trägt auch die Siegesfahne. So vereint das Lammsymbol zwei theologische Themen, die in der Brüder-Unität traditionell von großer Bedeutung sind: Kreuzestheologie und Auferstehungshoffnung.

Das Bild des Lamms symbolisiert, wie Gottes Liebe in der Welt wirkt. Um der Botschaft von Gottes Reich willen zeigt sich Jesus Christus bereit, lieber Gewalt zu leiden als anderen Gewalt anzutun. Jesus setzt konsequent auf Friedfertigkeit. Dieser Weg liefert ihn dem Tod aus; die perfide Verstrickung des Menschen in Gewalt und Sünde trifft ihn mit ganzer Wucht am Kreuz. In den Augen der Welt sieht es so aus, als sei er verworfen und gescheitert. Doch Gott handelt anders: er erwählt, was schwach ist vor der Welt, damit er zuschanden mache, was stark ist (1 Kor 1,27). An dem Punkt, wo alles zu Ende scheint, am Kreuz, überwindet Gott die Ausweglosigkeit von Sünde

---

[4] Direktion der Ev. Brüder-Unität (Hg.), *Beschlüsse und Erklärungen der Synode 2012*, Bad Boll / Herrnhut / Zeist, 2012, 6, Nr. 1.

und Tod. Jesus Christus geht in den Tod, aber er bleibt nicht im Tod; seine Auferstehung markiert den Triumph über alle Mächte, die Gottes Heilswillen entgegenstehen. Es ist ein Sieg der Friedfertigkeit über Hass und Gewalt, ein Sieg der Selbsthingabe über Arglist und Eigensucht, ein Sieg der heilenden Liebe über alles, was Menschen entzweit und zugrunde richtet. Das Lammsymbol drückt die Hoffnung aus, dass Gottes Kraft in den Schwachen mächtig ist (2 Kor 12,9), dass inmitten unserer todesverfallenen Welt der Weg in ein neues Leben offensteht und dass den Opfern von Gewalt und den Verlierern der Geschichte am Ende Gerechtigkeit widerfährt.

Mit der soteriologischen Feststellung „unser Lamm hat gesiegt" verbindet sich die ekklesiologische Aufforderung „lasst uns ihm nachfolgen". An Christus zu glauben hat Konsequenzen. Kirche ist die Gemeinschaft der Menschen, die den Ruf Christi gehört haben, die bereit sind, ihm nachzufolgen und seinen Weg mitzugehen. Auch der Begriff der Nachfolge knüpft an das biblische Zeugnis an, das davon berichtet, wie Jesus viele Menschen, denen er begegnete, dazu aufforderte, ihm zu folgen. Vor Augen steht hier das Bild der Fischer am See Genezareth, die ihre Netze liegen ließen und sich mit Jesus auf den Weg machten, weil sie spürten, dass Gottes Stimme aus ihm sprach (vgl. Mk 1, 16–20). Nachfolge heißt Umkehr und Aufbruch im Gehorsam auf den Ruf Christi. Nachfolge beinhaltet, so zu leben, wie Jesus es vorgelebt hat, sich von seiner Botschaft berühren und verändern zu lassen, in seinem Geist zu handeln und aus seiner Kraft heraus das Leben zu bestehen. Es bedeutet, sich der Leitung Jesu anzuvertrauen und darauf zu vertrauen, dass sein Weg ein Weg ist, der ins Leben führt, allen Bedrohungen durch Leid und Anfechtung, Tod und Sünde zum Trotz. Auch wenn das Wagnis der Nachfolge immer das Moment einer persönlichen individuellen Entscheidung beinhaltet, richtet der Ruf „lasst uns ihm nachfolgen" die Aufmerksamkeit auf die Gemeinschaft, die im Lebensangebot Christi begründet ist. Diejenigen, die sich von Jesus auf den Weg der Nachfolge einladen lassen, finden sich hineingenommen in eine neue Verbundenheit als Schwestern und Brüder im Herrn (vgl. Mt 12,46–50). Mehr noch, das Bild des Siegeslamms eröffnet den Ausblick auf die unzählig große Schar der Erlösten, die dereinst „aus allen Nationen und Stämmen und Völkern und Sprachen" um den himmlischen Thron Christi versammelt sein werden (Apk 7,9–10). Es stellt uns die Vision der himmlischen Stadt Gottes vor Augen, in der Leid, Tod und Geschrei endgültig überwunden sein werden (Apk 21).

In mehrfacher Weise symbolisiert das Lamm-Signet Einheit und Verbundenheit. Dass die Brüder-Unität das Symbol des Siegeslamms verwendet, zeigt ihre Verwurzelung in der langen theologischen und ikonografischen Tradition der Christenheit. Damit bringt dieses Symbol die Ökumenizität der Brüder-Unität zur Geltung; es kommuniziert nicht Abgrenzung, sondern Verbundenheit im Miteinander der Konfessionen, die aus der gemeinsamen Geschichte erwächst. Darüber hinaus bildet das Symbol des Lamms, das schon seit der Zeit der Böhmischen Brüder in Gebrauch ist, ein wichtiges Element der Kontinuität in der geschichtlichen Entwicklung von der „alten" zur „erneuerten" Brüderkirche. Schließlich symbolisiert das Signet des Siegeslamms die Einheit der Brüder-Unität als weltweiter Kirche, wobei die Spannung von Einheit und Vielfalt innerhalb der Gesamtkirche sich im grafischen Erscheinungsbild des Symbols widerspiegelt. Das Symbol ist allen Provinzen gemeinsam, aber seine jeweilige Ausgestaltung zeigt beträchtliche regionale Variationen. Diese Unterschiedlichkeit der Provinzen bei gemeinsamen Wurzeln zeigt sich auch in anderen Bereichen des kirchlichen Lebens, etwa in Liedgut, Gottesdienstpraxis oder Gemeindeorganisation, – und nicht zuletzt im Bereich der theologischen Lehre.

Die globale Vielfalt und Unterschiedlichkeit theologischer Meinungen bilden heute die größte Herausforderung, wenn es darum geht, über die Theologie der Brüder-Unität zu sprechen. Gibt es überhaupt die eine verbindliche Lehre oder zumindest so etwas wie gemeinsame Grundprinzipien, die für die Brüder-Unität als weltweiter Kirche verbindlich sind? Diese Frage wird bei internationalen Begegnungen immer wieder gestellt, ist aber bis jetzt noch nie abschließend beantwortet worden, weder im positiven noch im negativen Sinne. Der folgende Versuch einer theologischen Standortbestimmung beschränkt sich bewusst auf die europäische Perspektive, für die gesagt werden kann, dass sie in besonderer Nähe zu den historisch wirksamen Entwicklungslinien steht, ohne dass dadurch der Anspruch erhoben wird, die Unitas Fratrum in ihrer Gesamtheit zu repräsentieren. Angesichts rapide fortschreitender Veränderungen im Erscheinungsbild der weltweiten Brüder-Unität sind allgemeine Aussagen zu ihrer aktuellen Theologie ohnehin schwierig. Hierfür wäre ein intensiver theologischer Dialog zwischen den unterschiedlichen Regionen Afrika, Europa, Karibik und Nord-Amerika erforderlich, der aber bisher noch kaum in Gang gekommen ist.

Für den weiteren Gang unserer Darstellung sind drei inhaltliche Punkte von Belang. Der erste Punkt betrifft die Frage nach grundlegenden Äußerungen zur Theologie der Brüdergemeine. Besitzt die Brüder-Unität eigene Bekenntnistexte, die für ihre Theologie maßgeblich sind, oder gibt es gar so etwas wie eine spezifisch brüderische Bekenntnistradition? Die Antwort auf diese Frage ist nicht ganz einfach, da man in der erneuerten Brüder-Unität bewusst darauf verzichtet hat, sich in Form einer Bekenntnisschrift von anderen Kirchengemeinschaften abzugrenzen, andererseits es aber immer wieder Versuche gegeben hat, wesentliche theologische Erkenntnisse in bekenntnisartigen Texten zusammenzufassen.[5] Man hat auch gelegentlich das Gesangbuch der Brüdergemeine oder die Ostermorgenliturgie als das „Bekenntnis" der Brüdergemeine bezeichnet (ohne dass diese Quellen dadurch wirklich den Status einer Bekenntnisschrift erhalten hätten).[6] Der Text, der dem Charakter einer verbindlichen Lehrgrundlage noch am nächsten kommt, ist der sogenannte „Grund der Unität", der gleichsam als theologische Präambel der unitätsweiten Kirchenordnung vorangestellt ist. Dieser Text, der 1957 von der Unitätssynode angenommen wurde, verfolgte das Ziel, nach dem Zweiten Weltkrieg die innere und äußere Einheit der Brüder-Unität auf ein tragfähiges Fundament zu stellen. Mit einigen kleinen Änderungen, die durch spätere Synoden vorgenommen wurden, stellt er bis heute die beste Aussage der Brüder-Unität über ihre Lehre dar. Er

---

[5] Vgl. Joseph Theodor Müller, Das Bekenntnis in der Brüdergemeine. Eine geschichtliche Darstellung, *Zeitschrift für Brüdergeschichte* 3, 1909 (Nachdruck in: Z-MuD, Reihe 3, Bd. 1, Hildesheim / New York 1973), 1–61.

[6] Vgl. Heinz Renkewitz, *Die Brüdergemeine und das Bekenntnis*, Herrnhut 1937, 4. Die Ostermorgenliturgie wird bei Philip Schaff, *The Creeds of Christendom*, Bd. 3, New York 1884, 799–806, als Bekenntnis der Brüder-Unität angeführt.

wird daher im Folgenden vollständig abgedruckt und dort, wo es für unsere Darstellung sinnvoll erscheint, näher kommentiert und erläutert.[7]

Ein zweiter wichtiger Punkt ist die Frage nach dem Spezifikum brüderischer Theologie. Worin unterscheidet sich die Tradition der Brüder-Unität von den theologischen Positionen anderer Kirchen und Konfessionen? Mit dieser Frage berühren wir den interessanten Umstand, dass es eigentlich keine Lehrpunkte gibt, mit denen sich die Brüdergemeine deutlich von der Position anderer evangelischen Kirchen abgrenzt. Während manche Freikirchen für ihren Sonderweg ausdrücklich theologische Differenzen geltend machen, etwa im Blick auf die Taufe, das Schriftverständnis oder die Heiligungslehre, betont die Brüdergemeine ihre Konformität: „Die Brüdergemeine weiß sich in der Lehre den anderen evangelischen Kirchen verbunden und zugehörig."[8] Die einzige Ausnahme dabei ist das kirchliche Selbstverständnis der Brüder-Unität, ihre Ekklesiologie, die schon in dem Namen „Brüdergemeine" bzw. „Unitas Fratrum" anklingt. Das dahinterstehende theologische Programm ist Thema im zweiten Abschnitt unserer Darstellung.

Ein dritter Punkt betrifft die methodische Frage des Umgangs mit unterschiedlichen Standpunkten im theologischen Diskurs der Brüder-Unität. Wie passen Einheit und Vielfalt in der Lehre zusammen? Wie lässt sich der Gedanke der Verbundenheit im Glauben vereinbaren mit der Erfahrung, dass es zu bestimmten theologischen Themen oft sehr divergente, ja gar konträre Positionen gibt. Wieviel Toleranz ist innerhalb einer kirchlichen Gemeinschaft möglich und wie lässt sie sich begründen? Seit etwas mehr als 100 Jahren werden diese Fragen unter dem Gesichtspunkt einer Maxime verhandelt, die in weiten Teilen der Unität als „Moravian Motto" bekannt ist und folgendermaßen lautet: „In den wesentlichen Dingen Einheit, in den unwesentlichen Dingen Freiheit, in allen Dingen die Liebe". Auch wenn diese Formulierung bisher (noch) keinen

---

[7] *Kirchenordnung der Europäisch-Festländischen Brüder-Unität.* Fassung 2018, hg. von der Direktion der Brüder-Unität, Herrnhut / Bad Boll / Zeist, 1987 und 2018, 13–17.

[8] So etwa auf der Home-Page der Brüdergemeine Niesky, www.niesky.ebu.de (aufgerufen 15.11.2016).

Eingang in die Kirchenordnung gefunden hat, besitzt sie doch für das theologische Gespräch inzwischen eine so große Bedeutung, dass einige Bemerkungen dazu angebracht sind. Dieser Abschnitt wird am Schluss unserer Darstellung stehen.

1. Der Grund der Unität

Der „Grund der Unität" umfasst elf Abschnitte, die eine Reihe der klassischen dogmatischen Topoi berühren, sowie Fragen der theologischen Ethik und Methodik. Von Anfang an ist der Text als eine Aussage über den gemeinsamen Glauben der Brüder-Unität konzipiert, wobei im ersten und im letzten Abschnitt die „Brüder-Unität" als personifiziertes Subjekt figuriert, während in den mittleren Abschnitten eher das „Wir" der Kirchenmitglieder vorherrscht. Dieses starke kollektive „Wir" suggeriert ein hohes Maß an Einheitlichkeit und Verbindlichkeit der Lehre innerhalb der Unität, das heute wohl nicht mehr so vorhanden ist, aber als Idealbild das theologische Denken weiter bestimmt. Der geistliche und institutionelle Zusammenhalt der Unität beruht darauf, dass man sich in den wichtigen theologischen Überzeugungen verbunden weiß. Zugleich macht dieses „Wir" deutlich, dass sich der Geltungsbereich dieses Textes auf den Raum der Brüder-Unität beschränkt. Der Glaube anderer Christen und kirchlicher Traditionen wird darin in keiner Weise vereinnahmt oder in Frage gestellt. Was hier als Bekenntnis formuliert wird, zielt nicht darauf ab, den Absolutheitsanspruch einer bestimmten Lehrmeinung durchzusetzen, sondern den Standort der eigenen Tradition und Identität zu bestimmen.

Der inhaltliche Schwerpunkt des „Grundes der Unität" liegt auf dem Dreiklang: Christologie, Gemeinschaft, Dienst. Diese Konstellation durchzieht den ganzen Text und gibt gleichsam die Tonart vor, in der alle anderen theologischen Themen zu Gehör gebracht werden. Damit wird auch deutlich, dass die Theologie der Brüder-Unität eng mit den Fragen ihres kirchlichen Lebensvollzuges verwoben ist.

Der erste Abschnitt, der als Präambel dem Grund der Unität vorangestellt ist, lokalisiert den Daseinsgrund der Kirche im **Ruf Christi zum Dienst am Evangelium**. In diesem Sinn versteht sich die Brüder-Unität als Teil der einen universalen Kirche Jesu Christi:

> 1. Jesus Christus, unser Herr, ruft seine Kirche ins Dasein, damit sie ihm in dieser Welt dient, bis er wiederkommt. Die Brüder-Unität weiß sich daher im Glauben gerufen, der Menschheit durch die Verkündigung des Evangeliums von Jesus Christus zu dienen. In dieser Berufung sieht sie den Grund für ihr Dasein und die Motivation für ihren Dienst. Wie der Ursprung unserer Kirche liegen auch das Ziel und das Ende ihres Daseins in der Hand ihres Herrn.

Die folgenden zwei Abschnitte handeln vom Glauben. In Abschnitt 2, der den Titel trägt „Der Glaube unserer Kirche“, geht es im Sinne der Unterscheidung zwischen *fides quae creditur* (Glaubensinhalt) und *fides qua creditur* (Glaubensakt) zunächst darum, die **dogmatische Grundlage** zu benennen: den Glauben an den Dreieinigen Gott, die Lehre von der Offenbarung Gottes in der Menschwerdung Jesu Christi und die Lehre von der Erlösung durch seinen Tod und seine Auferstehung. Interessanterweise beginnt der Text mit einem Hinweis auf die Übereinstimmung mit dem gemeinsamen Glauben der Christenheit und schlägt dann den Bogen zur gegenseitigen Verbundenheit innerhalb der Brüder-Unität. Das *simul iustus et peccator* der lutherischen Rechtfertigungslehre erscheint hier im ekklesiologischen Gewand: Im Licht der göttlichen Gnade erkennt sich die Unität als eine Gemeinde sündiger Menschen, die ganz aus Gottes Barmherzigkeit lebt.

> 2. Gemeinsam mit der ganzen Christenheit glauben wir an Gott, den Vater, den Sohn und den Heiligen Geist. Wir glauben und bekennen, dass Gott sich in seinem Sohn Jesus Christus einmal und endgültig offenbart hat, dass unser Herr uns zusammen mit der gesamten Menschheit durch seinen Tod und seine Auferstehung erlöst hat, und dass es außer ihm kein Heil gibt. Wir glauben, dass er in Wort und Sakrament unter uns ist, dass er uns durch seinen Geist leitet und zusammenführt und uns zu einer Kirche baut. Wir hören seinen Ruf zur Nachfolge und bitten ihn, uns für seinen Dienst zu gebrauchen. Er verbindet uns untereinander. So werden wir als Glieder seines Leibes bereit, einander zu dienen.
>
> Im Licht der göttlichen Gnade erkennen wir, dass wir eine Gemeinde von sündigen Menschen sind. Wir bedürfen der täglichen Vergebung und leben allein von Gottes Barmherzigkeit,

in Jesus Christus, unserem Herrn. Er erlöst uns aus unserer Vereinzelung und vereint uns zu seiner lebendigen Gemeinde.

Das Stichwort „lebendige Gemeinde" bildet die Überleitung zum folgenden Abschnitt, der unter der Überschrift **„unser persönlicher Glaube"** hervorhebt, wie der Glaube der Kirche im persönlichen Glaubensvollzug ihrer Mitglieder lebendig wird. Dieser wurde erst 1981 eingefügt. Auch hier steht die reformatorische Rechtfertigungslehre im Hintergrund, aber in Verbindung mit dem Gedanken der fortschreitenden Verwandlung des Menschen durch die Liebe Christi.

> 3. Der Glaube der Kirche entsteht und lebt durch das Zeugnis von Jesus Christus und durch das Wirken des Heiligen Geistes. Dieses Zeugnis spricht jeden Menschen persönlich an und führt ihn dazu, seine Sünde zu erkennen und die von Christus bewirkte Erlösung anzunehmen. In der Gemeinschaft mit ihm wird die Liebe Christi immer mehr zur Kraft des neuen Lebens, die den ganzen Menschen durchdringt und umgestaltet. So schafft der Heilige Geist in den Herzen der Einzelnen einen lebendigen Glauben und lässt uns an den Früchten von Christi Heil Anteil bekommen und Glieder an seinem Leib sein.

In der Betonung des persönlichen Glaubens spiegelt sich das freikirchliche Selbstverständnis der Brüdergemeine wider, das davon ausgeht, dass der individuelle Glaubensweg ein wesentlicher Aspekt von Kirchenmitgliedschaft ist. Der eigene Glaube, in dem es ganz um die Beziehung der einzelnen Menschen zu Gott geht, ist unersetzlich.[9] Allerdings hat die Brüdergemeine von Anfang an darauf verzichtet, dafür eine bestimmte Form der „Bekehrung" oder „Erweckung" vorzuschreiben. Vielmehr erkennt sie an, dass jeder Christ seinen eigenen Glaubensweg hat und Gott unterschiedliche Personen auf unterschiedlichen Wegen führt. Die Einsicht, dass der persönliche Glaubensweg in der eigenen Lebensgeschichte zum Ausdruck kommt, zeigt sich in der Tradition der Herrnhuter „Lebensläufe". Hierbei ist es üblich, dass Mitglieder der Brüdergemeine einen kurzen

[9] Vgl. *Kirchenordnung der Europäisch-Festländischen Brüder-Unität,* § 51: „Wir wissen, dass der Herr durch seinen Geist jeden einzelnen erreichen und zu sich rufen will und dass die äußere Zugehörigkeit zu einer Gemeinde niemanden die persönliche Begegnung mit seinem Heiland ersetzt und die persönliche Entscheidung für ihn erspart."

Lebensrückblick verfassen, der später bei ihrem Begräbnis verlesen wird. Die so entstandenen autobiografischen Texte sind häufig Lebensbericht und Glaubenszeugnis in einem, da sie den Verlauf des eigenen Lebensweges zumeist aus der Sicht der persönlichen Glaubenserfahrung heraus erzählen und deuten.[10]

Abschnitt 4 handelt von dem **Wort Gottes und der Lehre**. Die Heilige Schrift wird beschrieben als grundlegendes Dokument der göttlichen Selbstoffenbarung und alleiniger Maßstab für Leben und Lehre der Kirche. Als hermeneutischer Schlüssel zum Verständnis der Bibel dient das „Wort vom Kreuz" (vgl. 1Kor 1,18). Die Bibel wird nicht als abgeschlossenes Lehrsystem betrachtet, sondern als Zeugnis vom Geheimnis Jesu Christi, das der fortwährenden Suche nach einem vertieften Verständnis bedarf.

> 4. Der dreieinige Gott, wie er sich in der Heiligen Schrift des Alten und Neuen Testamentes offenbart hat, ist die einzige Quelle unseres Lebens und unseres Heils. Die Heilige Schrift ist der allein gültige Maßstab für die Lehre und den Glauben der Brüder-Unität und gestaltet deshalb unser Leben.
>
> Die Brüder-Unität sieht im Wort vom Kreuz die Mitte der Heiligen Schrift und jeder Verkündigung des Evangeliums. Sie sieht ihren Hauptauftrag und den Grund ihres Daseins im Bezeugen dieser frohen Botschaft. Wir bitten unseren Herrn um die Kraft, nie davon abzulassen.
>
> Die Brüder-Unität beteiligt sich an der unaufhörlichen Suche nach der rechten Lehre. Bei der Auslegung der Heiligen Schrift und der Weitergabe der Lehre in der Kirche orientieren wir uns an zwei Jahrtausenden ökumenischer christlicher Tradition und an den Einsichten unserer Vorfahren im Glauben in der Brüder-Unität, so wie auch wir darum beten, das Evangelium von Jesus Christus tiefer zu verstehen und klarer zu verkündigen. Wie aber die Heilige Schrift kein Lehrsystem enthält, hat auch die Brüder-Unität selbst kein solches entwickelt, weil sie weiß, dass das in der Bibel bezeugte Geheimnis Jesu Christi vom Menschen weder vollständig erfasst noch ausge-

---

[10] Vgl. Siegfried Bayer, Zeugnis und Vermächtnis an die Gemeine. Zur Bedeutung des Lebenslaufs in der Brüdergemeine, *Der Brüderbote* Nr. 464, 1988, 8–11; Christine Lost (Hg.), *Das Leben als Lehrtext. Lebensläufe aus der Brüdergemeine*, Herrnhut 2007; und Stefanie Böß, *Gottesacker-Geschichten als Gedächtnis. Eine Ethnographie zur Herrnhuter Erinnerungskultur am Beispiel von Neudietendorfer Lebensläufen*, Münster 2015.

drückt werden kann. Zugleich gilt, dass die Erkenntnis von Gottes Heilswillen durch den Heiligen Geist in der Bibel vollständig und eindeutig offenbart ist.

Es entspricht dem hermeneutischen Ansatz der fortwährenden Suche nach einem besseren und tieferen Verständnis der Christusoffenbarung, dass sich die Brüdergemeine die Lehre von der Verbalinspiration niemals ganz zu eigen gemacht hat, sondern den historischen Charakter der Heiligen Schrift anerkennt. Die Bibel als Zeugnis der göttlichen Selbstoffenbarung ist zugleich ein sehr menschliches Dokument. Gottes Wort kommt in menschlichen Worten zur Sprache. Gerade so ist es in der Lage, Menschen in ihrer jeweiligen Lebenssituation zu erreichen. Der Umgang mit der Bibel zielt daher nicht so sehr auf die Erkenntnis allgemeingültiger dogmatischer Wahrheiten, als vielmehr auf eine persönliche Begegnung mit der biblischen Botschaft, die gleichsam als aktuelles Reden Gottes verstanden wird. Im Lesen oder Hören eines Bibelworts ereignet sich Gottes Anrede und Zuspruch für die konkrete Lebenssituation, etwa als Wegweisung, Ermutigung, Ermahnung oder Trost. In der Tradition der Herrnhuter „Losungen", einem Andachtsbuch mit kurzen Bibelworten, die auf der Grundlage eines Losverfahrens zusammengestellt sind, findet dieses Schriftverständnis seine praktische Anwendung.[11] Jeder neue Tag steht unter dem „Motto" eines biblischen Impulses, dessen Auswahl als ein durch Gott motivierter Zuruf verstanden werden kann. Auf diese Weise zeigt sich in den „Losungen" das theologische Anliegen, dass die Bibel etwas mit dem Alltag zu tun haben und ihre Botschaft im konkreten Lebens- und Glaubensvollzug zur Wirkung kommen soll.

Nach den Äußerungen zur Heiligen Schrift wendet sich der „Grund der Unität" im 5. Abschnitt der Frage zu, welche Bedeutung die altkirchlichen **Glaubensbekenntnisse** und andere Bekenntnistexte für die Brüder-Unität haben. Auch hier findet

---

[11] Vgl. Direktion der Ev. Brüder-Unität (Hg.), *Die Losungen der Herrnhuter Brüdergemeine: Geschichte, Entstehung, Verbreitung, Gebrauch,* Herrnhut/Basel 2003; Peter Vogt, Aktuelles Reden Gottes. Die Herrnhuter Losungen, in: Walter Klaiber und Wolfgang Thönissen (Hg.), *Die Bibel im Leben der Kirche. Freikirchliche und römisch-katholische Perspektiven*, Paderborn 2007, 185–198; und Peter Zimmerling, *Die Losungen. Eine Erfolgsgeschichte durch die Jahrhunderte,* Göttingen 2014.

sich der Gedanke einer Suchbewegung: Glaubensbekenntnisse sind nicht absolut zu setzen, sondern bedürfen der fortwährenden Prüfung im Licht der Heiligen Schrift. Der positive Wert von Bekenntnistexten liegt vor allem im Lebensvollzug der Kirche. Sie dienen der Aneignung und Bewahrung des Glaubens, dem Zeugnis vor der Welt und dem Lobpreis Gottes.

> 5. Die Brüder-Unität erkennt in den Glaubensbekenntnissen der Kirche den dankbaren Lobpreis des Leibes Christi. Diese helfen der Kirche dazu, schriftgemäß zu bekennen, sich gegen falsche Lehren abzugrenzen und die Gläubigen in jeder Epoche zu einem gehorsamen und furchtlosen Zeugnis zu ermutigen und aufzurufen. Die Brüder-Unität hält daran fest, dass alle in der christlichen Kirche formulierten Glaubensbekenntnisse der fortwährenden Prüfung im Licht der Heiligen Schrift bedürfen. Solches rechtes Bekennen des Glaubens sieht sie im Zeugnis der ersten Christen: „Jesus Christus ist Herr!" und außerdem besonders in den altkirchlichen Glaubensbekenntnissen und den grundlegenden Bekenntnisschriften der Reformation.

In einer Fußnote folgt an dieser Stelle der Verweis auf eine Reihe von altkirchlichen und reformatorischen Bekenntnissen, die in verschiedenen Provinzen der Brüder-Unität besondere Bedeutung erlangt haben, weil in ihnen die Hauptaussagen des christlichen Glaubens klar und einfach ausgesprochen sind: das Apostolikum, das Athanasianum, das Nicäno-Konstantinopolitanum, die Konfession der Böhmischen Brüder von 1535, die 21 Artikel der unveränderten Augsburger Konfession von 1530, der Kleine Katechismus Martin Luthers, der Berner Synodus von 1532, der Heidelberger Katechismus, die 39 Artikel der Kirche von England und die Barmer Theologische Erklärung von 1934.

Unter dem Titel „Die Brüder-Unität als Einheit" behandelt der 6. Abschnitt die Frage nach der **Einheit der Kirche**, und zwar sowohl im Blick auf die innere Einheit der Brüder-Unität als auch im Blick auf ihre ökumenische Verbundenheit mit anderen Kirchen. Grundsätzlich wird die Einheit der Kirche von Christus her gedeutet als eine Verheißung, die der ganzen Christenheit trotz ihrer Zerrissenheit als Ziel vorgegeben ist. Für die Brüder-Unität ist der Gedanke der Einheit, der schon in ihrem Namen anklingt, mit der Erinnerung an ein entscheidendes historisches Ereignis verknüpft, nämlich der Erfahrung des 13. Augusts 1727, als die Herrnhuter Gemeinde nach einer

Zeit großer Zerrissenheit bei einer Abendmahlsfeier zur Versöhnung und inneren Einigung fand.[12] Dass Gemeindeglieder, die aus unterschiedlichen konfessionellen Traditionen kamen, sich als Brüder und Schwestern im Glauben annehmen konnten, wurde als ein besonderes Werk des Heiligen Geistes erfahren. Das Ideal kirchlicher Einheit, das der Text skizziert, könnte man insgesamt mit dem Begriff der „versöhnten Verschiedenheit“[13] beschreiben.

> 6. Wir glauben und bekennen die Einheit der Kirche, die in dem einen Herrn Jesus Christus als Gott und Heiland gegeben ist. Er starb, um die zerstreuten Kinder Gottes zusammenzubringen. Als der lebendige Herr und Hirte führt er seine Herde einer solchen Einheit entgegen.
>
> Die Brüder-Unität bekannte sich zu dieser Einheit, als sie den Namen der alten Kirche der Böhmischen Brüder „Unitas Fratrum“ übernahm. Wir können auch die überwältigende Erfahrung der Einigung nie vergessen, die der gekreuzigte und auferstandene Herr unseren Vorfahren in Herrnhut bei der Abendmahlsfeier am 13. August 1727 in Berthelsdorf schenkte.
>
> Es ist des Herrn Wille, dass die Christenheit ihre Einheit in ihm mit vollem Einsatz und mit Liebe bezeugt und anstrebt. Unter uns sehen wir, dass uns diese Einheit zugleich verheißen und als Auftrag auferlegt ist. Wir erkennen, dass die verschiedenen Kirchen durch die Gnade Christi viele Gaben erhalten haben. Es ist unsere Sehnsucht, voneinander zu lernen und uns gemeinsam über den Reichtum der Liebe Christi und die Vielfalt der göttlichen Weisheit zu freuen.
>
> Wir bekennen uns zu unserem Anteil an der Schuld, die sich in der Zerrissenheit und Trennung der Christenheit zeigt. Durch solche Trennungen stehen wir selbst der Botschaft und der Kraft des Evangeliums im Wege. Wir erkennen die Gefahr der Selbstgerechtigkeit und des lieblosen Urteilens über andere.
>
> Da wir mit der ganzen Christenheit als Wanderer unterwegs sind und unserem kommenden Herrn entgegengehen, begrüßen wir jeden Schritt, der uns dem Ziel der Einheit in ihm näher

---

[12] Zur Bedeutung des 13. August 1727 vgl. Gerhard Reichel, *Der 13. August 1727*. Herrnhuter Hefte Bd. 13, Hamburg 1959.

[13] Zum Begriff der „versöhnten Verschiedenheit“ im Kontext ökumenischer Verständigung vgl. Harding Meyer, *Ökumenische Zielvorstellungen*, Bensheimer Hefte 78, Göttingen 1996, 106–111 und 127–134; Ulrich H. J. Körtner, *Versöhnte Verschiedenheit. Ökumenische Theologie im Zeichen des Kreuzes*, Bielefeld 1996, 69–72.

bringt. Er selbst lädt uns zur Gemeinschaft an seinen Tisch. Damit führt er seine Kirche der Einheit entgegen, die er verheißen hat. Durch seine Gegenwart im Abendmahl macht er uns schon heute die Einheit in ihm sichtbar und gewiss.

Da der „Grund der Unität" nicht weiter auf die Lehre vom Abendmahl eingeht, sei an dieser Stelle ergänzt, dass die Brüder-Unität das Abendmahl in ökumenisch offener Form feiert. In der Kirchenordnung heißt es dazu: „Die feiernde Gemeinde weiß sich mit allen Christen, die als Sünder im Glauben an die Vergebung zum Abendmahl kommen, in der Liebe eins. Eine bestimmte Lehre vom Abendmahl ist nicht Voraussetzung für die Teilnahme."[14] Die Brüder-Unität betont, dass Christus im Abendmahl gegenwärtig ist, jedoch ohne näher festzulegen, wie dies geschieht.

Der 7. Abschnitt behandelt den **Charakter kirchlicher Gemeinschaft** unter sozialethischen Gesichtspunkten, wobei Gal 3,28 deutlich im Hintergrund steht. Der Anspruch der Katholizität der Kirche zeigt sich hier im Begriff einer geschwisterlichen Gemeinschaft, von der niemand ausgegrenzt ist.[15]

> Die Kirche Jesu Christi ist trotz aller Unterschiede zwischen Mann und Frau, zwischen Arm und Reich und zwischen Menschen verschiedener ethnischer Herkunft eins im Herrn. Die Brüder-Unität erkennt zwischen denen, die im Herrn eins sind, keine trennenden Unterschiede an. Wir sind gerufen, zu bezeugen, dass Gott in Jesus Christus sein Volk aus allen Völkern und Sprachen sammelt und zu einem Leib formt und dass er den Sündern unter dem Kreuz vergibt und sie zusammenführt. Wir widersetzen uns jeder Diskriminierung in unsrer Mitte aus Gründen der ethnischen Herkunft, des Geschlechts oder der sozialen Stellung; und wir betrachten es als ein Gebot des Herrn, dies öffentlich zu bekennen und mit Wort und Tat zu zeigen, dass wir Brüder und Schwestern in Christus sind.

Die folgenden drei Abschnitte vertiefen das Verständnis der **Kirche als Gemeinschaft im Dienst für andere**, wobei den

---

[14] *Kirchenordnung der Europäisch-Festländischen Brüder-Unität*, § 1652.1.

[15] Zu dieser Interpretation kirchlicher Katholizität vgl. Peter Vogt, Katholizität und Apostolizität der Kirche im Verständnis der Herrnhuter Brüdergemeine, in: Burkhard Neumann und Jürgen Stolze (Hg.), *Ursprung und Sendung der Kirche. Apostolizität und Katholizität in freikirchlicher und römisch-katholischer Sicht*, Paderborn 2011, 95–114.

einzelnen Ausführungen jedes Mal eine christologische Begründung vorangestellt ist und ihre Abfolge insgesamt die Sequenz „Glaube – Liebe – Hoffnung" erkennen zu lassen scheint. Abschnitt 8 begründet den Charakter der Kirche als Dienstgemeinschaft im Vorbild der Hingabe Jesu Christi nach Mk 10,45 und benennt die Mission als besondere Aufgabe der Brüder-Unität. Abschnitt 9 behandelt in Anlehnung an Mt 25,40 den Dienst am Nächsten, womit insbesondere der diakonische Auftrag der Kirche gemeint ist. Unter dem Titel „Dienst an der Welt" skizziert Abschnitt 10 schließlich die politische Verantwortung der Kirche, die nach Jer 29,7 darauf abzielt, im je eigenen Umfeld der Menschen Bestes zu suchen.

> 8. Jesus Christus kam nicht, um sich dienen zu lassen, sondern um zu dienen. Aus dieser Tatsache erhält seine Kirche ihren Auftrag und die Kraft für ihren Dienst, zu dem jedes ihrer Glieder gerufen ist. Wir glauben, dass der Herr uns besonders zum Missionsdienst unter den Völkern der Welt gerufen hat. In diesem Dienst und in allen anderen Gestalten des Dienstes, die uns der Herr – sei es zu Hause oder in der Ferne – anvertraut, erwartet er, dass wir ihn bekennen und seine Liebe in selbstlosem Dienst bezeugen.
>
> 9. Unser Herr Jesus Christus ist in das Elend dieser Welt hineingegangen, um es zu tragen und zu überwinden. Wir wollen ihm nachfolgen, indem wir seinen Brüdern und Schwestern dienen. Wie die Liebe Jesu kennt dieser Dienst keine Grenzen. Darum bitten wir den Herrn, er möge uns den Weg zu unseren Nächsten immer wieder neu zeigen und unsere Herzen und Hände für sie öffnen, wo sie uns brauchen.
>
> 10. Jesus Christus hält in Liebe und Treue an dieser gefallenen Welt fest. Darum sollen auch wir für diese Welt Sorge tragen. Wir dürfen uns nicht aus Gleichgültigkeit, Hochmut oder Angst aus ihr zurückziehen. Gemeinsam mit der weltweiten christlichen Kirche fordert die Brüder-Unität die Menschheit mit der Botschaft von der Liebe Gottes heraus. Sie strebt danach, den Frieden in der Welt zu fördern und der Menschen Bestes zu suchen. Um dieser Welt willen hofft und wartet die Brüder-Unität auf den Tag, an dem der Sieg Christi über Sünde und Tod offenbar wird und die neue Welt erscheint.

Wie der letzte Satz andeutet, ist die Haltung zur Welt von der eschatologischen Hoffnung auf den endgültigen Anbruch der Herrschaft Christi bestimmt. Ein ähnlicher eschatologischer

Ausblick findet sich auch im 11. Abschnitt, der das „Schlusswort" bildet, nur dass hier die **Herrschaft Christi** schon jetzt als Wirklichkeit im Leben der Kirche postuliert wird. Daraus leitet sich eine kritische Distanz zu allen anderen Herrschaftsansprüchen ab, bis dahin, dass auch der Weg politischen Widerstands in den Bereich des Möglichen zu rücken scheint. Vielleicht steht hier die Erfahrung von Christen im „Dritten Reich" im Hintergrund. Im besonderen Fall der Brüder-Unität findet die Vorstellung von der Herrschaft Christi ihren symbolischen Ausdruck in der Rede von seinem „Ältestenamt", die darauf zurückgeht, dass man 1741 während einer schweren Leitungskrise zu dem Entschluss kam, die höchste Leitungsverantwortung der Brüdergemeine direkt auf Jesus Christus zu übertragen.[16]

> 11. Jesus Christus ist allein Herr und Haupt seines Leibes, der Kirche. Daher ist die Kirche keiner einzigen Autorität, die sich seiner Herrschaft widersetzt, zu Treue verpflichtet. Die Brüder-Unität bewahrt aus ihrer Geschichte die lebenswichtige Erfahrung des Ältestenamts Jesu vom 16. September und 13. November 1741. Die Brüder-Unität ist sich bewusst, dass sie allein durch die unbegreifliche Gnade Gottes ins Dasein gerufen und bis heute erhalten wurde. Dank und Lobpreis für diese Gnade bleiben der Grundton ihres Lebens und ihres Dienstes. In diesem Geist wartet sie auf das Erscheinen Jesu Christi, geht ihrem Herrn freudig entgegen und betet darum, dass sie bereit ist, wenn er wiederkommt.

Es ist deutlich, dass der „Grund der Unität" nicht alle dogmatischen Themen in gleicher Weise berührt und dass manche theologischen Anliegen oder Probleme, die heute in den Vordergrund gerückt sind, kaum oder gar nicht vorkommen. Dies ist vor allem beim Thema „Schöpfung" der Fall und der damit verbundenen Vorstellung von Gott als Schöpfer. Hier hat sich die Position der Brüdergemeine in Europa in den letzten Jahrzehnten durchaus weiterentwickelt, was etwa an den Liedern und Liturgien des Gesangbuchs von 2007 abzulesen ist, die den Dank für Gottes Fürsorge und die Verpflichtung zur Bewah-

[16] Joseph Theodor Müller, Das Ältestenamt Christi in der erneuerten Brüderkirche, *Zeitschrift für Brüdergeschichte* 1, 1907 (Nachdruck in: Z-MuD, Reihe 3, Bd. 1, Hildesheim / New York 1973), 1–32.

rung der Schöpfung ausgiebig thematisieren.[17] Bemerkenswert ist, dass das Thema Rechtfertigung im „Grund der Unität“ nur eine untergeordnete Rolle spielt. Dieser Aspekt ist traditionell für die Brüdergemeine sehr wichtig gewesen, insbesondere in Form einer Frömmigkeit, die in der Erlösung des Sünders durch den Kreuzestod Jesu das Zentrum des Glaubens sah. Sicherlich steht die Lehre, dass der Mensch seine Gerechtigkeit vor Gott nicht durch eigene Werke erlangt, sondern durch den Glauben, d. h. im Vertrauen auf die Gnade, die Gott uns um Jesu Christi willen erweist, auch beim „Grund der Unität“ unausgesprochen im Hintergrund. Gerade an dieser Stelle ist die Theologie der Brüder-Unität reformatorische Theologie. Dass dies nicht besonders hervorgehoben wird, liegt vermutlich daran, dass der „Grund der Unität“ den Versuch unternimmt, zwei andere Akzente zu setzen, nämlich, dass er bestrebt ist, einerseits die Übereinstimmung der Brüder-Unität mit der gesamten Christenheit zu betonen und andererseits das Spezifikum der Brüder-Unität als etwas darzustellen, das weniger in der Rechtfertigungslehre liegt als vielmehr in der Ekklesiologie. Der „Grund der Unität“ legt nahe, dass das, was die Brüder-Unität von anderen Kirchen unterscheidet, vor allem in ihrer Art und Weise des Kirche-Seins zu suchen ist. Damit kommen wir zum nächsten Abschnitt, der das ekklesiologische Selbstverständnis, das programmatisch im Namen „Brüder-Unität“ enthalten ist, zum Thema hat.

2. Der Name „Brüder-Unität“ als theologisches Programm

Im europäischen Kontext präsentiert sich die Brüder-Unität als Freikirche, d. h. als Glaubensgemeinschaft auf freiwilliger Basis und außerhalb des Rahmens privilegierter staatskirchlicher Strukturen. Ihr Verhältnis zu den evangelischen Landeskirchen ist komplex.[18] Einerseits versteht sich die Brüder-Uni-

---

[17] *Gesangbuch der Evangelischen Brüdergemeine*, Basel 2007, Nr. 44–112.

[18] Vgl. Theodor Gill, Herrnhut – Freikirche in der Landeskirche, *Theologische Versuche* 11, Berlin 1980, 151–164, und Peter Vogt, Eine Kirche – viele Staaten. Die Herrnhuter Brüder-Unität als Modell einer internationalen Kirche, in: Martin Rothkegel u. Reinhard Assmann (Hg.), Eine freie Kirche in einer freien Gesellschaft, Berlin 2019, 199–231.

tät als eine weltweite Kirche, d. h. sie erhebt den Anspruch auf eine grenzübergreifende Internationalität, die klar im Gegensatz zu den territorial verfassten Landeskirchen steht. Andererseits profiliert sich die Brüder-Unität nicht als Alternative oder Konkurrenz zum landeskirchlichen System, sondern als Ergänzung und Bereicherung. Von ihrer Entstehungsgeschichte her trägt sie den Charakter eines überkonfessionellen Netzwerks; ihr ursprüngliches Ziel im 18. Jahrhundert lag nicht darin, interessierte Gläubige aus ihrer jeweiligen kirchlichen Bindung herauszulösen, sondern sie untereinander zu verbinden.[19] Entscheidend dabei war der Gedanke, dass Christen unterschiedlicher konfessioneller Herkunft, denen es in besonderer Weise um die gemeinschaftliche Nachfolge Christi zu tun ist, als Brüder und Schwestern im Herrn zueinander finden. In Deutschland ist dieses Anliegen bis heute in der Praxis der „Doppelmitgliedschaft" lebendig, die es ermöglicht, dass Mitglieder einer anderen evangelischen Kirche gleichzeitig Mitglieder der Brüdergemeine sein können.[20] Die Brüdergemeine ist also ihrem Wesen nach keine neue Konfession, sondern eher ein „ökumenischer Mikrokosmos", der bewusst die Vielfalt unterschiedlicher Traditionen in sich aufnimmt.[21] Die besondere ekklesiologische Konzeption, die hinter dieser Position steht, erschließt sich in dem theologischen Programm, das im Namen „Brüder-Unität" enthalten ist.[22]

Der Name „Brüder-Unität" ist ein Name, der nicht wie die Bezeichnungen „Herrnhuter" oder „Moravian Church" (Mährische Kirche) auf einen historisch bedeutsamen Ort Bezug nimmt, sondern das theologische Programm artikuliert, das für das Selbstverständnis der Brüdergemeine maßgeblich ist. Hierbei liegt die Vorstellung zugrunde, dass die Brüder-Unität eine

---

[19] Vgl. Wilhelm Bettermann, Das Werden einer Kirche im 18. Jahrhundert, *Zwischen den Zeiten* 11, 1933, 514–529.

[20] Vgl. *Kirchenordnung der Europäisch-Festländischen Brüder-Unität*, § 1006.

[21] Vgl. Theodor Gill, Ökumene im Kleinen. Die Unitas Fratrum, in: Helmut Ristow und Helmuth Burgert (Hg.), *Konfession und Ökumene*, Berlin 1965, 469–479; und Hans-Beat Motel, Ein Abbild der weltweiten Ökumene. Synode der Herrnhuter Brüdergemeine auf Antigua, in: *Ökumenische Rundschau* 38, 1989, 224–227.

[22] Vgl. Peter Vogt, Brüdergemeine – das theologische Programm eines Namens, *UnFr* 48, 2001, 81–105.

kirchliche Gemeinschaft ist, die auf dem Prinzip der brüderlichen bzw. geschwisterlichen Verbundenheit beruht. Was dies genau beinhaltet, läßt sich in fünf Punkten skizzieren.

a. Gemeinschaft. Christlicher Glaube ist ein Glaube, der in Gemeinschaft gelebt wird, im Miteinander und Füreinander von Christinnen und Christen. „Ich statuiere kein Christentum ohne Gemeinschaft" (Zinzendorf).[23] Die Theologie der Brüder-Unität ist durchgehend von dem Gedanken bestimmt, dass die Frage nach Gottes Heilshandeln im Leben des Einzelnen nicht abzutrennen ist von der Frage, wie durch Gottes Ruf Menschen in Beziehung kommen und gemeinsam beauftragt und befähigt werden, seine Botschaft in der Welt zu bezeugen. Der Name „Brüder-Unität", der die Terminologie der Brüderlichkeit mit dem Begriff einer organisatorischen Vereinigung kombiniert, beschreibt die Gemeinschaft des Glaubens als ein Zusammengehören der Gläubigen, das der institutionellen Form bedarf, sich aber nicht in äußeren Formen erschöpft. Von der ursprünglichen Grundbedeutung her hat die brüderliche bzw. geschwisterliche Verwandtschaftsbeziehung ein einzigartiges Profil, das man mit den Stichworten Gleichrangigkeit und unauflöslicher Verbundenheit beschreiben kann. Geschwister können einander nicht aussuchen und nehmen in der Struktur einer Familie, wenn man von der Rangordnung der Geburtenfolge und des Alters absieht, die gleiche Ebene ein. Übertragen auf den kirchlichen Raum signalisiert der Bruder- bzw. Schwesternname, dass auch unter den Gemeindegliedern eine so enge, vertrauensvolle und solidarische Zusammengehörigkeit angenommen wird wie in einer Familie und dass die kirchliche Gemeinschaft gleichsam als ein geistlicher Familienverband fungiert, in dem die Kinder Gottes in brüderlicher bzw. geschwisterlicher Verbundenheit zusammengeschlossen sind. Das Verhältnis zwischen den einzelnen Mitgliedern gründet nicht in einem vielleicht gerade vorhandenen Gefühl gegenseitiger Sympathie oder in der Übereinstimmung gewisser Ansichten oder Interessen, sondern darin, dass sie in Christus wie Brüder und Schwestern einander angehören und so radikal aufeinander be-

---

[23] Zitiert in Hans-Christoph Hahn und Hellmut Reichel (Hg.), *Zinzendorf und die Herrnhuter Brüder. Quellen zur Geschichte der Brüder-Unität von 1722–1760*, Hamburg 1977, 265.

zogen und angewiesen sind. Diese Form der Geschwisterschaft versteht sich als eine von Gott vorgegebene Wirklichkeit, die sich im persönlichen Glaubens an Christus erschließt und sich äußerlich in organisatorischen Strukturen niederschlägt, die dem gemeinsamen Leben der Gläubigen einen verbindlichen Rahmen geben.

b. Nähe zur Bibel. Das Verständnis kirchlicher Gemeinschaft als geschwisterliche Verbundenheit entspricht dem biblischen Zeugnis. Der Name „Brüder-Unität“ knüpft direkt an der biblischen Terminologie an, die die Funktion des Wortes „Bruder“ von der ursprünglichen biologischen Bedeutung auf den religiösen Bereich überträgt. Im Alten Testament rühmt Psalm 133 das einträchtige Zusammenwohnen von Brüdern; im Neuen Testament begegnen die Worte „Bruder“ und „Schwester“ als gegenseitige Anrede der ersten Christen, bis dahin, dass die Gemeinde selbst als eine „Bruderschaft“ beschrieben wird (1Petr 2,17). In kritischer Distanz zu seiner leiblichen Familie stellt Jesus fest, dass diejenigen seine Brüder und Schwestern sind, die Gottes Willen tun (Mt 12,48–50). An anderer Stelle nennt er seine Hörer und Jünger „Brüder“ und charakterisiert so das besondere Verhältnis der Jünger untereinander: „einer ist euer Meister, ihr aber seid Brüder“ (Mt 23,8). Vor diesem Hintergrund scheint es legitim, ja geboten, das Wesen christlicher Gemeinschaft als brüderliche bzw. geschwisterliche Verbundenheit zu verstehen, die davon lebt, dass in Christus alle weltlichen Rangunterschiede aufgehoben sind und die einzelnen Glieder in Solidarität und Partnerschaft füreinander da sind. Der Name „Brüder-Unität“ artikuliert den Anspruch einer solchen schriftgemäßen Sozialität. Darüber hinaus bringt er das Moment der Kontinuität mit der frühen Christenheit zum Ausdruck. Der gleiche Geist der brüderlichen Liebe, Gleichheit und gegenseitigen Hilfe, der die Urgemeinde geprägt hat, soll auch heute im Leben der Kirche wirksam sein.

c. Historische Identität. Die Identität der Kirche ist in einer konkreten Geschichte verwurzelt. Für die Brüdergemeine beinhaltet der Name „Brüder-Unität“ die kollektive Erinnerung an die Umstände ihrer Entstehung. Die Mitglieder der ursprünglichen Gemeinschaft, die sich 1457 im mährischen Kunwald zusammenschloss, bezeichneten sich als „Brüder des Gesetzes Christi“ (*fratres legis Christi*). Später setzten sich die Namen

„Böhmische Brüder“ und „Brüder-Unität“ (*Unitas Fratrum*) durch, wobei das Wort „Bruder“ das konstante Element bildete. Als mährische Flüchtlinge, Nachkommen der Böhmischen Brüder, 1722 auf dem Gut des Grafen von Zinzendorf Zuflucht fanden und den Ort Herrnhut gründeten, nannte sich die entstehende Gemeinschaft „Brüdergemeine“, was zunächst im Sinne der Gemeinschaftspflege innerhalb der bestehenden landeskirchlichen Struktur verstanden wurde, später aber als Ausdruck der eigenen kirchlichen Tradition und Zeichen der Kontinuität zwischen Alter und Erneuerter Brüder-Unität galt. Hier wird deutlich, dass der Name „Brüder-Unität“ als theologischer Programm-Name untrennbar mit der Geschichte der Gemeinschaften von Kunwald und Herrnhut verbunden ist, die sich auf dieses Programm gegründet und es umzusetzen versucht haben, und dass er somit auch die Dimension einer historisch gewachsenen Identität umfasst. Umgekehrt bedeutet dies, dass sich der Inhalt des theologischen Programms nicht so sehr in abstrakter Theoriebildung erschließt, sondern vor allem im Erinnern und Erzählen der konkret erlebten eigenen Geschichte.[24]

d. Ökumenizität. Das Verständnis kirchlicher Gemeinschaft als geschwisterliche Verbundenheit impliziert eine grundlegende Offenheit zur ökumenischen Weite der Christenheit. Die Gemeinschaft derer, die durch den Glauben Schwestern und Brüder in Christus sind, übersteigt alle empirisch fassbaren kirchlichen Organisationen. Keine Konfession oder Denomination kann für sich in Anspruch nehmen, die einzig wahre und alleinseligmachende Kirche Christi zu sein. Sie haben aber jeweils auf ihre Art Anteil am Leben der universalen Gemeinschaft aller Kinder Gottes im Leib Christi. Der Name „Brüder-Unität“ interpretiert diesen Sachverhalt dahingehend, dass er vor dem Horizont der weltweiten Ökumene eine konkrete kirchliche Gemeinschaft bezeichnet, die sich durch ihre eigenständige Kirchenverfassung klar von anderen Gruppen unterscheidet, deren Mitglieder sich jedoch zugleich über den eigenen Kreis hinaus mit Christen anderer Kirchen in geschwisterlicher Gemeinschaft verbunden wissen. Schon bei den Böhmischen

---

[24] Peter Vogt, How Moravian Are the Moravians? The Paradox of Moravian Identity, *Journal of Moravian History* 18, 2018, 77–101.

Brüdern wurde das Wort „Unität“ in diesem Sinn als Begriff für eine kirchliche Vereinigung verstanden, neben der es noch andere kirchliche Vereinigungen gab.[25] Gleichermaßen bringt das Wort „Gemeine“ im Namen „Brüdergemeine“, das auf dem neutestamentlichen Begriff *ekklesia* mit seiner Doppelbedeutung von örtlicher Gemeindeversammlung und Gesamtheit aller Christen beruht, ein komplementäres Verhältnis von konkreter Gemeinde und ökumenischer Weite zum Ausdruck.[26] Somit steht der Name „Brüder-Unität“ für ein kirchliches Selbstverständnis, das den Weg der institutionellen Gemeinschaftsbildung mit dem Bewusstsein der grenzüberschreitenden Zusammengehörigkeit aller Christen verbindet.

e. Geschwisterschaft als soziale Norm. Geschwisterliche Verbundenheit bedeutet Gemeinschaft in Vielfalt, wo Menschen mit ihren Unterschieden und Besonderheiten sich gegenseitig als Brüder und Schwestern annehmen und ihren Weg miteinander teilen. Dieser Anspruch bildet die soziale Norm für kirchliches Leben. Dies betrifft den Umgang der Gemeindeglieder untereinander, die sich nach Möglichkeit mit Wohlwollen, Respekt und Wertschätzung begegnen sollen, was auch die Bereitschaft beinhaltet, im Fall von Streit und Verletzungen ehrlich aufeinander zuzugehen und Versöhnung zu suchen; es betrifft aber auch die kirchlichen Strukturen, in denen die grundlegenden Werte der Gemeinschaft zum Ausdruck kommen. Dazu gehören die Praxis gegenseitiger Hilfe und Solidarität, Formen partnerschaftlicher Begegnung und Zusammenarbeit, der Austausch von Informationen zur gegenseitigen Anteilnahme, faire Wege zur Vermittlung von Konflikten, sowie die Gewährleistung gleicher Rechte für alle und Schutz für Benachteiligte. Der Anspruch gelebter Geschwisterschaft, die als soziale Norm im Namen „Brüder-Unität“ enthalten ist, bedeutet radikale Offenheit für die Vielfalt unterschiedlicher Menschen und zielt darauf ab, diskriminierendes Verhalten zu überwinden und eine Gemeinschaft zu schaffen, in der alle willkommen sind und einander gleichberechtigt begegnen. Zugleich verbindet sich mit dem Namen „Brüder-Unität“ der Anspruch diakonischer Praxis und

---

25 Vgl. Rudolf Říčan, *Die Böhmischen Brüder. Ihr Ursprung und ihre Geschichte*, Berlin 1961, 314.

26 Vgl. Jürgen Roloff, *Die Kirche im Neuen Testament*, Göttingen 1993, 96–99.

Verantwortung, die aus dem Geist geschwisterlicher Fürsorge entspringt, im Miteinander der Geschwister praktiziert wird und zugleich über den Kreis der Gemeinde hinausgeht. Der Impuls zum selbstlosen Dienst, den der Begriff der Geschwisterschaft als sozialer Norm impliziert, nimmt auch die Nöte und Bedürfnisse der jeweiligen Umgebung in den Blick. So ist die Gemeinde berufen, durch ihr geschwisterliches Zusammenleben vor der Welt zu bezeugen, dass sie zu Christus gehört und sich von seinen Geboten leiten lässt (vgl. Joh 13,34–35). Mit ihrer Verpflichtung zur sozialen Norm geschwisterlicher Gemeinschaft präsentiert sich die Kirche als „Kontrastgesellschaft", die im Widerspruch zur vorherrschenden Ellenbogenmentalität steht und gerade durch ihr Anderssein die Relevanz von Gottes Lebensangebot akzentuiert.

Das theologische Programm, das im Namen „Brüder-Unität" enthalten ist, bietet keine vollständige Kirchentheorie. Es versteht sich auch nicht als Ersatz sondern eher als Ergänzung zur reformatorischen Minimaldefinition der Kirche als der Gemeinschaft der Glaubenden, die aus der Verkündigung von Gottes Wort und dem schriftgemäßen Sakramentsgebrauch entspringt.[27] Der Zusammenschluss von Christen in geschwisterlicher Verbundenheit ist eine mögliche Form, in der kirchliches Leben Gestalt gewinnt, die neben anderen Möglichkeiten und Modellen existiert. Es liegt der Brüder-Unität fern, gegenüber anderen Kirchen einen exklusiven Wahrheitsanspruch zu vertreten, wohl aber nimmt sie für sich in Anspruch, dass der von ihr gewählte Weg der gelebten Geschwisterlichkeit im Hören auf den Ruf Christi, so wie er im biblischen Zeugnis zum Ausdruck kommt, legitimiert und verankert ist. Damit dürfte deutlich geworden sein, welcher theologische Ansatz das Selbstverständnis der Brüdergemeine prägt und wie die Brüdergemeine ihren spezifischen Ort im Spektrum der Kirchen und Konfessionen einnimmt. Entscheidend ist, dass der Begriff der

---

[27] Vgl. die entsprechende Formulierung im 7. Artikel der Augsburger Konfession, die Kirche sei „die Versammlung aller gleubigen, bey welchen das Evangelium rein gepredigt und die heiligen Sakrament laut des Evangelii gereicht werden," zitiert nach Irene Dingel (Hg.), *Die Bekenntnisschriften der Evangelisch-Lutherischen Kirche*, Vollständige Neuedition, Göttingen 2014, 102.

Geschwisterschaft als gemeinschaftsbildendes Prinzip ein doppeltes Moment beinhaltet: den Impuls zur Wahrnehmung der eigenen kirchlichen Identität und den Impuls zur Wertschätzung ökumenischer Verbundenheit. Das ist kein Widerspruch. Gerade indem die Brüdergemeine ihr eigenes theologisches Programm zur Geltung bringt, ist sie in der Lage, einen wichtigen Beitrag zum ökumenischen Gespräch zu leisten, bis dahin, dass sie, wie Karl Barth es einmal formuliert hat, der Ökumene als „ecclesia pro ecclesia" dient.[28]

Dass die Ekklesiologie der Brüdergemeine im Rahmen des evangelischen Kirchenbegriffs einen eigenen Schwerpunkt setzt, zeigt sich auch in anderen Bereichen, insbesondere in ihrem Verständnis des geistlichen Amts, der Sakramente und des Gottesdiensts, wo jeweils der allgemeine evangelische Ansatz mit einer besonderen Akzentsetzung verbunden ist. Da auch hier noch einmal das spezifische theologische Profil der Brüder-Unität zum Ausdruck kommt, sollen diese Punkte kurz skizziert werden.

Ausgangspunkt für das **Amtsverständnis** der Brüder-Unität ist das Priestertum aller Gläubigen. Dies beinhaltet den Gedanken, dass es keine grundsätzliche geistliche Hierarchie von Laien und ordinierten Geistlichen gibt. Alle getauften Christen stehen im gleichen unmittelbaren Verhältnis zu Gott, und alle sind – als Brüder und Schwestern im Herrn – in gleicher Weise geistlich aufeinander angewiesen und füreinander verantwortlich. Die Einsetzung zum geistlichen Dienst durch Ordination beruht auf dem Grundsatz guter institutioneller Ordnung, die zum Wohl des Ganzen bestimmte Aufgaben an dazu qualifizierte Einzelne delegiert, und beinhaltet die Beauftragung und Zurüstung zum Amt der pastoralen Seelsorge, der öffentlichen Wortverkündigung und der Sakramentsverwaltung. Die Brüder-Unität kennt eine dreifache Ordnung des geistlichen Amts, die die Ordination zum Diakonus, die Einsegnung zum Presbyter und die Wahl und Einsegnung zum Bischof umfasst.[29] Alle diese Ämter können gleichermaßen durch Frauen und Männer

---

[28] Vgl. Karl Barth im Gespräch mit Vertretern der Brüdergemeine, in: Eberhard Busch (Hg.), *Karl Barth Gesamtausgabe*. Bd. 25. Gespräche 1959–1962, Zürich 1995, 124–157, hier 152.

[29] Vgl. *Kirchenordnung der Europäisch-Festländischen Brüder-Unität*, §§ 682–690.

besetzt werden. Mit der Ordination zum Diakonus bzw. zur Diakona ist die volle Berechtigung zur Seelsorge, Wortverkündigung und Sakramentsverwaltung verbunden. Sie entspricht der Ordination zum Pfarrer in den evangelischen Kirchen. Die Einsegnung zum Presbyter bzw. zur Presbytera, die nach einigen Dienstjahren erfolgt, wird als geistliche Zurüstung verstanden und beinhaltet keine neuen Rechte außer der Wählbarkeit zum Bischofsamt. Das Bischofsamt ist in der Brüder-Unität kein kirchenleitendes Amt (auch wenn es gelegentlich vorkommt, dass Bischöfe einer Kirchenleitung angehören), sondern vorwiegend ein seelsorgerliches Amt, das die Aufgabe der Ordination bzw. Einsegnung zu geistlichen Ämtern wahrnimmt und kirchliche Mitarbeiter seelsorgerlich begleitet. Bischöfe wirken als „Pastor für die Pastoren".[30] Sie werden jeweils von einer Provinzialsynode gewählt, sind aber in ihrem Amt zum Dienst in der ganzen Brüder-Unität eingesegnet und bilden so ein lebendiges Zeichen der provinzübergreifenden Verbundenheit.

Die Ordnung des ordinierten geistlichen Diensts ist in der Brüder-Unität eingebettet in ein weitergefasstes Amtsverständnis, das auf der Vorstellung beruht, dass alle Gemeindeglieder in vielfältiger Weise zur Mitarbeit in der Gemeinde befähigt und berufen sind. Im Hintergrund steht hier das paulinische Bild vom Leib Christi, dessen Glieder einander mit unterschiedlichen Gaben dienen (1Kor 12), wie auch die Erinnerung an die Entwicklung einer umfassenden Ämterordnung in der Anfangszeit der Herrnhuter Gemeinde.[31] Im Idealfall sollte jedes Gemeindeglied einen Dienst bzw. ein Amt in der Gemeinde ausüben. Dabei korrespondiert die Vielfalt der Gaben mit der Vielfalt der Aufgaben, die von liturgischen und kirchenmusikalischen Funktionen über diakonische und seelsorger-

---

30 Vgl. Raimund Hertzsch, Das Bischofsamt in der Brüdergemeine und seine verbindende Funktion, *ITD – Internationaler Theologischer Dialog in der Brüder-Unität* 12, 2009, 37–61, und Theodor Clemens, Das Bischofsamt in der Herrnhuter Brüdergemeine – seine Entwicklungen und Veränderungen, *UnFr* 73/74, 2016, 115–123.

31 Hanns-Joachim Wollstadt, *Geordnetes Dienen dargestellt an den Lebensformen der Herrnhuter Brüdergemeine in ihren Anfängen*, Göttingen 1966, 126–141, und Peter Vogt, Zinzendorfs Verständnis des geistlichen Amts, in: Peter Zimmerling (Hg.), *Ein Leben für die Kirche: Zinzendorf als Praktischer Theologe*, Göttingen 2010, 147–178.

liche Aufgaben bis zu Leitungsgremien und Verwaltungsarbeit reichen. So findet der ordinierte Dienst nicht im Gegenüber zur Gemeinde statt, sondern versteht sich als Teil einer Dienstgemeinschaft, in der alle gemeinsam, jeder an seinem Ort, zusammenwirken, um die Botschaft der Liebe Christi in Wort und Tat zu bezeugen.

Die Brüder-Unität kennt, wie andere evangelische Kirchen auch, die beiden **Sakramente** von Taufe und Abendmahl. Die Taufe wird im Namen des dreieinigen Gottes vollzogen und wird von Röm 6,3–5 her verstanden als Taufe in den Tod und die Auferstehung Jesu. Die Taufe markiert damit den Übergang in die Lebenswirklichkeit der von Christus vollbrachten Erlösung.[32] Die Taufe wird praktiziert als ein Geschehen inmitten der Gemeinde, die dadurch dem Täufling an ihrem Glauben Anteil gibt und geistliche Mitverantwortung für ihn übernimmt. Die Brüder-Unität praktiziert die Kindertaufe als Normalfall, kennt aber auch die Möglichkeit des Taufaufschubs, die auf eine Glaubenstaufe im Erwachsenenalter ausgerichtet ist. Sie besteht auf der Einmaligkeit der Taufe und sieht im bewussten Vollzug einer Taufwiederholung den Schritt der Trennung von der Gemeinde, ohne dass dadurch ein endgültiges Urteil über das Christsein des Wiedergetauften gefällt wird. Die Taufe in einer anderen christlichen Kirche, die im Namen des dreieinigen Gottes mit Wasser vollzogenen wurde, wird in der Brüder-Unität anerkannt.

Die Feier des Abendmahls, dessen theologische Bedeutung schon im Zusammenhang mit Abschnitt 6 im „Grund der Unität" anklang, ist vom Gedanken der Versöhnung und Gemeinschaft bestimmt. Es bringt die Verbundenheit der Glaubenden mit Christus und untereinander zum Ausdruck und gibt einen Vorgeschmack von der Mahlgemeinschaft in Gottes Reich am Ende der Zeit.[33] Die liturgische Form betont die Verbundenheit der Abendmahlsteilnehmer durch das gemeinsame Singen von Liedversen während der Austeilung der Elemente und einem

---

[32] Vgl. Peter Vogt, Taufe als Tor zu neuem Leben – Initiation wohin? Das Taufverständnis der Herrnhuter Brüdergemeine, in: Walter Klaiber und Wolfgang Thönissen (Hg.), *Glaube und Taufe in freikirchlicher und römisch-katholischer Sicht*, Paderborn 2005, 173–190.

[33] Vgl. *Kirchenordnung der Europäisch-Festländischen Brüder-Unität*, § 671.

Handschlag je zu Beginn und am Ende der Feier. Im Kelch kann Wein oder Traubensaft verwendet werden.

Die Brüder-Unität versteht **Gottesdienst** primär als Versammlungen der Gemeinde, in der das Lob Gottes und die Anbetung Christi zusammen klingt mit der Erbauung und Stärkung der Gemeinde im persönlichen Glauben, in geschwisterlicher Gemeinschaft und in der Befähigung zum Dienst.[34] Entscheidend für das brüderische Gottesdienstverständnis ist die Überzeugung, dass Christus da gegenwärtig ist, wo sich Menschen in seinem Namen versammeln (vgl. Mt 18,20). Dementsprechend werden gottesdienstliche Veranstaltungen in der Brüdergemeine traditionellerweise als „Versammlungen" bezeichnet. Damit verbindet sich auch der Gedanke, dass „Gottesdienst" im theologischen Sinn eigentlich das ganze Leben des einzelnen Christen und der christlichen Gemeinde umfasst. Eine strenge Unterscheidung zwischen sakral und profan ist der Brüdergemeine fremd. Glaube und Alltag, Gebet und Arbeit gehören zusammen und bilden ein Ganzes. Dieser ganzheitliche Gottesdienstbegriff spiegelt sich nicht zuletzt darin, dass das gottesdienstliche Leben der Brüdergemeine eine Vielzahl von Versammlungsformen kennt, die jeweils unterschiedliche liturgische Aspekte zur Geltung bringen, z. B. Predigtversammlung, Abendmahlsfeier, Liebesmahl (Agapefeier), Singstunde, Gebetsversammlung. Eine besondere Rolle in den gottesdienstlichen Versammlungen spielt der gemeinsame Gesang, in dem nach herrnhutischem Verständnis die Verbundenheit der irdischen Gemeinde mit dem himmlischen Lobpreis Gottes zum Ausdruck kommt. Zugleich zeigt sich im Singen, wie die Gemeinde als aktiver Partner im Ablauf gottesdienstlicher Versammlung mitwirkt, der im Anfangslied und „Amen"-Zeile beim Segen gleichsam das erste und das letzte Wort zukommt.

[34] Vgl. *Kirchenordnung der Europäisch-Festländischen Brüder-Unität,* §§ 667 und 1640.1; zur Liturgik der Brüdergemeine vgl. *Handbuch für Versammlungen in der Brüdergemeine. Eine Arbeitshilfe für Liturgen und Kirchenmusiker*, herausgegeben von der Direktion der Brüder-Unität, Herrnhut / Bad Boll 1990; sowie Peter Vogt, Die Liturgik der Herrnhuter Brüdergemeine; in: *Blätter für Württembergische Kirchengeschichte* 110, 2010, 201–217.

3. Die Frage nach Einheit und Vielfalt im globalen Kontext

Die Problematik von Einheit und Vielfalt innerhalb der weltweiten Brüder-Unität ist im Verlauf dieser Diskussion schon mehrfach angeklungen. Nicht zuletzt zeigt sie sich darin, dass die vorliegende Darstellung brüderischer Theologie, die aus der Perspektive der Europäisch-Festländischen Provinz verfasst ist, kaum den Anspruch erheben kann, für die ganze Unität repräsentativ zu sein, selbst wenn sie auf das gemeinsame Symbol des Lamms und den gemeinsamen „Grund der Unität" Bezug nimmt. Autoren aus andere Provinzen hätten methodisch und inhaltlich sicher andere Wege eingeschlagen, was angesichts gravierender kultureller und kontextueller Unterschiede auch nicht verwunderlich ist. Um so mehr stellt sich die Frage, ob es denn nicht so etwas wie eine gemeinsame Grundlinie gibt, die man für die ganze Unität voraussetzen kann, und wie man damit umgehen soll, wenn sich zwischen divergenten Positionen ein Konflikt auftut.

Im Verlauf der letzten Jahrzehnte gab es mehrere theologische Themen, die auf Unitäts-Ebene kontrovers verhandelt wurden und die Problematik von Einheit und Vielfalt in Lehrfragen deutlichen machen. Ein strittiger Punkt ist etwa das Verständnis des Bischofsamts, wo die bisherige seelsorgerliche Ausrichtung durch die Forderung nach mehr hierarchischer Autorität, die insbesondere aus dem afrikanischen Raum kommt, in Frage gestellt wird. Ein weiteres Konfliktfeld ist der Umgang mit Einflüssen der pfingstlich-charismatischen Erneuerung, die in manchen Provinzen auf begeisterte Zustimmung stößt, in anderen Provinzen hingegen als Bedrohung der eigenen Tradition empfunden wird. Ein dritter Konflikt betrifft den Bereich sexualethischer Fragen, insbesondere die Bewertung von Homosexualität, wo die Bandbreite der Positionen von „Sünde" bis „Segnung" reicht. Damit wiederum sind unterschiedliche Positionen in der Frage von Schriftverständnis, Menschenbild und Gottesbild verbunden.

Wie gelingt es der weltweiten Unität, mit diesen Differenzen zurecht zu kommen? Wie bewältigt sie die Gleichzeitigkeit unterschiedlicher Meinungen in strittigen Punkten ohne die Einheit in der Lehre zu gefährden? Der Kompromissansatz, der diesbezüglich im theologischen Diskurs der Brüder-Unität eine besondere Bedeutung gewonnen hat, ist das Prinzip der theologischen Unterscheidung nach Wertigkeit, das in folgender Formel zum Ausdruck kommt: „In den wesentlichen Dingen Einheit, in den unwesentlichen Dingen Freiheit, in allen Dingen die Liebe“. Diese Maxime wird in der Unität weithin als wichtiges Erbe der brüderischen Tradition empfunden und ist in manchen Gebieten, insbesondere im angelsächsischen Bereich, direkt als „Moravian Motto“ bekannt.[35] Damit verbindet sich die Erinnerung daran, dass ja schon die erste Generation der Böhmischen Brüder im 15. Jahrhundert eine Unterscheidung zwischen den „wesentlichen“, den „dienlichen“ und den „zufälligen“ Dingen gekannt und als theologisches Ordnungsprinzip verwendet hat.

Die genannte Maxime genießt inzwischen eine so weitgehende Akzeptanz, dass sie auf der Ebene der weltweiten Unität, wie auch in regionalen Kontexten, häufig als Lösungsansatz zur Bewältigung theologischer Problemfragen herangezogen wird. Allerdings wird auch immer wieder die Frage aufgeworfen, worin denn die „wesentlichen Dinge“, auf denen die Einheit der Kirche beruht, eigentlich bestehen. Denn eine allgemein anerkannte inhaltliche Definition dieser Kategorie gibt es (bisher) nicht.

Die Formel „in den wesentlichen Dingen Einheit, in den unwesentlichen Dingen Freiheit, in allen Dingen die Liebe,“ birgt zweifellos ein großes Potential für theologische Verständigung, wenn auch ihre unreflektierte Inanspruchnahme als Bestandteil der theologischen Tradition der Brüder-Unität nicht ganz unproblematisch ist. Und zwar zunächst aus historischen Gründen. Ein Blick in die Forschungsliteratur zeigt, dass diese Maxime keineswegs exklusiv der Tradition der Brüder-Unität angehört.[36] Sie hat vielmehr eine weitverzweigte und konfessionsübergreifende Geschichte, bis dahin, dass sie in der Pasto-

---

[35] So auf der Homepage der amerikanischen „Moravian Church“, vgl. www.moravian.org/the-moravian-church/about-the-moravian-church/ (aufgerufen 10.10.2016).

[36] Henk J.M. Nellen, De zinspreuk „In necessariis unitas, in non necessariis libertas, in utrisque caritas“, *Dutch Review for Church History* 79, 1999, 99–106; sowie Hans Rollmann, In essentials Unity. The Pre-history of a Restoration Movement Slogan, *Restoration Quarterly* 39:3, 1999, 129–139.

ralkonstitution „Gaudium et Spes“ des Zweiten Vatikanischen Konzils zitiert wird.[37] Die ältesten bekannten Belege finden sich zu Beginn des 17. Jahrhunderts bei dem römisch-katholischen Bischof Marc Antonio de Dominis (1617) und dem lutherischen Theologen Peter Meiderlin (1626). Johann Amos Comenius, der letzte Bischof der Böhmischen Brüder, zitiert eine Version dieser Formel in seinem Traktat *Unum Necessarium* (1668), aber erst seit Mitte des 19. Jahrhunderts hat sie wirklich Eingang in den theologischen Diskurs der Brüdergemeine gefunden, und zwar durch eine Predigt, die der amerikanische Brüderbischof Edmund Alexander de Schweinitz anlässlich der 400-Jahr-Feier der Brüder-Unität 1857 hielt. Darin stellte de Schweinitz fest, dass sich die Brüder-Unität dieses (dem Kirchenvater Augustinus zugeschriebene) Prinzip zu eigen gemacht habe.[38] Etwa 50 Jahre später tauchte die Maxime als „Moravian Motto“ in offiziellen Publikationen der amerikanischen Provinz auf und fand von dort aus auch in anderen Provinzen Verbreitung. Es ist also festzustellen, dass das „Moravian Motto“ viel weniger zum theologischen Erbe der Brüder-Unität gehört, als es gemeinhin aussieht.

Ein zweites Problem ist, dass die Formel „in den wesentlichen Dingen Einheit, in den unwesentlichen Dingen Freiheit, in allen Dingen die Liebe,“ im aktuellen theologischen Diskurs häufig mit einer anderen Traditionslinie verknüpft wird, die ähnlich lautet, aber inhaltlich etwas ganz Anderes meint, nämlich der schon erwähnten alt-brüderischen Unterscheidung zwischen den „wesentlichen“, den „dienlichen“ und den „zufälligen“ Dingen. Diese Unterscheidung, die auf die erste Generation der alten Brüder-Unität zurückgeht und uns vor allem bei dem brüderischen Theologen Lukas von Prag (ca. 1460–1528)

---

[37] Gaudium et Spes 92: „Das aber verlangt von uns, dass wir vor allem in der Kirche selbst, bei Anerkennung aller rechtmäßigen Verschiedenheit, gegenseitige Hochachtung, Ehrfurcht und Eintracht pflegen, um ein immer fruchtbareres Gespräch zwischen allen in Gang zu bringen, die das eine Volk Gottes bilden, Geistliche und Laien. Stärker ist, was die Gläubigen eint als was sie trennt. Es gelte im Notwendigen Einheit, im Zweifel Freiheit, in allem die Liebe.“ (www.vatican.va/archive/hist_councils/ii_vatican_council/documents/vat-ii_const_19651207_gaudium-et-spes_ge aufgerufen 10.11.2016).

[38] Edmund Alexander de Schweinitz, *The Fourth Centennial Anniversary of the Moravian Church. Three Sermons Preached on the Anniversary, March 1, 1857*, Philadelphia 1857, 23.

begegnet, zielt darauf ab, zu definieren, wie sich das von Gott gewirkte Heilsgeschehen als einer unsichtbaren, geistlichen Wirklichkeit zum Leben der Kirche als einer sichtbaren und empirisch greifbaren Institution verhält.[39] Die „wesentlichen Dinge" umfassen auf der göttlichen Seite die Gnade Gottes, das Verdienst Jesu Christi und die Gaben des Heiligen Geistes, und auf der menschlichen Seite die Antwort des Menschen in Glaube, Liebe und Hoffnung. Die „dienlichen Dinge" umfassen die institutionell vorfindlichen Elemente des Christentums wie Kirche, Heilige Schrift und Priestertum, die für die Vermittlung des Heils erforderlich, nicht aber in sich selbst heilbringend sind. Mit den „zufälligen Dingen" wird das bezeichnet, was die äußere Form der dienlichen Dinge betrifft, die an unterschiedlichen Orten, zu unterschiedlichen Zeiten und in unterschiedlichen kirchlichen Traditionen verschieden sein können und je nach Situation veränderbar sind, beispielsweise Liturgie, Gesangbuch, Amtskleidung der Priester, Feiertage im Kirchenjahr, Formen der theologischen Ausbildung u. ä. Es liegt auf der Hand, dass diese Unterscheidung zwischen „wesentlichen", „dienlichen" und „zufälligen" Dingen keineswegs deckungsgleich ist mit den drei Elementen der Maxime „in den wesentlichen Dingen Einheit, in den unwesentlichen Dingen Freiheit, in allen Dingen die Liebe". Gleichwohl hat die Tatsache, dass in beiden Fällen von „wesentlichen Dingen" die Rede ist, dazu geführt, dass man das eine auf das andere bezogen hat und das Wesentliche der Lehre, worin die Kirche übereinstimmen soll, inhaltlich durch das unsichtbare Heilsgeschehen definiert: Gottes Gnade, das Verdienst Jesu Christi und die Gaben des Heiligen Geistes auf göttlicher Seite, sowie Glaube, Liebe und Hoffnung auf menschlicher Seite. Dies führt zu einer interessanten Verschiebung der Perspektive: „Wesentlich" ist nicht die dogmatische Lehre über Gott, sondern was Gott tut, um das Heil der Menschen zu bewirken, und die Beziehung der Gläubigen zu Gott, die im Glauben, in der Liebe und in der Hoffnung lebt und zum Ausdruck kommt.[40]

---

[39] Vgl. Rudolf Říčan, *Die Böhmischen Brüder*, 300–318.

[40] Vgl. David B. Guthrie, Heart and Head Together: Concerning Moravian Essentials, *The Hinge. A Journal of Christian Thought for the Moravian Church* 8:2, 2000, 4–17.

Historisch betrachtet ist diese Verknüpfung ein Missverständnis, welches man aber durchaus als ein „kreatives“ Missverständnis betrachten kann, da es für den theologischen Diskurs neue Perspektiven eröffnet. Die Einheit der Kirche beruht nicht auf Übereinstimmung in den „wesentlichen“ Punkten der Lehre (hier verstanden als Formulierung theologischer Aussagen), sondern ist eine von Gott her vorgegebene Wirklichkeit, weil das „Wesentliche“ selbst in der Beziehung zwischen Gott und den Gläubigen liegt. Die Bemühung um Verständigung in dogmatischen Fragen ist wichtig, aber die Dinge, auf die sich die theologische Lehre bezieht, sind nicht an Definitionen und Formulierungen gebunden. Das „Wesentliche“ ist eine geistliche, gottgegebene Realität, die mit menschlichen Begriffen immer nur annähernd erreicht werden kann und deshalb Raum lässt für unterschiedliche Sichtweisen.

Dieser Ansatz, der die „wesentlichen Dinge“ als etwas anerkennt, das die Kategorie dogmatischer Konsensformeln übersteigt, kann dazu helfen, die Spannung unterschiedlicher theologischer Positionen auszuhalten und Verständigung in erster Linie als einen Gesprächsprozess zu begreifen. Er impliziert eine Haltung der Demut, die um die Grenzen der eigenen Erkenntnisfähigkeit weiß und bereit ist, andere Meinungen neben sich gelten zu lassen. Die Frage nach der Wahrheit von Lehrmeinungen und der sachgemäßen theologischen Unterscheidung von „wesentlichen“ und „nicht wesentlichen“ Dingen ist damit nicht erledigt, aber die Debatte wird vielleicht weniger hitzig und rabiat geführt. Dies entspricht der Intention des dritten Elements unserer Maxime: „In allen Dingen die Liebe“. Der Geist der Liebe äußert sich in einer doppelten Bewegung: Liebe sucht Gemeinschaft, indem sie das Verbindende herausstellt, und Liebe gewährt Freiheit, indem sie Unterschiede toleriert und als Bereicherung wertschätzt. So liegt die Chance der Formel „in den wesentlichen Dingen Einheit, in den unwesentlichen Dingen Freiheit, in allen Dingen die Liebe,“ für die Theologie der Brüder-Unität letztlich darin, dass sie dazu ermutigt, Antworten auf strittige Fragen im Prozess eines von geschwisterlicher Liebe geprägten Gesprächs zu suchen und darauf zu vertrauen, dass die Gesprächspartner dabei zu einem immer tieferen Verständnis für das, was wesentlich ist, geführt werden.

C. DIE MISSIONSGESCHICHTE DER BRÜDERGEMEINE 1732–2010

Hans-Beat Motel

Die Herrnhuter Brüdergemeine ist ohne ihre Missionsarbeit nicht zu denken. Wenn heute die überwiegende Mehrheit ihrer Mitglieder in Afrika und der Karibik lebt, ist dies eine Folge ihrer 1732 begonnenen Weltmission. Im Protestantismus war es das erste Mal, dass sich eine Kirche dieser Aufgabe angenommen hat.

Der 13. August 1727 wird als Datum der „geistlichen Erneuerung" der Herrnhuter Brüdergemeine gesehen. Die gerade fünf Jahre alte Gemeinde am Hutberg in der Oberlausitz hatte sich in theologischen Fragen zerstritten und sich in einem Netz persönlicher Rivalitäten verstrickt. Nach wochenlangen seelsorgerlichen Bemühungen insbesondere Graf Nikolaus Ludwig von Zinzendorfs wurde an jenem Tag zu einer Abendmahlsfeier in der Berthelsdorfer Kirche eingeladen. Deren versöhnende Wirkung erwies sich als nachhaltig. Die Gemeinde Herrnhut stabilisierte sich und entwickelte innerhalb kurzer Zeit genügend geistliche Kraft, um eine ganz neue Aufgabe angehen zu können: die Weltmission unter den „Heiden". Wie so manches in der jungen Gemeinde war auch sie weder voraussehbar noch geplant gewesen. Aber am 21. August 1732 fand für die beiden ersten Herrnhuter Missionare, Leonhard Dober und David Nitschmann, in einem Gottesdienst die Aussendung in die Karibik statt. Dieses Datum steht an Bedeutung dem des 13. August 1727 in keiner Weise nach. Es lässt sich sogar denken, dass der Herrnhuter Kirche ohne diese Öffnung in die Welt hinein kein langes Leben beschieden gewesen wäre. Die Hinwendung zur Weltmission war wie vieles Andere der Gabe Zinzendorfs zu verdanken, seine vielfältigen Kontakte für die Belange und das Leben Herrnhuts zu nutzen und einzusetzen.

Am 29. Juli 1731 wurde der Gemeinde Herrnhut ein ehemaliger karibischer Sklave mit dem Namen Anton vorgestellt, den Zinzendorf am königlichen Hof in Kopenhagen als „Kammermohren“ kennengelernt hatte. Durch ihn erfuhr der Graf vom Schicksal der schwarzen Sklaven auf den Zuckerrohrplantagen der Karibik – die Insel St. Thomas, von der Anton kam, war damals dänisches Kolonialgebiet. Seine Schilderung der Zustände auf den karibischen Plantagen weckte bei Zinzendorf den Wunsch, diesen entrechteten und ausgebeuteten Menschen Jesus Christus nahe zu bringen. Die Idee, das Evangelium in die Welt hineinzutragen, war bei ihm bereits geweckt worden, als er als Schüler bei August Hermann Francke in Halle Missionare der Dänisch-Halleschen Mission in Indien traf.

Die Herrnhuter Gemeindeglieder waren von der Begegnung mit Anton und seinem Schicksal zutiefst beeindruckt. Dies war der Funke, der nötig war, um das Feuer für ein neues Vorhaben zu entfachen. Der Zeitpunkt war ideal: Die etwa 500 Seelen zählende Gemeinde hatte sich innerlich gefestigt und wartete im Grunde auf eine Aufgabe, die ihren Glaubensüberzeugungen entsprach und mit der sie sich identifizieren konnte, ja, die ihr ein eigenes Profil gab. Das fand sie nun, neben der Unterstützung in der Diaspora lebender protestantischer Christen in Mittel- und Osteuropa, in der Aufgabe der Weltmission.

1. Zinzendorfs Missionsgedanken

Zinzendorf war klug genug, die ersten spontanen Reaktionen zu dämpfen und der Gemeinde ein Jahr Zeit für die inneren und äußeren Vorbereitungen zu lassen. Seine wichtigsten Missionsgedanken sind in der „Instruktion für die zu den Samojeden gesandten Brüder“ 1736 zusammengefasst.[1] Die Ratschläge an die Missionare tragen teils theologische, teils pragmatische Züge und zeugen von der Sensibilität des Grafen, der selbst zum damaligen Zeitpunkt noch nie auf einem Missionsfeld gewesen war. Seine Instruktionen enthalten den Rat: „Seht euch [auf dem Missionsfeld] um, wie es aussieht“ – die Missionare sollten sich also mit den kulturellen, sozialen, politischen und religiösen Gegebenheiten vertraut machen, bevor sie mit ihrer Verkündigungsarbeit beginnen. In das „Äußerliche“ sollten sie

---

[1] Helmut Bintz, *Nikolaus Ludwig Graf von Zinzendorf, Texte zur Mission*, Hamburg 1979, 40 f.

sich „nicht einmengen", sich demnach auch aus der Politik heraushalten und die sozialen Verhältnisse nicht verändern. Theologisch wichtig war Zinzendorf der Rat, die „Sendboten" sollten sich „nicht von der Vernunft blenden lassen, die Leute müssten erst an Gott glauben lernen, danach an Jesum. Es ist falsch, denn dass ein Gott sei, ist ihnen offenbar. Vom Sohn müssen sie unterrichtet werden." Das heißt, religiöse Vorgaben sind da, bei ihnen ist anzuknüpfen, und zwar durch erzählende Beschreibungen: Jesus muss den „Heiden" „vor Augen gemalt werden", sein Leben ist also konkret und bildhaft darzustellen. Dies solle nicht durch „öffentliches Predigen", sondern mit dem „Zuspruch der einzelnen Seelen" geschehen; es geht also nicht um Evangelisationsveranstaltungen oder um in der Öffentlichkeit auffallende Aktionen, sondern um den behutsamen Umgang mit einzelnen Menschen. Die Missionare sollten so mit den „Heiden" leben, dass bei diesen die Neugier geweckt wurde und sie nach dem Motiv des Handelns der Missionare zu fragen begannen.

Ziel war es, in den Völkern „Erstlinge" (vgl. Apk 14,4) für Christus zu gewinnen, die dann ihrerseits die Früchte des Glaubens weitertragen sollten. Die für das „Lamm" – nach dem Buch der Offenbarung der gekreuzigte und auferstandene Christus – gewonnenen „Seelen" dürfen nicht mit der „Herrnhuter Elle" gemessen werden: Weder bei der Weitergabe von Glaubensinhalten noch beim Gemeindeaufbau oder beim gottesdienstlichen Leben sollte Herrnhut als einzig gültiges Kriterium dienen. Auch in kulturellen und ethischen Fragen ist mit Verständnis für andere Verhältnisse vorzugehen; die Boten sollten sich nicht bei der Moral der Heiden aufhalten und zum Beispiel „Vielweiberei" nicht gleich verbieten, sondern zunächst dulden. Diese Toleranz darf nicht als Oberflächlichkeit gesehen werden, sondern hatte ihre Wurzeln in Jesus von Nazareth, der sie selbst bis hin zu seinem Tod am Kreuz allen Menschen erwiesen hatte. Schließlich sollten die Missionare zu den Leuten gehen, zu denen sonst keiner gehen wollte: zu den Ärmsten, den Entrechteten, den Diskriminierten – damals die Sklaven, aber auch von der europäischen Zivilisation bedrängte Völkergruppen wie die Indianer Amerikas oder die Inuit in Labrador.

2. Die Anfänge

Am 21. Dezember 1732 kamen Dober und Nitschmann auf St. Thomas an und legten damit den Grundstein für eine umfassende missionarische Tätigkeit der Brüdergemeine. Bald stellten sich Schwierigkeiten und Hindernisse ein: zäher Widerstand der jeweiligen kolonialen Obrigkeiten gegen die europäischen Eindringlinge, die die sozialen Verhältnisse zu verändern drohten, bislang unbekannte Krankheiten wie Malaria oder Gelbfieber, gefährliche Seereisen mit Schiffbruch, die gelegentlich zum Tod der „Boten" führte, bevor sie überhaupt angekommen waren. Doch all dies konnte den vom tiefen Glauben an Jesus als den „Weltheiland" gespeisten missionarischen Eifer nicht bremsen. Die Herrnhuter Missionare in der Karibik und in Surinam suchten dadurch den Zugang zu den zu Sklaven gemachten Menschen zu gewinnen, dass sie sich selbst an der Plantagen-Arbeit beteiligten, was wiederum zu großen Spannungen mit den Plantagen-Verwaltern und den Behörden führte und auf der Insel St. Thomas die Missionare sogar ins Gefängnis brachte.

Sehr bald kamen andere Missionsfelder ins Blickfeld: in der Karibik die Inseln St. Croix, St. John, später Antigua, St. Kitts, Barbados, Tobago und Trinidad. 1733 folgte Grönland, 1735 die niederländische Kolonie Surinam in Südamerika, die sich im 19. Jahrhundert zu einer der zahlenmäßig größten Missionskirchen entwickelte, 1737 kam Südafrika dazu, 1735 und 1741 die Ostküste der USA als Gebiet für die Mission unter den Indianern, 1771 Labrador an der Nordostküste Kanadas. Das Losungsbuch[2] des Jahres 1739 enthält bereits Namen von mehr als dreißig Orten und Ländern, in denen Herrnhuter Missionare tätig waren. Dazu gehörten, außer den schon erwähnten Gebieten, Russland, Lappland, Äthiopien und Persien.[3]

---

[2] Das Losungsbuch wird seit 1731 gedruckt und bildete insbesondere in dieser Form ein wichtiges Bindeglied zu den auf den Missionsfeldern Arbeitenden. Ursprünglich enthielt es ein Gebet oder einen Spruch für jeden Tag; in der heutigen deutschsprachigen Fassung stehen täglich ein ausgeloster Vers aus dem Alten und ein Vers aus dem Neuen Testament mit einem Gebets- oder Gesangbuchvers. Inzwischen erscheint das Losungsbuch in mehr als 60 Sprachen.

[3] Vgl. Hartmut Beck, *Brüder in vielen Völkern*, Erlangen 1981.

Die Wahl der Missionsgebiete hatte jeweils unterschiedliche Gründe. Einmal lag Zinzendorf ja daran, dorthin zu gehen, „wohin sonst niemand“ hingehen wollte. Vor allem spielten zu seinen Lebzeiten Kontakte und Beziehungen eine große Rolle. War für die Reise nach St. Thomas die Begegnung Zinzendorfs mit dem „Kammermohren“ Anton am dänischen Hof ausschlaggebend, so galt das für das dänische Grönland ebenso: Der Graf hatte in Kopenhagen auch zwei Grönländer getroffen. Damals gab es drei große protestantische Kolonialmächte: Dänemark, die Niederlande und das anglikanisch geprägte England. Die von den katholischen Mächten Spanien und Portugal kolonisierten Gebiete blieben der evangelischen Mission verschlossen.

Die Entscheidung für Surinam fiel in Amsterdam: August Gottlieb Spangenberg, der spätere Nachfolger Zinzendorfs, hatte, angeregt von niederländischen Kaufleuten, mit der „Geoctroyeerde Societeit van Suriname“ Kontakt aufgenommen. Die sich um Wirtschaftsfragen bemühte „Societeit“ ermutigte die Herrnhuter, im südamerikanischen Surinam Missionsarbeit unter den Indianern zu beginnen – die missionarisch gesehen erfolgreichere Arbeit unter den Sklaven folgte in der niederländischen Kolonie erst dreißig Jahre später. Auch die Arbeit in Südafrika, damals ebenfalls holländisches Kolonialgebiet, nahm ihren Anfang durch Kontakte in Amsterdam. Beziehungen der Herrnhuter in London eröffneten den Zugang zu Nordamerika, zu Labrador und dem erneuten, diesmal erfolgreichen Versuch in Südafrika 1792.

Im 19. Jahrhundert folgten neue Aufbrüche, die allerdings stärker mit kolonialen Interessen einhergingen. In Nicaragua begann die Herrnhuter Missionsarbeit an der Ostküste im Jahre 1849: Ein deutscher Fürst hatte koloniale Ambitionen, die sich zwar zerschlugen, aber die Herrnhuter kamen seiner Bitte nach, die Botschaft von Jesus Christus auch den Miskito-Indianern zu bringen.

Nachdem die europäischen Großmächte 1885 weite Teile des afrikanischen Kontinents unter sich aufgeteilt hatten und dadurch auch „Deutsch-Ost-Afrika“ entstanden war, lehnten die Herrnhuter zunächst eine Beteiligung an der dortigen Missionsarbeit ab; ihre Meinung änderte sich, als ihnen wenig später eine Stiftung einen großen Betrag „Zur Ausbreitung des Reiches Gottes“ zur Verfügung stellte. 1891 reisten die ersten Missionare in das Gebiet um den Nyassa See aus. Heute lebt über die Hälfte der Herrnhuter Christen im ostafrikanischen Raum.

Die 1850 begonnene Arbeit in Australien währte bis 1919, als sie in die Hände der Presbyterianischen Kirche überging. Herrnhut wollte sich auch der in der Mitte des 19. Jahrhunderts beginnenden China-Mission anschließen und hatte für die Missionare den Landweg vorgesehen, um dorthin zu gelangen. Der Versuch, über die Grenze West-Tibets in die Mongolei vorzudringen, scheiterte: Die Missionare blieben in Tibet und gründeten dort 1857 die erste Missionsstation, woraus sich im 20. Jahrhundert eine Arbeit an tibetischen Flüchtlingen in Nordindien entwickelte.

Ein weiteres Feld der Herrnhuter Missionsarbeit lag in der Begegnung mit dem Judentum. Zinzendorf hatte sich schon seit seiner Zeit in Halle für die Juden und ihren Glauben interessiert und insbesondere in Amsterdam Beziehungen zu Menschen jüdischer Herkunft gepflegt. Jüdische Festtage, vor allem das Versöhnungsfest, waren dem Grafen wichtig; er hatte sogar schon Pläne für „Erstlingsgemeinden" aus den Juden gemacht und überlegt, wie Menschen jüdischen Glaubens in der Gemeinde Herrnhut einen angemessenen Platz finden könnten. Die 1738 mit Leonhard Dober in Amsterdam begonnene Mission unter den Juden brachte freilich kaum sichtbare Erfolge und wurde wenig später wieder eingestellt.[4]

Diese Beispiele zeigen: Die Wahl der Missionsgebiete und -ziele hatte ganz unterschiedliche Motive. Der Antrieb zur Missionsarbeit war freilich immer der gleiche: es galt, „Seelen für das Lamm" zu gewinnen und die Botschaft vom die Welt rettenden Heiland Jesus Christus in die entferntesten Winkel der Welt zu tragen, um damit das Kommen des Reiches Gottes vorbereiten zu helfen.

Zinzendorfs Erstlingsgedanke erfuhr durch Taufen und Gemeindegründungen eine Weiterentwicklung, die sich in der Bildung von sogenannten „Heidengemeinden" niederschlug, die von Herrnhuter Missionaren geleitet wurden. Diese Entwicklung vollzog sich vor allem unter August Gottlieb Spangenbergs Führung, der in zwei Schriften die Grundsätze und

---

[4] Ebd. 173ff.

Erfahrungen der Herrnhuter Missionsarbeit darlegte.[5] Diese Schriften hatten einen bedeutenden Einfluss auf das Erwachen des Missionsgedankens in anderen protestantischen Kirchen in England und Deutschland.[6]

Der missionarische Eifer konnte durch Fehl- und Rückschläge nicht gebremst werden. Als 1734 kurz nach der Ankunft in der Karibik zehn Frauen und Männer starben, bevor sie ihren missionarischen Dienst überhaupt anfangen konnten, meldeten sich unverzüglich neue Kräfte, um sich für die Weltmission zur Verfügung zu stellen. Zinzendorf hatte zum Tod der Zehn gedichtet: „Es wurden zehn dahingesät, als wären sie verloren; auf ihren Beeten aber steht: Das ist die Saat der Mohren."[7]

Missionsbemühungen im Golf von Bengalen, in Persien, Ägypten und West-Afrika war aus unterschiedlichen Gründen kein Erfolg beschieden. Auf den Nikobaren im Golf von Bengalen waren Herrnhuter Missionare über 20 Jahre bis 1795 tätig. Es kam trotz eines beträchtlichen Personaleinsatzes zu keiner einzigen Taufe. Grund für das Scheitern dieser Arbeit lag nicht zuletzt in der Tatsache, dass die Herrnhuter Missionare auf die Begegnung mit Hochreligionen wie dem Hinduismus und dem Buddhismus nicht vorbereitet waren. Außer im Himalaya hat sich die Herrnhuter Mission in Gebieten von Hochreligionen nicht etablieren können.

In anderen Gebieten, wie z. B. Südafrika oder Surinam, musste zweimal mit jeweils neuen Kräften angesetzt werden, bevor sich die ersten Früchte der Missionsarbeit einstellten. All dies war jedoch kein Hinderungsgrund für die Ausbreitung der Arbeit.

---

5 *Von der Arbeit der evangelischen Brüder unter den Heiden* (1782, dän. 1784., engl. 1788, nl. 1790), und *Unterricht für die Brüder und Schwestern, welche unter den Heiden am Evangelio dienen* (1784, engl. 1784).

6 Vgl. John C. S. Mason, *The Moravian Church and the Missionary Awakening in England, 1760–1800*, New York 2001, und Peter Vogt, Die Mission der Herrnhuter Brüdergemeine und ihre Bedeutung für den Neubeginn der protestantischen Missionen am Ende des 18. Jahrhunderts, *Pietismus und Neuzeit: Ein Jahrbuch zur Geschichte des neueren Protestantismus* 35, 2009, 204–236.

7 *Gesangbuch der Evangelischen Brüdergemeine*, Herrnhut / Bad Boll / Zeist 2007, Nr. 569, 2.

3. Der Missionsdienst

An Männern und Frauen, die sich für den Herrnhuter Missionsdienst meldeten, mangelte es kaum. Sie kamen zunächst aus dem Kreis der Gemeinde, später stellten sich auch zunehmend Mitglieder anderer protestantischer Kirchen zur Verfügung, die sich von der Aufgabe und Zielsetzung der Herrnhuter Weltmission angesprochen fühlten.

Zinzendorf hatte während einer kurzen Zeit männliche Kandidaten um sich gesammelt, um sie für den Verkündigungsdienst in anderen Ländern und Kontinenten vorzubereiten. Aber er gab diese Art Schulung bald wieder auf, denn seiner Meinung nach habe der Heiland „eben genommen, wen er gefunden hat, und sobald er ihn gehabt, hat er ihn tüchtig gemacht".[8] Die Herrnhuter Synoden 1818 und 1825 lehnten eine Ausbildung für Missionare ab. 1818 wurde erklärt: „Wir halten es für zweckwidrig, Missionsinstitute zu haben oder Brüder durch einen systematischen Unterricht zum Missionsdienst vorzubereiten. Die durch den Heiligen Geist bewirkte Bekehrung zum Heiland, verbunden mit der brennenden Liebe zu den Seelen, hat sich als beste Vorbereitungsmethode bewährt."[9] So genügte im ersten Jahrhundert der Herrnhuter Missionsarbeit als Qualifikation für den Dienst in der Weltmission die geistliche Einstellung der Kandidaten, die „innere Berufung", die sich ganz unterschiedlich äußern konnte. Manche späteren Missionare hatten den Wunsch zur Mission schon als Kinder gespürt, andere zeigten sich durch einen Ruf der Gemeinde und deren Vertreter überrascht, manche ließen sich durch andere Brüder und Schwestern inspirieren. Ein Schema für den Aufbruch zum Missionsdienst gab es nicht, ebenso wenig wie eine organisierte Vorbereitung und Zurüstung. Insbesondere stellten sich Handwerker und Kaufleute für eine Aufgabe auf einem der Missionsfelder zur Verfügung, zumal dort praktische Arbeit jeder Art gefragt war und sich, im Gegensatz zur Überzeugung Zinzendorfs, allmählich die Meinung durchsetzte, für

---

[8] Zitiert nach Karl Müller, *200 Jahre Brüdermission*, Bd. 1: Das erste Missionsjahrhundert, Herrnhut 1931, 279.

[9] Ebd., 281.

den Missionsdienst sei eine gute theologische Ausbildung nicht vorrangig. Bis auf wenige Ausnahmen wurden die „Sendboten“ zu zweit oder in kleineren Gruppen entsandt. Damit war die Möglichkeit geschaffen, sich gegenseitig zu unterstützen und Schwierigkeiten wie kulturelle Unterschiede, Sprachhürden, klimatische Bedingungen und Widerstand der Behörden gemeinsam zu meistern. Als Vorbild dafür diente die Aussendung der Jünger durch Jesus: „Und er rief die Zwölf zu sich und fing an, sie auszusenden je zwei und zwei…“ (Mk 6, 7). Die Vorbereitung der Missionare war im Blick auf kulturelle, klimatische und politische Gegebenheiten des Missionsgebietes meist dürftig – der sehnliche Wunsch, „Heiden“ das Evangelium von Jesus Christus zu bringen, machte dieses Defizit, das für die meisten Herrnhuter Missionsunternehmungen gilt, längst wett.

Kamen Ehefrauen nach und wurden Familien gegründet, bildeten die Herrnhuter Missionare auf dem Missionsfeld im Laufe der Zeit eine kleine Kerngemeinde, die als Basis für den Erhalt und die Ausbreitung der Arbeit diente. In Labrador und Grönland bildeten zwei oder drei Missionarsfamilien enge Wohngemeinschaften mit einer gemeinsamen Küche und gemeinsamen Mahlzeiten. In Surinam und Südafrika, wo mehr Mitarbeiter tätig waren, spielten Helferkonferenzen eine wichtige Rolle.

In der Mitte des 19. Jahrhunderts änderte sich diese Einstellung zugunsten einer „Professionalisierung“ der Missionsarbeit. Andere protestantische Missionsgesellschaften traten mit eigenen Ausbildungsstätten in Erscheinung und sorgten mit ihren gut ausgebildeten Kräften für eine gewisse Konkurrenzsituation auf den Missionsfeldern. Die Brüdergemeine erkannte, dass eine Schulung ihrer Mitarbeiter in theologischen und praktischen Bereichen für die eigene Arbeit nötig war. So eröffnete im Jahre 1869 die Missionsschule in Niesky in der Oberlausitz ihre Pforten. Die Ausbildung dauerte sechs Jahre; die Zahl der zu Unterrichtenden schwankte zwischen 15 und 20 jungen Männern pro Jahr. Die Schule siedelte 1924 nach Herrnhut über, wo sie 1937 geschlossen wurde, da der Bedarf an Mitarbeitenden deutlich zurückgegangen war, unter anderem, weil nach dem Ersten Weltkrieg ehemals von Deutschland aus betreute Missionsfelder in die Hände britischer und nordamerikanischer Missionsleitungen übergegangen waren.

Die Zahl der Herrnhuter Missionare ist eindrücklich, vor allem, wenn man die überschaubare Größe der Brüdergemeine insgesamt in Betracht zieht. Zwischen 1732 und 1832 wurden insgesamt 763 Männer und Frauen in die Mission ausgesandt; sie waren in Südamerika, in der Karibik und im südlichen Afrika tätig.[10] Im Jahre 1884 dienten 18 Herrnhuter Missionare (die Ehefrauen jeweils mitgezählt) in Grönland, 37 in Labrador, 15 in Nicaragua, 57 auf verschiedenen Karibikinseln, 72 in Surinam, zehn in Nordamerika, 47 in Südafrika (westliche Kap-Region), 21 in Südafrika-Ost (östliche Kap-Region), sechs in Australien und sieben im Himalaya.[11]

Den Missionaren und ihren Familien wurde einiges zugemutet. Heimaturlaub gab es nur auf Antrag, und nur dann, wenn der Fortgang der Missionsarbeit gewährleistet war. 10 bis 15 Jahre Dienst ohne Unterbrechung waren die Regel. Nur in den ersten Jahrzehnten dauerten die Dienste wesentlich kürzer, weil die auf dem Missionsfeld tätigen Männer und Frauen oft wieder in die Heimat zurückberufen wurden. „Das erste Missionsjahrhundert zeigte ein reges Kommen und Gehen, oft ohne ersichtlichen Grund und sehr oft nicht zum Segen der Arbeit."[12]

Die Missionare sollten verheiratet sein. Das Finden einer geeigneten Gattin war oft Sache der Missionsleitung, die wiederum einer Gemeinde beziehungsweise ihrem Ältestenrat eine entsprechende Anfrage erteilte. In Frage kamen junge Frauen, „Schwestern", die aktiv am Gemeindeleben teilnahmen. Die Eheschließung erfolgte oft auf dem Missionsfeld, wenige Tage nach Ankunft der Braut. Stellten sich Kinder ein, mussten diese ihre Eltern im Alter von sechs Jahren verlassen, um ihre Schul-Erziehung in Deutschland zu bekommen. Die „Missionsanstalt" in Kleinwelka betreute zwischen 1790 und 1942 rund 2.000 dieser „Missionskinder", die ihre Eltern meist jahrelang nicht mehr sahen.[13] Andererseits verschaffte die Tätigkeit auf

---

[10] Ebd. 277.

[11] Nach dem *Jahresbericht des Missionswerks der Herrnhuter Brüdergemeine vom Juli 1883 bis Juli 1884*, S. 31; zu den europäischen Mitarbeitenden kommen noch 17 „eingeborene" Kräfte, von denen 13 verheiratet sind, und eine große Zahl „eingeborener" Helfer und Helferinnen.

[12] Müller, *200 Jahre Brüdermission*, Bd 1, 287 f.

[13] Siehe dazu Hans-Beat Motel, *Mama, mein Herz geht kaputt. Das Schicksal der Herrnhuter Missionskinder*, Herrnhut 2013.

einem Missionsfeld trotz harter Bedingungen und mancher Abgeschiedenheit in vielen Fällen eine große Befriedigung: Die Arbeit wurde als sinnvoll erfahren und brachte in vielen Fällen auch Erfolgserlebnisse.

4. Mission und Gemeinde

Die Missionsarbeit in den anderen Kontinenten war mit dem Leben der Herrnhuter Gemeinden in Deutschland, in England, den Niederlanden, in Dänemark und mit den „Sozietäten" in der Schweiz, aber auch mit Bethlehem in Pennsylvanien und anderen nordamerikanischen Gemeinden eng verzahnt. Die Gemeinden dienten lange Zeit als Vorbereitungsort für einen Missionsdienst, und die Gemeinde in Herrnhut entschied in den ersten Jahrzehnten, wer für eine Arbeit auf einem Missionsfeld in Frage kam. Sie prüfte auch die Missionskandidaten – „der innere Ruf des einzelnen und die Entscheidung der Gemeinde sollten nach Möglichkeit in Übereinstimmung sein".[14] Geprüft wurden die Motive des Kandidaten und seine „Festigkeit im Glauben". Zunächst war die „Prüfung" seelsorgerlich gedacht und erfolgte im Gespräch mit dem oder der Betreffenden, später erhielt sie eher einen gesetzlichen Anstrich, und Glaubensinhalte wurden wie bei einem Examen abgefragt.

Die Aussendung erfolgte grundsätzlich in Herrnhut oder einer Gemeinde in einem Gottesdienst, in dem den Anwesenden ihre Mitverantwortung für die Begleitung der Ausgesandten ins Bewusstsein gerufen wurde. Diese erschöpfte sich nicht nur in der Fürbitte und durch materielle Gaben zur Deckung der Kosten des Missionsdienstes, sondern sie zeigte sich auch an der Beteiligung an einem regen Schriftwechsel: Die in der Mission Tätigen schickten regelmäßig Berichte über den Fortgang, über Freude und Leid ihrer Arbeit nach Herrnhut und in andere Gemeinden. Diese Berichte wurden nicht in Gottesdiensten, sondern eigenen abendlichen Versammlungen vorgelesen; für die Beantwortung war die Gemeindeleitung, der Ältestenrat

---

[14] Theodor Gill, „Die Sendung der Boten durch den Ruf des Herrn und die Bestätigung der Gemeinde", Vortrag gehalten beim Missionsjubiläum 1982 in Königsfeld, in: *Dokumentation der Jubiläumsfeiern 1982*, Bad Boll 1983.

der Gemeinde, zuständig. Damit wurde unterstrichen: Aussendende und empfangende Institution war nicht eine Missionsbehörde – diese war vor allem für den administrativen Bereich zuständig – sondern die Gemeinde. Die Weltmission wurde damit nicht vom Leben und vom Verantwortungsbereich der Gemeinde abgetrennt, sondern gehörte zu ihren Kernaufgaben. In der 1806 gegründeten Gemeinde Königsfeld im Schwarzwald wurden zwischen 1815 und 1914 wenigstens 109 Männer und Frauen in die Karibik, nach Süd- und Ostafrika, nach Labrador, in den Himalaya und nach Australien entsandt; im Schnitt erlebte die Gemeinde also einen Aussendungsgottesdienst im Jahr. Einen festen liturgischen Rahmen gab es dafür nicht; das Aussprechen des Segens unter Handauflegung gehörte in jedem Fall dazu.[15]

Die Herrnhuter Brüdergemeine war als echte „Missionskirche" die erste im protestantischen Raum, in der die Gemeinde als Basis für die Mission diente; sie blieb es auch über mehr als zwei Jahrhunderte. In den Niederlanden, der Schweiz und in Skandinavien bildeten sich zur Unterstützung der Herrnhuter Mission Vereine oder Gesellschaften. Heute wird in Deutschland die Mission von der Herrnhuter Missionshilfe e. V. gefördert.

5. Surinam als Beispiel

Im Folgenden sollen am Beispiel des Missionsgebietes Surinam an der Nordostküste Südamerikas die Anfänge der Missionsarbeit, das Suchen nach einer adäquaten Aufgabe, die Abhängigkeit von Herrnhut, der Umgang mit sozialen Fragen und der Übergang vom Missionsfeld zu einer selbstständigen Kirche dargestellt werden.[16]

---

15 Ebd.

16 Vgl. Friedrich Stähelin, *Die Mission der Brüdergemeine in Suriname und Berbice im 18.Jahrhundert. Eine Missiongeschichte hauptsächlich in Briefen und Originalberichten*, 7 Teile in 3 Bänden, Herrnhut 1913–1920 (Nachdruck mit einer Einführung von Matthias Meyer in: Z-MuD, Reihe 2, Bd. 36/1–3, Hildesheim 1997); Maria Lenders, *Strijders voor het lam. Leven en werk van Hernhutter broeders en -zusters in Suriname, 1735–1900*, Leiden 1996; und Jan Marinus van der Linde, *Het visioen van Herrnhut en het Apostolaat der Moravische Broeders in Suriname 1735–1863*, Paramaribo 1956.

1735 landeten die Missionare Georg Piesch, Georg Berwig und Christoph von Larisch in Paramaribo, der kleinen Hauptstadt der niederländischen Kolonie. Von Larisch erlag sechs Wochen später einer tropischen Krankheit. Den drei Männern bot sich nach ihrer Ankunft ein wenig erfreuliches Bild des tropischen Landes: ungesundes Klima, das jede körperliche Arbeit zur Strapaze werden ließ; das unmenschliche System der Sklaverei, das damals in seiner Blütezeit stand und zu dem ein sittenloses Leben vieler Weißer gehörte. Piesch und Berwig kehrten schon nach wenigen Monaten nach Europa zurück.

1738 wurde ein zweiter Missionsversuch unternommen, dem auch kein Erfolg beschieden war. Beide Anfänge waren auf die indianische Urbevölkerung gerichtet, die sich aber allen Missionsversuchen entzog. Dafür wurde im benachbarten Berbice (ehemals Britisch Guyana, heute Guyana) eine Arbeit unter den Indianern begonnen und mitten im tropischen Regenwald die Gemeinde Pilgerhut gegründet, die 23 Jahre Bestand hatte, und, entgegen dem Rat Zinzendorfs, nicht mit der „Herrnhuter Elle" umzugehen, strikt nach dem Modell der Herrnhuter Ortsgemeinde aufgebaut war. Die weisen und gut durchdachten „Missions-instruktionen" Zinzendorfs überforderten ohnehin viele der in der Herrnhuter Mission Tätigen; sie brachten das Evangelium nach Inhalt und Form in andere Länder und Kulturen, wie sie es in Deutschland übernommen hatten.

Pilgerhut wurde 1763 durch einen Sklavenaufstand zerstört; die Gemeinde hätte aufgrund des unfruchtbaren Bodens allerdings wirtschaftlich nicht lange überleben können.

Wenige Jahre davor nahm die Arbeit in Surinam wieder Fahrt auf: Herrnhuter Missionare begannen ihre Missionstätigkeit unter den sogenannten Buschnegern (Marrons), Sklaven, denen es gelungen war, von den Plantagen zu fliehen und sich im Surinamer Busch niederzulassen. Diese unter besonders schwierigen äußeren Umständen verrichtete Arbeit wurde zu Beginn des 19. Jahrhunderts unterbrochen und erst 1840 wieder aufgenommen.

Der eigentliche Durchbruch der Herrnhuter Arbeit in Surinam gelang mit den Missionaren Ludwig Christoph Dehne und Martin Ralfs, die sich in der Stadt Paramaribo niederließen und mit Schneiderarbeit ihren Unterhalt selbst verdienten. Ziel ihrer Arbeit war nun die Sklavenbevölkerung. Einige Jahre später kam noch Christoph Kersten dazu. Er taufte 1776 den ersten Sklaven und gab ihm den Namen Christian. Kersten baute das Zentrum der Herrnhuter Brüdergemeine in Paramaribo auf und gründete verschiedene Betriebe, um finanziell unabhängig zu werden – das war ja die Auflage, die er von Deutschland mitbekommen hatte. 1780 zählte die Gemeinde in Paramaribo bereits 184 getaufte Mitglieder und 57 Taufbewerber und -bewerberinnen. 1790 wurde mit der „Helferkonferenz" eine lokale Missionsleitung eingesetzt, denn die Perspektiven der Arbeit in Surinam schienen sehr aussichtsreich zu sein, so dass Entscheidungen über deren Begleitung und Fortgang nicht nur in Herrnhut, sondern auch in Paramaribo selbst getroffen werden mussten.

Vor allem im 19. Jahrhundert wuchs die missionarische Arbeit kontinuierlich, trotz des Widerstandes der weißen Plantagenbesitzer und -verwalter und der Kolonial-Regierung, deren Gesetze – z. B. Versammlungs- und Unterrichtsverbot für Sklaven – die Missionare regelmäßig übertraten, um ihr Ziel, die Verkündigung des Evangeliums, erreichen zu können. Diese Beschränkungen und Verbote wurden allmählich gelockert, denn die europäischen Machthaber entdeckten, dass sich zum christlichen Glauben gekommene Sklaven eher in ihr Schicksal fügten als Nichtgetaufte. Im Laufe der Jahre wurde den Missionaren gestattet, auch auf Plantagen tätig zu werden.

Surinam war wirtschaftlich gesehen völlig vom System der Sklaverei abhängig. Zwischen 1680 und 1820 wurden rund 350.000 Männer und Frauen von Westafrika als zu Sklaven gemachte Menschen in die kleine niederländische Kolonie an der Nordostküste Südamerikas zwangsdeportiert. Mit Recht galt das Hauptaugenmerk der Herrnhuter Missionare dieser Mehrheit der Bevölkerung, die sich, völlig unfrei und geknechtet, damit zum ersten Mal als Menschen wahrgenommen und wertgeschätzt fühlte. Es ist für die obrigkeitstreue Haltung der Herrnhuter bezeichnend, dass die Herrnhuter Mission gleichwohl am unmenschlichen System der Sklaverei nicht rüttelte. Zeitweise hatte sie sogar Sklaven besessen – ihr blieb kaum eine andere Wahl, wenn sie in Surinam, der Sklavenkolonie, finanziell unabhängig sein wollte. Während in den benachbarten britischen und französischen Kolonien die Sklaverei 1835 beziehungsweise 1843 verboten wurde, dauerte es in Surinam zur Abschaffung der Sklaverei bis zum 1. Juli 1863. Mehr als 33.000 Sklaven wurden an diesem Datum in die Freiheit entlassen. Von ihnen gehörten etwa zwei Drittel der „Evangelische Broedergemeente in Suriname“ an. In Dankgottesdiensten feierten die Menschen das Ende ihres unwürdigen Daseins.[17]

Nun konnte sich die Herrnhuter Arbeit ungehindert entfalten: In Paramaribo und in den ländlichen Distrikten wurden neue Gemeinden gegründet, die Missionsarbeit im Inneren des Landes unter den Marrons wurde intensiviert. Später, als die Sklaven durch indische und indonesische Kontraktarbeiter ersetzt wurden und chinesische Kaufleute ins Land kamen, begann auch unter diesen ethnischen Gruppen die missionarische Arbeit. Schulen entstanden und die diakonische und soziale Arbeit der Brüdergemeine wurde ausgebaut.

Die Missionsleitung in Berthelsdorf bei Herrnhut entsandte in dieser Zeit nicht nur Mitarbeitende für die Mission, sondern bestimmte auch den Weg der Kirche in theologischen und sozialethischen Fragen. So kam es in den 1880er Jahren zu einem Konflikt, der ein deutliches Licht auf die Spannung unterschiedlicher kultureller Situationen wirft: Viele ehemalige Sklaven wollten oder konnten nicht heiraten – die Eheschließung war ihnen ja als Sklaven verboten gewesen – aber die Leitung in Herrnhut lehnte das Zusammenleben nichtverheirateter Paare ab. Trotz des Vermittlungsversuchs eines Herrnhuter Missionars, der vorschlug, denen ohne Trauschein Zusammenlebenden einen „Bund“ („verbond“) anzubieten, blieb Herrnhut bei seiner Haltung. Einige Tausend Kirchenmitglieder wurden vom Abendmahl ausgeschlossen, was wiederum dazu führte, dass die meisten von ihnen der „Evangelische Broedergemeente“ den Rücken kehrten. Viele fanden in der römisch-katholischen Kirche eine neue Heimat.[18]

Auch nach der Abschaffung der Sklaverei behielten die meist aus Deutschland stammenden Missionsmitarbeiter das Sagen. Deren Zahl wurde ständig erhöht und belief sich, wie schon er-

---

[17] Vgl. „Keti koti“ – Umgang mit ambivalenter Geschichte. Themenheft zum 150-jährigen Jubiläum der Sklavenbefreiung in Suriname, *ITD* 20, 2013, 1–72.

[18] Nach Albert Helman, *Zaken, zending en bezinning,* Paramaribo 1968, vgl. auch Harold Jap-A-Joe, The „Marriage Rebellion“ within the Moravian Church in Suriname, *Academic Journal of Suriname* 6, 2015, 520–530.

wähnt, im Jahre 1884 auf 72. Von ihnen waren allerdings eine ganze Reihe für die Missionsfirma „Kersten und Co." tätig. Aus den ersten von Christoph Kersten gegründeten Handwerksbetrieben war eine ansehnliche Firma mit verschiedenen Wirtschaftszweigen entstanden, die für die Entwicklung des Landes eine nicht zu unterschätzende Rolle spielte. Die Vorgabe Herrnhuts, die Missionsfelder sollten finanziell unabhängig werden, hatte die unter kirchlicher Leitung stehende Firma so ernst genommen, dass sie zu einem wichtigen Wirtschaftsfaktor im Lande wurde und zeitweise sogar Geld nach Europa überweisen konnte.[19] Die „Evangelische Broedergemeente" entwickelte sich in Surinam zu einer protestantischen Volkskirche mit etwa 30.000 Mitgliedern (Stand 2019) und erreichte damit eine Größenordnung, die Graf Zinzendorf wohl weder im Blick gehabt noch gewollt hätte. Aber dadurch erhielt sie gesellschaftliche und politische Gestaltungsmöglichkeiten, die bis heute genutzt werden. Ein 1968 gegründetes Theologisches Seminar sorgt für die Ausbildung der Pfarrer und Evangelisten; die „Stadtmission" kümmert sich um Evangelisation unter der Jugend und um soziale Randgruppen; die Verantwortung für ein protestantisches Krankenhaus teilt die Brüdergemeine mit anderen Surinamer Kirchen. Gemeinden der Herrnhuter sind über das ganze Land verteilt, und Schulen der Brüdergemeine werden von über 20.000 Schülerinnen und Schülern besucht.

1963 wandelte sich das ehemalige „Missionsfeld" zu einer selbstständigen Kirche innerhalb des Verbands der weltweiten Brüder-Unität – zwölf Jahre bevor die niederländische Kolonie vom Mutterland unabhängig wurde und heute als „Republiek van Suriname" das kleinste Land Südamerikas bildet, in dem weiterhin Niederländisch gesprochen wird. Zur Kirchenprovinz Surinam zählen auch die Herrnhuter Gemeinden auf den Niederländischen Antillen (Curaçao, Aruba und St. Maarten),

---

[19] „Kersten und Co" – offiziell 1768 gegründet – dürfte eine der ältesten noch existierenden Firmen in der westlichen Hemisphäre sein. Heute verwaltet ein von der weltweiten Brüder-Unität gewählter Aufsichtsrat das Vermögen der Firma, die in den letzten Jahrzehnten auch in Betriebe auf den Niederländischen Antillen investiert hat. Gewinne müssen der Kirche in Surinam, der theologischen Ausbildung innerhalb der weltweiten Brüder-Unität sowie missionarischen, diakonischen und sozialen Projekten der Herrnhuter Kirche zugeführt werden.

nachdem die großen Ölraffinerien dort Hunderte von Arbeitskräften aus Surinam angeworben hatten. Bevor die Kolonie Surinam 1975 staatlich unabhängig wurde, wanderten Tausende Surinamer und Surinamerinnen in die Niederlande aus; mit ihrem niederländischen Pass stand ihnen die Tür nach Europa offen. Heute bestehen deshalb vor allem in den holländischen Großstädten Herrnhuter Gemeinden, die sich aus diesen Migranten und ihren Familien gebildet haben. In der säkularisierten niederländischen Gesellschaft leisten diese Gemeinden für die Randgruppe der Surinamer einen wichtigen sozialen und missionarischen Dienst.

6. Mission in der Spannung von europäischer Kultur und indigenem Kontext

Die Herrnhuter Mission war von Anfang an ganzheitlich, das heißt, auf den ganzen Menschen mit seinen unterschiedlichen Bedürfnissen angelegt. Darum gehörte Bildung als wichtiger Faktor zur Missionsarbeit, schließlich sollte die Bibel von allen Getauften gelesen und verstanden werden können. In Surinam verzögerte sich der Beginn des Unterrichts und die Gründung von Schulen, weil die Kolonial-Behörden den Unterricht für die zu Sklaven gemachten Menschen afrikanischer Herkunft zu verhindern suchten. Nach 1863 wurde ein weitverzweigtes Schulwerk angelegt. In Südafrika spielten die Herrnhuter Schulen eine wichtige Rolle, bis sie in der zweiten Hälfte des 20. Jahrhunderts fast alle vom Staat übernommen wurden; vielfach fungierten die Schullehrer am Sonntag als „voorgangers", die den sonntäglichen Gottesdienst leiteten. Auch im ostafrikanischen Tansania bildete die Herrnhuter Schularbeit einen wichtigen Teil der kirchlichen Arbeit. Nachdem unter der Präsidentschaft von Julius Nyerere (1960–1985) der Staat ein Monopol für die Bildungsarbeit beansprucht hatte, konnten nach dieser Zeit wieder Herrnhuter Schulen gegründet werden. Heute betreiben alle Provinzen der „Kanisa la Moravian", wie die Herrnhuter Brüdergemeine auf Kisuaheli genannt wird, weiterführende Sekundarschulen und Berufsschulen.

In der Zeit nach dem Zweiten Weltkrieg ging einerseits die Zahl der deutschen Missionare überall zurück, während es andererseits zu einer Stärkung der theologischen Ausbildung vor Ort kam. Theologische Seminare und Bibelschulen entstanden in Südafrika, in Tansania, in Surinam, in Nicaragua, Honduras und Alaska; in Jamaika beteiligt sich die Moravian Church an einem ökumenisch ausgerichteten „United Theological College“, das Studierenden aus der ganzen Karibik offensteht.

In Surinam haben sich die Missionare für den Erhalt der heute „Sranang“ genannten Kreolensprache eingesetzt und ihr den Weg zur Schriftsprache bereitet; sie erstellten Wörterbücher und dichteten „arias“, geistliche Lieder, denen sie häufig deutsche Kinderlieder zu Grunde legten. Auch in anderen Regionen beschäftigten sich Herrnhuter Missionare zum Teil auf wissenschaftlichem Niveau mit der Sprache und der Kultur der Einheimischen und konnten dabei mit bis heute anerkannten Ergebnissen aufwarten. Das gilt, um nur zwei Gebiete und Namen zu nennen, für Grönland (Samuel Kleinschmidt, 1814–1886) und Tibet (Heinrich August Jäschke, 1817–1883). August Hermann Francke (1870–1930) erhielt 1925 auf Grund seiner umfassenden Tibet-Kenntnisse eine außerordentliche Professur in Berlin.

Auch soziale und diakonische Aufgaben wurden überall angepackt. In Surinam legten die Herrnhuter einen Fonds an, um Sklaven, die in extrem schwierigen Verhältnissen lebten, freikaufen zu können. Später galt ihre Hilfe in Not geratenen städtischen „Kreolen“, wie die Nachfahren afrikanisch-stämmiger Surinamer bis heute genannt werden. Diese Aufgabe wurde ab 1912 der Stadtmission, der „Stadszending“ der „Evangelische Broedergemeente“ mit Sitz in Paramaribo übertragen. Auf der Plantage Bethesda wurden über Jahre hinweg Lepra-Kranke von Mitarbeitern der Brüdergemeine gepflegt; später beteiligte sich die Kirche in Paramaribo an der Gründung des protestantischen Diakonissen-Krankenhauses und richtete verschiedene Kliniken im Innern des Landes ein.

Medizinische Missionsarbeit gab es auch in Südafrika und Tansania mit Dorfkliniken und Spitälern, die oft eine Vorreiterrolle spielten und die Regierungen veranlassten, selbst in der medizinischen Versorgung tätig zu werden. In Nicaragua und Honduras baute die „Iglesia Morava“ Krankenhäuser an der Ostküste beider Länder in Gebieten, die bis dahin medizinisch nicht abgedeckt waren. Das weit über die Region hinaus bekannte Spital in Bilwaskarma auf der nicaraguanischen Seite des Rio Coco wurde im Bürgerkrieg 1985 zerstört und nur durch eine ambulante Dorfklinik ersetzt.

Die Herrnhuter Brüdergemeine engagierte sich in Nicaragua und in Honduras bei Friedensbemühungen im Bürgerkrieg der achtziger Jahre des 20. Jahrhunderts und betreibt mit der Organisation „CASIM“ ein diakonisches Werk, dem auch Mittel aus Europa und Nordamerika zufließen.

In Surinam gelang es mit Hilfe der Firma Kersten und Co., die kirchliche Arbeit mit Einnahmen vor Ort mit zu finanzieren. 1899 beschloss die Synode in Herrnhut die Trennung von kirchlicher Leitung und Wirtschaftsverwaltung, was zu einer Aufspaltung der Rechnungen in eine kirchliche und eine wirtschaftliche führte und die Missionsleitung von der Verantwortung für einen Wirtschaftsbetrieb befreite. Missionsbetriebe kleineren Umfangs hat es auch in Nicaragua und auf Jamaika, St. Thomas und Antigua gegeben; ihnen war aber kein langes Leben beschieden. Lediglich in Südafrika hielten sich die „winkels“, die Missions-Läden in den ländlichen Gemeinden, noch bis nach dem Zweiten Weltkrieg.

Der Beschluss von 1899 zeigt, dass die Herrnhuter Weltmissionsarbeit zentralistisch von Deutschland aus geleitet wurde. Die entsprach dem Einheitsgedanken der Brüdergemeine, aber hatte durchaus problematische Aspekte: Kommunikation war schwierig, Entscheidungen brauchten lange Wege, Fehlentscheidungen aus Unkenntnis über die jeweilige lokale Situation blieben nicht aus und der Aufbau lokaler Leitungsstrukturen wurde erschwert oder gar verhindert. Missionare, die auf Grund lokaler Gegebenheiten von der „Norm“ abwichen, etwa indem sie sich zum System der Sklaverei kritisch äußerten oder indem sie bedingt durch die Gegebenheiten vor Ort ethisch-moralisch eine liberalere Haltung als die Heimat-Kirche einnahmen, wurden von Deutschland aus zurechtgewiesen oder sogar nach Hause geholt. Länger als in vielen anderen Missionsgebieten wurde die Dominanz der europäischen Mitarbeiter in Surinam aufrechterhalten – daran änderte auch die Aufhebung der Sklaverei nichts, im Gegenteil: Die nun mögliche Ausbreitung der kirchlichen Arbeit brachte zusätzliche Kräfte aus Europa nach Surinam, führte aber in den ersten Jahrzehnten nach 1863 kaum zur Ausbildung von einheimischen Mitarbeitenden.

Das war in „Deutsch-Ostafrika" von Anfang an anders. Dort wurden wenige Jahre nach dem Beginn der Missionsarbeit 1891 Gemeindeglieder für die kirchliche Arbeit zugerüstet; der Anteil der europäischen Kräfte blieb bei weitem unter derjenigen Surinams oder Südafrikas.

Die beschriebene Spannung zwischen europäischer Kultur und indigenem kulturellen Kontext in der Herrnhuter Missionsarbeit war von weiteren Faktoren gekennzeichnet, die auf allen Herrnhuter Missionsgebieten präsent waren, aber jeweils eine unterschiedliche Rolle spielten:

- die Bedeutung der deutschen Kultur und des deutschen Nationalbewusstseins für die Missionare,
- das Verhältnis der Missionsarbeit zum Kolonialismus und die Haltung der Missionare gegenüber der jeweiligen politischen Situation,
- der Einfluss oder die Abwehr des lokalen kulturellen und religiösen Kontextes gegenüber der missionarischen Arbeit.

Das im 19. Jahrhundert in Deutschland wachsende Nationalbewusstsein hinterließ auch auf den Missionsfeldern seine Spuren. Den Kindern der Missionare sollte die deutsche Sprache und Kultur nahegebracht werden – das war mit ein Grund dafür, die Kinder „zur Erziehung" nach Deutschland zu schicken. Der Geburtstag des Kaisers oder auch der Gedenktag der Schlacht von Sedan wurden in Missionarskreisen in Surinam und Südafrika regelmäßig gefeiert. In den 1930er Jahren traf man sich zu den Geburtstagen des „Führers"; in Paramaribo existierte eine (illegal gegründete) Gruppe der NSDAP; auch in Tanganyika, damals britisches Mandatsgebiet, gab es eine solche Gründung. In Südafrika, wo neben Surinam zahlenmäßig die meisten Herrnhuter Missionare im Dienst standen, schlug der deutsche Nationalismus hohe Wellen. Er wurde gefördert von der Dominanz der weißen kolonialen Minderheit, die später den Grund für die Ideologie der Apartheid legte. Der deutsche Patriotismus war in den Missionskreisen eine meist kaum reflektierte Geisteshaltung und war von einem imperialistischen Sendungsbewusstsein bestimmt: es galt, kulturell unterlegenen Völkern die Zivilisation zu bringen. Zusammen mit dem Bedürfnis, die „Herrnhuter Elle" anzulegen (entgegen dem Rat Zinzendorfs), hatte er seinen Einfluss auf die Verkündigung und auf das liturgische Leben: Surinam und Südafrika waren die Missionsfelder, in denen nirgendwo wie sonst das deutsche Gottesdienstleben übernommen wurde. Ähnliches kann freilich für manche der zum britischen Weltreich gehörenden Karibikinseln gesagt werden, bei denen die Gemeinden stark dem anglikanischen Einfluss ausgesetzt waren.

Nicht einfach zu beantworten ist die Frage, inwieweit die Herrnhuter Missionsarbeit vom Kolonialismus abhängig war. Am Beispiel Surinams lässt sich zeigen, dass das koloniale System den Weg zur Mission erst ermöglichte – das gilt freilich für nahezu alle Herrnhuter Missionsgebiete. Andererseits gingen die Missionare oft gerade nicht den Weg, den ihnen die Kolonialbehörden zugedacht hatten. Ursprünglich sollten die Missionare dem weiteren Verfall der Sitten unter der weißen Herrscherschicht in Surinam mit ihrer Verkündigung Einhalt gebieten; die eigentliche missionarische Arbeit zielte aber auf die indianische Bevölkerung und wenig später auf die zu Sklaven gemachten Menschen afrikanischer Herkunft, was den Interessen der Kolonialbehörden entgegenlief und den Widerstand der weißen Oberschicht einbrachte. Ähnlich verlief die Missionsarbeit in Südafrika; nicht die weiße Bevölkerung war deren Ziel, wie es ursprünglich von den Vertretern der Kolonialregierung gewollt war, sondern die Koi-Koi und die Sklaven. Als 1885 auf der von Bismarck einberufenen Konferenz der afrikanische Kontinent unter den Kolonialmächten aufgeteilt wurde und wenig später deutsche Missionsgesellschaften entsprechend der politischen Aufteilung Absprachen trafen, wo sie jeweils tätig werden wollten, war der Vertreter der Herrnhuter Mission der einzige, der sich gegen eine Mission in Deutsch-Ostafrika aussprach, weil er der Überzeugung war, die Mission dürfe nicht auf der Welle des Kolonialismus schwimmen. Wenn wenige Jahre später die Mission der Herrnhuter dennoch im heutigen Tansania begann, hatte das seinen Grund darin, dass ein namhaftes Legat die Brüdergemeine verpflichtete, die Hälfte des Betrags für neue Missionsaufgaben zu verwenden. Die kolonialen Verhältnisse an Nicaraguas Ostküste im 19. Jahrhundert wurden schon erwähnt; sie führten zum Beginn der Herrnhuter Missionsarbeit in Mittelamerika.

Schon Zinzendorf hatte die Missionare gewarnt, sich nicht in die politischen Verhältnisse einzumischen. „Mengt euch unter keinerlei Vorwand ins äußerliche, als dass ihr arbeitet. Die

Brüder in St. Thomas lehren die Mohren schreiben, das missbilligen wir hochlich. Man kann mit solchen kleinen Dingen die Obrigkeit erzürnen, und das tun keine Zeugen, die Verstand brauchen."[20] Der Graf war von der lutherischen Zwei-Reiche-Lehre beeinflusst, nach der Gottes Reich und weltliches Reich getrennt zu sehen sind. Diese Überzeugung, wie auch die in Röm 13 geäußerte Meinung des Apostels Paulus, gesellschaftliche Verhältnisse nicht zu ändern, und das Bestreben, „äußerlich" nicht aufzufallen, führten auf praktisch allen Missionsfeldern zu einer a-politischen Haltung der Herrnhuter Missionare, auch in Bezug auf die brutale Praxis der Sklaverei.[21] In Surinam bedeutete dies, dass das System der Sklaverei – etwa im Gegensatz zu den britischen Gegnern des Sklavenhandels- und der Sklavenhaltung – nicht hinterfragt wurde. In Südafrika kam es erst gegen Ende des menschenverachtenden Apartheidsystems zu vorsichtig kritischen Äußerungen der Kirchenleitung, die beispielsweise den auch in der deutschen Brüdergemeine wachsenden Widerstand gegen die Politik der Rassentrennung und dessen konkrete Maßnahmen (Früchte-Boykott, Auflösung von Konten bei den Banken, die die Apartheidpolitik unterstützten) ablehnten. Zur südafrikanischen „Broederkerk" gehörende Apartheids-Gegner bildeten eher eine Ausnahme.

Auch die Frage, in wie weit der jeweilige kulturelle und religiöse Kontext berücksichtigt wurde, lässt sich nicht eindeutig beantworten. Sicher ist, dass die Herrnhuter Missionare auf die religiösen Vorgaben der Menschen, denen ihre Verkündigungsarbeit galt, wenig vorbereitet waren. Fast alles, was nicht in ihre mitteleuropäischen, bürgerlich-christlichen Vorstellungen passte und deren Maßstäben entsprach, wurde als „heidnisch" abgelehnt und verboten. Dass mit den „fremden" religiösen Elementen auch kulturelles Gut über Bord geworfen wurde, war den Missionaren nicht bewusst. In Surinam bildete die „Winti-Religion"[22] mit ihren afro-amerikanischen Elementen eine wichtige Größe; für die zu Sklaven gemachten Menschen

---

[20] Bintz, *Texte zur Mission*, 40.

[21] Zum biblischen Hintergrund vgl. Eph 5,6: Sklaven sollen „ihren irdischen Herren untertan sein". Eine kritische Bestandsaufnahme bietet Jan Hüsgen, *Mission und Sklaverei. Die Herrnhuter Brüdergemeine und die Sklavenemanzipation in Britisch- und Dänisch-Westindien*, Stuttgart 2016.

[22] „winti" bedeutet in der Surinamer Kreolensprache „Wind, Geist".

afrikanischer Herkunft war sie Teil ihrer Identität, mit der sie sich gegen die europäischen Unterdrücker absetzen konnten. Zudem stellte sie praktisch die einzige Verbindung zu ihren afrikanischen Wurzeln dar und bedeutete darum den heimatlosen Menschen viel. Die Missionare hingegen lehnten alles, was mit „Winti" zu tun hatte, ab. Das strikte Verbot hatte zur Folge, dass die „Winti"-Religion im Geheimen weiterlebte. Erst in jüngerer Zeit werden mehr oder weniger öffentlich Gespräche darüber geführt und befassen sich Surinamer Autoren mit diesem Sachverhalt.[23] Die „loekoemans",[24] die „Winti"- Medizinmänner, haben bis heute großen Zulauf; zu ihrer Klientel gehören auch Christinnen und Christen.

In Deutsch-Ostafrika kam es zwischen einem Missionar und der Missionsleitung in Deutschland zu einem aufschlussreichen Konflikt. Traugott Bachmann (1865–1943) entdeckte zunehmend die Werte ostafrikanischer Kultur und deren Verwurzelung in der Bevölkerung. Er weigerte sich, beispielsweise den rituellen Tanz, die Naturmedizin oder auch die Polygamie von vornherein als Hindernisse für die Annahme des christlichen Glaubens zu sehen. Er blieb freilich mit seinem Anliegen, das afrikanische Leben und die dazu gehörenden kulturellen Elemente aus der Sicht des christlichen Glaubens zu bewerten, weitgehend allein und wurde wegen seiner Bemühungen von der Missionsleitung in Deutschland gerügt.[25] Eine echte „kontextuelle" Theologie hat es in der Mission der Herrnhuter Brüdergemeine bis ins 20. Jahrhundert hinein faktisch nicht gegeben; im Wesentlichen wurde deutsche Theologie und deutsches Kirchen- und Gottesdienstverständnis in andere Kulturen exportiert und dort unreflektiert eingesetzt.

---

[23] So z. B. Charles J. Wooding, *Winti: Een Afro-Amerikaanse godsdienst in Suriname. Een cultureel-historische analyse van de religieuze verschijnselen in de Para*, Meppel [2]1972.

[24] vom englischen „to look": sehen.

[25] Vgl. Traugott Bachmann, *Ich gab manchen Anstoß*, Konstanz, [2]1964.

7. Entwicklungen im 19. Jahrhundert und Anfang des 20. Jahrhunderts

Im 19. Jahrhundert hatte sich die weltmissionarische Arbeit der Herrnhuter Brüdergemeine gefestigt und einen festen Platz im Leben der deutschen, niederländischen und dänischen Gemeinden sowie der Schweizer Sozietäten eingenommen. Die Berichterstattung aus den Missionsfeldern war detailliert und die von 1836–1939 erschienene Zeitschrift „Missions-Blatt der Brüdergemeine" enthält eine Fülle missionarischer, kirchlicher, personeller und kultureller Informationen, die in dieser Art einzigartig dastehen und die Herrnhuter Gemeinden und andere Leser mit diesem Angebot geradezu privilegierten. Zudem wurden die Missionare während ihrer seltenen Heimaturlaube dazu verpflichtet, Gemeinden und Missionskreise insbesondere in den Landeskirchen zu besuchen, um mit ihren persönlichen Berichten für die Sache der Herrnhuter Mission zu werben und die dafür nötigen finanziellen Mittel sammeln zu helfen.

Wie oben schon erwähnt, weitete sich die Missionsarbeit der Brüdergemeine im 19. Jahrhundert aus. Die folgenden Gebiete kamen hinzu: 1828 Südafrika-Ost, entstanden aus der Arbeit im Kapgebiet, 1849 Nicaragua, 1857 Tibet, sowie 1891 das „Nyassa-Land" und 1897 Unyamwezi im damaligen Deutsch-Ostafrika. Von den Herrnhutern in den USA aus wurde 1885, nachdem das zaristische Russland Alaska an die USA verkauft hatte, eine Missionsarbeit unter den dortigen Yupik begonnen. Die Ausweitung der von der amerikanischen Brüdergemeine (Moravian Church) geleiteten Arbeit setzte sich bis in die Mitte des 20. Jahrhunderts fort. Von Nicaragua aus wurde 1930 in Honduras unter den dort lebenden Miskito-Indianern eine Missionsarbeit begonnen, ab 1944 kam noch die Betreuung von nicaraguanischen Migranten in Costa Rica dazu.

Volkskirchliche Verbreitung auf Grund der Missionsarbeit fand die Herrnhuter Brüdergemeine außer in Surinam an der Ostküste Nicaraguas, wo rund 70.000 Angehörige des Miskito-Indianervolkes zur „Iglesia Morava" gehören, und im Südhochland von Tansania in der Region Mbeya – unter anderem war dies dort die Folge einer Gebietsabsprache verschiedener europäischer Missionsgesellschaften vor Beginn der Missionsarbeit gegen Ende des 19. Jahrhunderts. Heute zählt die „Kanisa la Moravian“ im Südhochland, im Zentrum des Landes und in der Umgebung der Hafenstadt Dar-es-Salaam weit über eine halbe Million Mitglieder, mehr als die Hälfte aller „Moraven“ weltweit, mit steigender Tendenz. Die Kirche ist nur noch im Bereich der theologischen Ausbildung personell auf europäische Hilfe angewiesen. Das gilt für alle ehemaligen Missionsgebiete: Mitarbeiter aus Europa werden nur dann in die jetzt selbstständigen Kirchen vermittelt, wenn diese dies ausdrücklich wünschen und eine Aufgabenbeschreibung vorlegen. Seit gut zwanzig Jahren hat die „Kanisa la Moravian“ Missionsarbeit in Zambia, Malawi, im Osten der Republik Kongo und Kenia angefangen; allein im Kongo wird die Zahl der zur Brüder-Unität gehörenden Mitglieder mit 15.400 beziffert. Größere Konzentrationen von Herrnhuter Gemeinden und Mitgliedern finden sich zudem auf einigen Karibikinseln, wie etwa auf Jamaika und Antigua. Die Tabelle im Anhang gibt Aufschluss über die Verbreitung der Mitglieder der Herrnhuter Brüdergemeine.

Eine wichtige Entwicklung ist die Dezentralisierung der Leitung der Mission. Wie schon erwähnt, erfolgte die Steuerung der Missionsarbeit auf vier Kontinenten bis ins 20. Jahrhundert hinein von Herrnhut beziehungsweise Berthelsdorf aus, wo sich der Sitz der Kirchen- und Missionsleitung bis 1913 befand. Zwar wurden auf verschiedenen Missionsfeldern sogenannte „Helferkonferenzen“ eingerichtet, die über lokale Angelegenheiten zu beschließen hatten. Die grundsätzlichen Fragen, auch der Einsatz der Missionare und die Eröffnung neuer Arbeitsgebiete, wurden aber in der „Unitäts-Ältesten-Conferenz“ in Deutschland oder in der General-Synode entschieden. Im 19. Jahrhundert wurden von Deutschland aus zunehmend Visitationsreisen in die verschiedenen Missionsgebiete durchgeführt.

Dass sich die Leitung in Deutschland immer wieder auch mit alltäglichen Fragen befasste, erregte in Nordamerika zunehmend Unmut und hätte in der Mitte des 19. Jahrhunderts fast zum Bruch mit Herrnhut geführt. Die Generalsynode von 1857 stellte die Weichen dafür, dass die Brüder-Unität in vier selbstverwaltete Provinzen aufgeteilt wurde: Deutschland mit Gemeinden und Gemeinschaften in den Niederlanden, der Schweiz und in Skandinavien, dann England, sowie eine Nord- und eine Südprovinz in den Vereinigten Staaten von Amerika.

Noch prekärer wurde die Lage nach dem Ersten Weltkrieg: Deutschland verlor seine Kolonialgebiete, und die britische „Moravian Church“ übernahm die Betreuung der karibischen Missionsfelder, Tanganyikas, Labradors und Südafrikas, wodurch Herrnhut einen Teil seiner dominierenden Stellung einbüßte. Die Arbeit in Grönland ging 1900 in die Hände der dänisch-lutherischen Kirche über, die Australiens 1919 in die der lokalen Presbyterianischen Kirche. Schon seit 1903 gehörte in Berthelsdorf und ab 1913 in Herrnhut ein Vertreter der nordamerikanischen „Provinzen“ der Moravian Church der Kirchenleitung an, um dem internationalen Charakter der Brüder-Unität Rechnung zu tragen. Die „General-Synoden“ tagten in Herrnhut alle zehn Jahre und entschieden über die Arbeit in den Missionsfeldern mit, während das Mitspracherecht der Synode über die Brüdergemeinen in England und den USA allmählich an Gewicht verlor.

8. Die Entwicklung seit 1945: Aus Missionsgebieten werden selbstständige Kirchen

Das 20. Jahrhundert mit den beiden Weltkriegen bedeutete für die Brüdergemeine in Deutschland das Ende der herkömmlichen Missionsarbeit. 1931 hatte in Herrnhut noch eine Generalsynode getagt – es war die letzte dieser Art, denn 1941 verhinderte die politische Entwicklung und der Zweite Weltkrieg die Einberufung einer solchen Synode.

Am Ende des Zweiten Weltkriegs und in den Jahren danach musste sich die weltweite Brüder-Unität mit ihren Missionsfeldern völlig umstellen. Die Brüdergemeine in Deutschland fand sich in einer ganz neuen Situation: Ein großer Teil der Gemeinden im Osten war verloren gegangen, Herrnhut lag jetzt geografisch am Rande Deutschlands in der russisch-besetzten Zone und wenig später in der DDR, was internationale Kontakte sehr erschwerte. Die in der Brüder-Unität dominierende Rolle bestand nicht mehr, auch weil Deutschland als Hauptschuldiger des Zweiten Weltkriegs erst wieder Anerkennung auf dem internationalen Parkett finden musste. Aufarbeitung des Geschehenen, Versöhnung und Friede waren angesagt. Dazu mussten die ersten Schritte aber von außen erfolgen.

Innerhalb der weltweiten Brüder-Unität bemühten sich die Kirchenleitungen in England und insbesondere in den Vereinigten Staaten von Amerika um Kontakte zu Herrnhut und den verbliebenen deutschen Gemeinden. Schon 1946 und 1948 fanden kleine internationale Konferenzen statt. Vor allem die Gemeinden im Osten Deutschlands empfingen materielle Hilfe von nordamerikanischen Herrnhuter Schwestern und Brüdern. Ihr Zeichen war eindeutig: Die stark beeinträchtigte und gefährdete Einheit der Brüder-Unität sollte wiederhergestellt werden.

Der entscheidende Schritt dazu war die Einberufung und die Durchführung der ersten Generalsynode nach 1931. Sie fand zum ersten Mal in der Geschichte der Brüder-Unität nicht in Deutschland, sondern in den Vereinigten Staaten in Bethlehem, Pennsylvania statt. Im Spätsommer 1957 – das Datum war in Erinnerung an die Geburt der alten Brüder-Unität im Jahre 1457 bewusst gewählt – versammelten sich rund 40 Delegierte (unter ihnen eine Frau und als einziger Vertreter einer anderen Kultur ein Jamaikaner) der vier Provinzen (europäisches Festland, Groß-Britannien, USA Nord und USA Süd) und der Missionsgebiete zu einer über vier Wochen dauernden Konferenz. Diese Synode ist als Geburtsstunde der Brüder-Unität als neu erstarkte Gemeinschaft in die Geschichte eingegangen.

Zunächst ging es in Bethlehem um eine neu zu formulierende theologische Standortbestimmung, die als „Grund der Unität" der Kirchenordnung vorangestellt wurde (siehe oben Abschnitt B.1). Die für alle Provinzen verbindliche Kirchenordnung („Church Order") wurde zum Teil ebenfalls neu formuliert und den neuen Gegebenheiten angepasst; als Grundlage diente die Kirchenordnung von 1909.

Entscheidend war vor allem, dass die über zwei Jahrhunderte währende Ära der traditionellen Mission zu Ende war. Die ehemaligen Missionsfelder standen faktisch überall an der Schwelle zur Selbstständigkeit, was eng mit den politischen Entwicklungen und dem Ende der Kolonialzeit zusammenhing. Die Synode legte die Bedingungen für den Übergang der Missionsgebiete in eigenständige, innerhalb der Unität gleichberechtigte Provinzen fest oder bereitete den Weg dazu vor. Wenige Jahre später wurden die bisherigen Missionsgebiete Südafrika-West (1961), Jamaika (1962), Surinam (1963) selbstständig, andere folgten bald. Mission als weiterhin bestehende kirchliche

Aufgabe war nicht vordringlicher Verhandlungsgegenstand in Bethlehem. Im dort beschlossenen „Grund der Unität" heißt es in § 8: „Wir glauben, dass der Herr uns besonders zum Missionsdienst unter den Völkern der Welt gerufen hat. In diesem Dienst und in allen anderen Gestalten des Dienens, die uns der Herr – sei es zu Hause oder in der Ferne – anvertraut, erwartet er, dass wir ihn bekennen und seine Liebe in selbstlosem Dienst bezeugen."[26] Die „Church Order" enthielt fünf Paragrafen, die unter der Überschrift „Foreign Mission" auf der Grundlage des Textes von 1909 mit biblischen Kernaussagen wie dem sogenannten „Missionsbefehl" (Mt 28,16–20) die Missionsarbeit begründeten. Dort war auch die Rede von der Vollendung des Reiches Christi, in das die „Fülle der Heiden" eingehen sollte.

Diese Aussagen zur Mission wurden bei der nächsten Synode 1974 auf Jamaika entscheidend ergänzt und modifiziert. Von „Heiden" war nicht mehr die Rede, aus der „Foreign Mission" wurde der „Mission Outreach", also die Aufforderung zum missionarischen Engagement nicht nur in der Ferne; die einzelnen Provinzen wurden zum Handeln aufgefordert und sollten dabei auch die Heimatmission nicht vergessen; zudem wurde an die Möglichkeit und Notwendigkeit der ökumenischen Zusammenarbeit erinnert. Dieser Text blieb im Wesentlichen unverändert und fand Eingang in die Kirchenordnung der Europäisch-Festländischen Brüder-Unität.

Ein wirklicher Durchbruch auf dem Gebiet der Mission gelang der Unitätssynode[27], die 1988 auf der Karibikinsel Antigua tagte: Sie besann sich auf das missionarische Erbe der Herrnhuter Brüdergemeine und forderte konkretes Handeln. Dazu wurde ein Programm für neue Missionsaufgaben beschlossen. Der Anstoß dazu kam von der nordamerikanischen Missionsbehörde, dem „Board of World Mission" mit Sitz in Bethlehem. Neu war an dem Programm „New World Witness", dass die gesamte weltweite Brüder-Unität für kommende Missionsaufgaben verantwortlich zeichnete und nicht eine in Europa oder den USA beheimatete Missionsbehörde. Auch über die finanziellen Aufwendungen wurde gemeinsam entschieden. Das führte beispielsweise dazu, dass Bauern in Tansania

---

[26] Der Grund der Unität, deutsche Fassung von 2007.

[27] Der Begriff „Generalsynode" wurde 1957 durch „Unitätssynode" ersetzt.

oder Fischer in Nicaragua sich mit ihrem kirchlichen Beitrag an diesen Missionsprojekten beteiligten und deren Vertreter mit abzuwägen hatten, wo Prioritäten zu setzen waren. Jede Provinz hatte abhängig von ihren finanziellen Möglichkeiten Mittel zur Verfügung zu stellen. Diese wiesen zeitweise einen Bestand von über US$ 600.000,– aus. Weiter regte die Synode 1988 eine engere Zusammenarbeit und einen Informationsaustausch der verschiedenen Missionsbehörden untereinander an. Wenige Jahre später entstanden daraufhin neue Missionsgebiete in Ostafrika (insbesondere im Osten der Republik Kongo, in Zambia und Malawi), in Honduras, in Ost-Sibirien, in Nepal und in Albanien.

Heute besteht die weltweite Brüder-Unität aus 24 eigenständigen „Provinzen" und mehreren „Missionsprovinzen", die noch nicht die volle Selbstständigkeit erreicht haben. Dazu kommen „Missionsgebiete" in Burundi, Belize, Französisch Guyana, Kenia, Peru, Rwanda, Sierra Leone, Uganda und Zanzibar, die später den Status einer „Missionsprovinz" erlangen können.

2009 beschloss die Synode, das „New World Witness" Programm einem neuen, von allen Provinzen besetzten Ausschuss für „Mission und Entwicklung" anzuvertrauen, der gemäß den ursprünglichen Richtlinien des Programms die Missionsarbeit zu koordinieren sucht.

Unabhängig vom Programm „New World Witness" sind einzelne Provinzen selbst missionarisch aktiv geworden. Dies gilt vor allem für die vier tansanischen Provinzen nach deren Selbstständig-Werdung in den 1960er und 1970er Jahren. Sie starteten ohne personelle Hilfe von Europa Missionsarbeit in „weißen Flecken" auf der kirchlichen Landkarte ihrer Umgebung, was zu einem weiteren Wachstum der zahlenmäßig ohnehin schon großen Kirchen führte. Sie machten Ernst mit der Aufforderung der Kirchenordnung: „Gelegenheit für den missionarischen Auftrag finden sich innerhalb der Grenzen jeder Provinz. Deshalb hat jede die Verantwortung, ihre eigenen Gemeinden zu dieser Aufgabe aufzurufen."[28] Seit Jahren mahnen folgerichtig Kirchenführer aus Tansania ihre europäischen und

---

[28] *Kirchenordnung der Europäisch-Festländischen Brüder-Unität* (Fassung 2018), § 702.

nordamerikanischen Partner an, die Missionsarbeit im eigenen Land nicht zu vernachlässigen.

Nachdem sich die Synode der europäisch-festländischen Provinz bei ihrer Tagung 1996 ausführlich mit dem Thema „Mission" befasst hatte, wurde der Beschluss gefasst, erstmals in der Geschichte der Brüder-Unität einen Missionsposten im Osten Deutschlands einzurichten, der sich mit seiner Arbeit der weithin entkirchlichten Bevölkerung zuwenden sollte. In der Stadt Cottbus wurde diese neue „Missionsstation" 2003 mit einem Pfarrerehepaar der Brüdergemeine besetzt. Sie gab sich den Namen „Haltestelle Cottbus". Die Haltestelle will Anlaufpunkt für kirchliche oder nichtkirchliche Menschen sein und bemüht sich, unaufdringlich das Evangelium von Jesus Christus anzubieten. Kinder, Jugendliche und junge Familien sind dabei besondere Zielgruppen.

9. Die ökumenische Zusammenarbeit

„Die Unitas Fratrum anerkennt die Wichtigkeit der Zusammenarbeit mit anderen christlichen Kirchen in gemeinsamer Aktion für die Mission."[29] In Europa, in Groß-Britannien und den USA arbeiten deshalb die Provinzen der Brüder-Unität und deren Missionsorganisationen in ökumenischen Missionswerken mit. Für Deutschland sind hier das „Evangelische Missionswerk" (EMW) mit Sitz in Hamburg sowie die „Evangelische Mission in Solidarität" (EMS) mit Sitz in Stuttgart zu nennen. In beiden Missionswerken kann die Brüder-Unität ihre Missionserfahrungen einbringen, andererseits empfangen die Herrnhuter nicht nur finanzielle Unterstützung, sondern partizipieren etwa durch die Mitgliedschaft in der EMS auch an Beziehungen zu Kirchen in Ghana, dem Nahen Osten, Indien und Indonesien – Länder und Regionen, in denen die Moravian Church nicht oder kaum präsent ist. Bei der EMS arbeiteten Mitglieder der Herrnhuter Brüdergemeine jahrelang im Stab mit. Im Vorstand des EMW wie im Missionsrat der EMS ist die Brüder-Unität vertreten; im Missionsrat der EMS stellte sie bislang zweimal den Vorsitzenden.

[29] *Kirchenordnung* § 705.

Um den Gedanken des gemeinsamen Auftrags der Weltmission zu festigen, den Informationsaustausch zu fördern und sich gegenseitig zu unterstützen, fanden bisher drei große Missionskonferenzen der Brüder-Unität statt: 1994 die erste dieser Art im ethnischen Schmelztiegel Miami, 2001 eine weitere in Herrnhut und 2017 eine dritte im Kapstadt, Südafrika, an der Delegierte aus über 30 Ländern teilnahmen. Alle drei vermochten wichtige Impulse für die weitere missionarische Tätigkeit zu geben und insbesondere dabei auch die Jugend für die Sache der Mission zu interessieren.

Das Wachsen der Brüder-Unität außerhalb Europas und Nordamerikas ist ein erfreuliches Zeichen dafür, dass sich die Herrnhuter weltweit wieder neu auf ihre Wurzeln als Missionskirche besinnen. „Die Brüder-Unität erkennt in der Teilnahme an der Mission Gottes einen Wesenszug der Kirche. Alle Gemeinden und Mitglieder sollen sich fragen, wie sie der damit gegebenen Aufgabe in ihrer Umgebung und in anderen Teilen der Erde gerecht werden."[30] Diesem „Wesenszug der Kirche" heute und in Zukunft gerecht zu werden, bleibt die Aufgabe der Brüder-Unität als Gesamtkirche auf fünf verschiedenen Kontinenten.

---

30 *Kirchenordnung* § 1700.

D. DIE EVANGELISCHE BRÜDER-UNITÄT ALS INTERNATIONALE KIRCHE UND IHRE WELTWEITEN STRUKTUREN

Frieder Vollprecht

Die weltweite Brüder-Unität versteht sich selbst als eine einzige Kirche und als internationale Einheit.[1] Sie besitzt als grundlegende Verfassung eine gemeinsame Kirchenordnung, die *Church Order of the Unitas Fratrum* (COUF). Die gesamte Unität ist in Provinzen verfasst,[2] für die es unterschiedliche Entwicklungsstufen gibt[3] und die dementsprechend im Gesamtverband der Kirche unterschiedliche Rechte und Pflichten haben. Derzeit (2019) gibt es die beiden Stufen der vollberechtigten Unitätsprovinzen („Unity Provinces" – gegenwärtig 24) und der Missionsprovinzen, die sich auf dem Weg befinden, als vollberechtigte Unitätsprovinz anerkannt zu werden („Mission Provinces" – gegenwärtig fünf). Dazu kommen unterhalb dieser Stufe verschiedene Missionsgebiete („Mission Areas"). Durch den Unitätsvorstand wurde im Jahr 2014 zusätzlich die Kategorie der entstehenden Missionsgebiete („Prospective Mission Areas")[4] eingeführt, um auch innerhalb dieser Entwicklungsstufe eine stärkere Differenzierung zu ermöglichen. Außerdem kennt die weltweite Brüder-Unität gemeinsam verantwortete und finanzierte Aufgaben („Unity Undertakings").

Nach den letzten verfügbaren Angaben zur Mitgliederstatistik aus dem Jahr 2018 gliedert sich die weltweite Brüder-Unität derzeit wie folgt:

---

[1] „The Moravian Church understands itself as one single church, an international unity". Zitiert aus dem Dokument „Towards a common affirmation of the role and the meaning of the Unitas Fratrum and the Unity Board," verabschiedet durch den Unitätsvorstand auf seiner Sitzung in Kapstadt 2005.

[2] „The Unitas Fratrum consists of Provinces," COUF Par. 200.

[3] „Stages of Development," COUF Par. 201.

[4] Unity Board Sitzung Herrnhut 2012, Resolution 6, und Unity Board Sitzung Kigoma 2014, Resolution 25.

	Unitätsprovinzen (Gründungsjahr)	Gemeinden	Predigt-plätze	Mitglieder	Ordinierte
01	Alaska (1885)	22	3	1.690	10
02	Costa Rica (1980/1941)	3	3	1.960	3
03	Europäisches Festland (1727)	24	29	13.700	52
04	Großbritannien (1742)	30	2	1.200	16
05	Guyana (1878/1835)	8	5	900	5
06	Honduras (1930)	85		27.620	46
07	Jamaika (1754)	65	2	8.090	33
08	Kongo/DR Kongo (2005)	80	20	22.510	40
09	Malawi (2007)	10	11	4.980	10
10	Nikaragua (1849)	226		102.080	106
11	Nordamerika, Nordprovinz (1741)	89	3	19.900	98
12	Nordamerika, Südprovinz (1753)	55	10	14.810	47
13	Sambia (1989)	17	49	5.210	14
14	Südafrika (1792/1737)	87	178	98.000	68
15	Surinam (1735)	67	16	30.000	37
16	Tansania, Nordprov. (2007)	25	8	3.560	31
17	Tansania, Ostprov. (2007)	56	10	24.600	70
18	Tansania, Rukwaprov. (1986)	60	405	71.350	106
19	Tansania, Südprov. (1891)	170		250.000	210
20	Tansania, Südwestprov. (1978)	211	45	210.000	178
21	Tansania, Tanganyikasee-Prov. (2005)	30	135	32.150	43
22	Tansania, Westprov. (1897)	61	270	110.000	110
23	Tschechien (1862/1457)	29	5	3.800	50
24	Westindien-Ost (1732)	52	3	16.000	46
		1.562	**1.212**	**1.074.110**	**1.429**

	Missionsprovinzen				
25	Burundi	29	68	26.740	36
26	Honduras/ehemaliges Unitätswerk	82		16.870	27
27	Kuba (1997)	8	15	600	8
28	Labrador (1771/1752)	4		1.900	1
29	Tschechien/Herrnhuter Seniorat	9	7	650	8
		132	**90**	**46.760**	**80**

Die Liste der **Missionsgebiete** (jeweils mit Verweis auf zuständige Partnerprovinz) umfasst folgende Regionen: Angola (zu 8), Belize (zu 06), Französisch Guyana (zu 15), Garifuna (zu 06), Haiti (zu 07+24), Kenia (zu 22), Peru (zu 12), Ruanda (zu 22), Sansibar (zu 17), Sierra Leone (zu 17), Südasien, Nordindien u. Nepal (zu 04), Süd-Kivu und Katanga in der DR Kongo (21), Tansania, Iringa-Region (zu 20), Tansania, Mbozi-Region (22), Tansania, Ruvuma / Njombe-Region (zu 19), Uganda (zu 22). Zusammen haben diese Missionsgebiete etwa 130.000 Mitglieder.

Zu den **entstehenden Missionsgebieten** werden Brasilien, Mosambik, Panama und Südsudan gerechnet. Darüber hinaus gibt es zwei **Unitätswerke**: das Förderzentrum „Sternberg" in Palästina (verwaltet von der Herrnhuter Missionshilfe) und das Unitätsarchiv in Herrnhut (verwaltet von der Europäisch-Festländischen Unitätsprovinz).[5]

Die Herausbildung dieser Struktur ist das Ergebnis eines längeren Prozesses und sie erfolgte über mehrere Zwischenstufen. Während der ersten 130 Jahre ihres Bestehens wurde die erneuerte Brüder-Unität mit ihren verschiedenen Zweigen und Unternehmungen (Gemeinden, Sozietäten, Diasporaarbeit, Missionsarbeit) mehr oder weniger zentral von Deutschland aus (Herrnhut bzw. Berthelsdorf) geleitet und verwaltet. Dies erwies sich aber mit wachsender Ausbreitung und Diversifizierung mehr und mehr als schwierig und unbefriedigend. So kam es nach 1857 auf Druck der Brüdergemeine in Nordamerika

[5] Quelle: Statistik der Herrnhuter Missionshilfe für 2018 und für 2019. Die aktuelle Aufstellung kann jeweils auf der Website der Herrnhuter Missionshilfe abgerufen werden: www.herrnhuter-missionshilfe.de.

zur Aufteilung der Brüder-Unität in mehrere Unitätsprovinzen (europäisches Festland; Großbritannien und Irland; Nordamerika, dort 1899 Teilung in USA Nordstaaten und USA Südstaaten), denen bei der Regelung ihrer inneren Angelegenheiten ein größeres Maß an Selbständigkeit zugebilligt wurde. Hinzu kamen die verschiedenen Missionsgebiete. Regelmäßige Generalsynoden mit gewählten Vertretern der einzelnen Unitätsgebiete fanden zunächst immer noch ausschließlich in Herrnhut statt.

Nach dem Zweiten Weltkrieg ließ sich diese grundsätzliche Orientierung nach Herrnhut nicht mehr länger durchhalten. Herrnhut kam zunächst auf das Gebiet der sowjetischen Besatzungszone, später der DDR zu liegen und war deshalb von vielen internationalen Kontakten abgeschnitten. Die Europäisch Festländische Provinz wurde in zwei Distrikte (Herrnhut und Bad Boll) mit zwei eigenständigen Leitungen eingeteilt, wenn auch prinzipiell an der Einheit der Provinz mit einer gemeinsamen Kirchenordnung und gegenseitiger Bestätigung der Beschlüsse der beiden Teilsynoden festgehalten wurde. Dazu kamen grundsätzliche Vorbehalte gegen eine von Deutschland dominierte Leitung der Brüder-Unität nach der Zeit des Nationalsozialismus und eine stärkere Internationalisierung durch die Weiterentwicklung der Missionsgebiete zu stark wachsenden jungen Kirchen. Es setzte ein Prozess der Neuordnung der Brüder-Unität ein (siehe oben Abschnitt C).

An die Stelle der bisherigen Generalsynoden traten nunmehr die Unitätssynoden als höchstes Leitungsorgan der weltweiten Brüder-Unität, die von nun an in verschiedenen Regionen der weltweiten Brüder-Unität gehalten wurden.

- 1957: Bethlehem / USA
- 1967: Potštejn / damalige ČSSR
- 1974: Kingston / Jamaika
- 1981: Herrnhut / damalige DDR
- 1988: Kashew Hill / Antigua
- 1995: Dar Es Salaam / Tansania
- 2002: Bethlehem / USA
- 2009: Hoddesdon / Großbritannien
- 2016 Montego Bay / Jamaika

Außerdem wurde die Einteilung in vier selbstständige Provinzen und von ihnen abhängige Missionsgebiete aufgegeben und allmählich durch die heutige Gliederung in Unitätsprovinzen abgelöst. Dabei erhielten nicht sofort alle Missionsgebiete den Status einer Unitätsprovinz, sondern es gab noch mehrere Zwischenschritte, je nach Entwicklungsstand. Unterhalb der Stufe einer Unitätsprovinz wurde für längere Zeit die Zwischenstufe einer affiliierten Provinz eingeführt. Das System wurde durch die einzelnen Unitätssynoden immer weiter entwickelt und bei der Unitätssynode 2009 in Hoddesdon zu der gegenwärtig geltenden Struktur neu geordnet.

Während der vergangenen 20 Jahre hat sich die Anzahl der Provinzen, Missionsprovinzen und Missionsgebiete in etwa verdoppelt. Die übergroße Mehrheit befindet sich heute in Ostafrika (Tansania und seine Nachbarländer). Um den Status zu wechseln muss eine Missionsprovinz oder ein Missionsgebiet eine Anzahl von Kriterien erfüllen, die in der weltweiten Kirchenordnung festgelegt sind.[6] Fragen der strukturellen und finanziellen Selbständigkeit spielen dabei eine wichtige Rolle, außerdem werden von den Unitätsprovinzen Beiträge zum finanziellen Haushalt der Gesamtkirche erwartet. Diese richten sich nach der finanziellen Tragkraft der einzelnen Provinzen. Nicht in die Kriterien aufgenommen ist die Größe oder Mitgliederanzahl.

Die Gesamtunität ist derzeit außerdem unter geografischen Gesichtspunkten in vier Regionen eingeteilt:

- **Afrika** (Unitätsprovinzen in Kongo, Malawi, Sambia, Südafrika, Tansania, Missionsprovinz Burundi, afrikanische Missionsgebiete)
- **Europa** (Unitätsprovinzen in Großbritannien inkl. Irland, auf dem europäischen Kontinent und in Tschechien, Missionsprovinz in Tschechien)
- **Karibik und Lateinamerika** (Unitätsprovinzen in Costa Rica, Guyana, Honduras, Jamaika, Nikaragua, Surinam, Westindien Ost, Missionsprovinzen in Honduras und Kuba, Missionsgebiete in der Karibik und in Lateinamerika)
- **Nordamerika** (Unitätsprovinzen in Alaska, den USA inkl. Kanada, Missionsprovinz Labrador)

In Zukunft soll die afrikanische Region aufgrund ihres enormen Wachstums während der vergangenen Jahre noch einmal

[6] COUF Par. 201.

geteilt werden.[7] Der genaue Zuschnitt der beiden zukünftigen afrikanischen Regionen steht noch nicht endgültig fest. Von den Mitgliedern der gesamten Unität leben derzeit etwa 77 % in Afrika, 18 % in der Karibik, 3,5 % in Nordamerika und 1,5 % in Europa, wobei sich die Verhältnisse in Zukunft voraussichtlich noch weiter zugunsten von Afrika und der Karibik und zu Ungunsten von Nordamerika und Europa verschieben werden.

In dieser Entwicklung der weltweiten Brüder-Unität spiegelt sich eine Entwicklung der Weltchristenheit wieder. Dieser Entwicklung und ihren Konsequenzen wird derzeit viel Aufmerksamkeit gewidmet.[8] Das Gravitationszentrum der Kirche hat sich in den vergangenen Jahrzehnten deutlich in Richtung Süden verschoben und diese Verschiebung wird sich noch weiter fortsetzen. Das enorme Kirchenwachstum, das sich in der Brüder-Unität vor allem in Ostafrika in der jüngsten Vergangenheit vollzogen hat und weiter vollzieht, ist dabei häufig nicht nur das Ergebnis gezielter Evangelisationsarbeit, sondern es spielen dafür auch andere Faktoren eine wichtige Rolle, z. B. Migrationsbewegungen oder die Aufnahme von Gruppen, die sich von einer anderen christlichen Kirche abgespalten haben. Dadurch wächst innerhalb der weltweiten Brüder-Unität die Diversität.

Die weltweite Kirchenordnung hält zwar für die verschiedenen Teile der Unität fest, dass sie in gleicher Weise Anteil am gemeinsamen Glauben, der Tradition und dem Zeugnis der Kirche haben und ihre Glieder miteinander in Verbindung stehen.[9] Das Bewusstsein, zu einer Weltkirche zu gehören, ist in den verschiedenen Regionen und auf den verschiedenen Ebenen der Unität aber dennoch sehr unterschiedlich ausgeprägt. Die Bandbreite reicht von sehr stark bis sehr schwach. Die einzelnen Provinzen haben jeweils ihre eigene Synode, ihre eigene Kirchenleitung und neben der weltweit geltenden Kirchenordnung eine auf ihre besonderen Verhältnisse abgestimmte provinziale Kirchenordnung. Sie sind im Wesentlichen unabhängig vonein-

---

7 Unity Board Sitzung Herrnhut 2012, Resolution 7.

8 Siehe zum Beispiel den Jahresbericht des Evangelischen Missionswerkes in Deutschland, *Von allen Enden der Erde – Die neuen Landschaften der Weltchristenheit*, Hamburg 2014.

9 „All provinces share equally in the common faith, tradition and witness oft he Church. The members of all Provinces are in relationship to one another," COUF Par. 202.

ander und regeln ihre administrativen und finanziellen Angelegenheiten selbstständig.[10] Dazu kommt, dass nicht nur die kulturelle, sondern auch die spirituelle oder theologische Prägung der einzelnen Provinzen sehr unterschiedlich ist und diverse Einflüsse zeigt, die im Laufe der Zeit in sie eingegangen sind.

Angesichts dieser Tatsache ist es besonders wichtig, an einer gemeinsamen Identität zu arbeiten bzw. diese fort zu entwickeln. Die grundsätzliche Verbundenheit untereinander als Glieder einer einzigen Kirche wird durch eine Reihe von Institutionen und Faktoren aufrechterhalten und es wird versucht, den Zusammenhalt der Kirche dadurch zu befördern. Zu nennen sind hier insbesondere:

• Die alle sieben Jahre tagende Unitätssynode (Unity Synod): Sie ist das höchstes Organ der weltweiten Brüder-Unität mit derzeit je drei stimmberechtigten Vertretern pro Unitätsprovinz und je einem Mitglied mit Stimmrecht pro Missionsprovinz.[11]

• Der Unitätsvorstand (Unity Board): Er nimmt zwischen den Unitätssynoden die Leitung der Unität wahr und besteht aus einem Mitglied pro Provinz mit Stimmrecht und einem pro Missionsprovinz ohne Stimmrecht. Der Vorstand tagt dreimal in einer intersynodalen Periode von sieben Jahren und wählt einen Vorsitzenden für eine maximale Amtszeit von zwei mal zwei Jahren und einen stellvertretenden Vorsitzenden aus einer anderen Region. Die beiden anderen Regionen entsenden jeweils ein weiteres Mitglied in ein Exekutivkomitee.[12]

• Das Amt des Geschäftsführers des Unitätsvorstandes (Unity Board Administrator): Dieser Posten wurde durch die Unitätssynode im Jahr 2009 nach mehreren vergeblichen Anläufen eingeführt und 2010 zum ersten Mal besetzt. Er soll bei dem ständigen personellen Wechsel im Unitätsvorstand eine ge-

---

[10] „Each Province which is governed by a Synod orders its own affairs and holds and administers its property independently," COUF Par. 207 „In each Province of the Unity governbed by a Synod, the Synod represents its highest authority which elects its Provincial Board. It develops a Constitution and Church Order for its particular area adapting it to the local conditions," COUF Par 208.

[11] Über die Zusammensetzung und die Aufgaben der Unitätssynode siehe COUF Par. 250–265.

[12] Über die Zusammensetzung und die Aufgaben des Unitätsvorstandes siehe COUF Par 350–351a und 352–356.

wisse Kontinuität gewährleisten. Der Geschäftsführer wird für eine Zeit von fünf Jahren durch den Unitätsvorstand ernannt. Eine Wiederernennung ist möglich.[13]

• Weitere weltweite Einrichtungen und Gremien wie die Unitätsstiftung mit ihrem internationalen Vorstand (Moravian Church Foundation)[14], die unitätsweite theologische Kommission (Unity Committee on Theology)[15], die Unitätsbehörde für Mission und Entwicklung (Unity Mission and Development Board)[16], die Stiftung für das kulturelle Erbe der Brüder-Unität (Moravian Unity Cultural Heritage Foundation), das Unitätsfrauenbüro (Unity Women's Desk) und das Unitätsjugendkomitee (Moravian Youth Committtee).

• Die weltweit geltende Kirchenordnung (Church Order of the Unitas Fratrum, COUF) mit dem Grund der Unität (Ground of the Unity) als Präambel.[17]

• Die gemeinsame Geschichte und Tradition, die sich niederschlägt in gleicher oder ähnlicher Gestaltungsweise von Liturgie und Gottesdienst bei durchaus regional unterschiedlicher Färbung. Die Diversität steigt allerdings auch in diesem Bereich durch externe Einflüsse immer weiter an.

• Die allgemein anerkannten geistlichen Ämter (Diakonus, Presbyter, Bischof), dabei besonders das Bischofsamt als unitätsweites Amt.[18]

• Gemeinsame Unternehmungen und Aktivitäten (u. a. Unitätsgebetswacht, die Losungen, Unitätsseminar und andere Veranstaltungen auf Unitätsebene wie Unitätsbischofskonferenz, Unitätsschwesternkonferenz oder Unitätsjugendkonferenz, Konsultationen der theologischen Ausbildungsstätten usw.).

• Die gemeinsame finanzielle Verantwortung für allgemeine Unitätsausgaben, für die Unitätswerke, für den Unitätsfonds für Mission und Entwicklung sowie die jährliche Unitätskollekte für einen gemeinsamen beschlossenen Zweck.

---

[13] Zum Amt des Geschäftsführers des Unitätsvorstandes siehe COUF Par 351b.

[14] Zur Unitätsstiftung siehe COUF Par. 550–551.

[15] Zur unitätsweiten theologischen Kommission siehe COUF Par. 808.

[16] Zur Unitätsbehörde für Mission und Entwicklung siehe COUF Par. 875.

[17] Vgl. oben Abschnitt B.1.

[18] COUF Par. 682–690.

Region 1: Afrika

1. Die Moravians in Südafrika

Elise Theunissen

1.1 Die Anfänge

Im Jahre 1737 wurde Georg Schmidt, ein Missionar mit böhmischer Abstammung, von Holland aus nach Südafrika geschickt, um die Khoi in Südafrika zu missionieren. Er begann unter den Khoi in Zoetenmelksvlei im Jahre 1738. Später zog er nach Baviaanskloof mit einer Gruppe von achtundzwanzig Südafrikanern. Er lehrte sie, Holländisch zu lesen und zu schreiben, und ermutigte sie, Gärten anzulegen. Seine Mission war voller Entbehrungen und Leiden. 1742 taufte er die ersten Konvertiten, jedoch zog dieser Schritt einen schweren Konflikt mit der offiziellen Kirche nach sich. Schmidt verließ Südafrika im Jahre 1744. 50 Jahre lang wurde die Arbeit von Magdalena (Vehetge Tekoa), einer der Konvertitinnen Schmidts, aufrechterhalten.

Im Jahre 1793 wurde die Herrnhuter Mission unter den Khoi in Baviaanskloof erneut aufgenommen, als die Missionsleitung in Herrnhut die Missionare Marschveldt, Schwinn und Kühnel entsandte. Leider hatte die brüderischen Missionssiedlung keine gesicherte Besitzdauer und keine festen Bereichsgrenzen. Dadurch entstanden der Herrnhuter Mission Probleme mit lokalen Farmern, deren wirtschaftliche Lage durch den Mangel an Landarbeitern bedroht wurde und die dafür der Missionssiedlung die Schuld zuwiesen.

Im Jahre 1806 wurde der Ortsname von Baviaanskloof in Genadendal geändert. Zusammen mit den Missionaren übernahmen die Khoi die Verantwortung für das tägliche Leben in der Siedlung. Die Menschen wurden zu Handwerkern ausgebildet und es wurden strenge Moralvorschriften durchgesetzt. Im Jahr 1810 wurde Groenkloof (später Mamre), eine weitere Missionssiedlung nordöstlich von Kapstadt, gegründet.

Entgegen der allgemeinen Meinung kamen nicht nur Khoi, sondern auch europäische Soldaten, Matrosen und andere, um auf der Missionssiedlung zu leben, und heirateten indigene Frauen. Auch Menschen aus anderen afrikanischen Stämmen zogen nach Genadendal und Mamre.

Im Jahr 1818 wurde eine weitere Missionsstation mit den Namen Enon am östlichen Kap eingerichtet. Im Jahre 1824 wurde die Farm Vogelstruiskraal gekauft und erhielt den Namen Elim. Bewohner von Enon kamen überein, die erste Herrnhuter Missionssiedlung entlang der Klipplaat anzulegen, später Shiloh/Silo genannt. Nachdem Missionar Johann Adolph im Jahre 1832 sein Studium in Europa abgeschlossen hatte, wurde er nach Silo berufen. Er blieb 26 Jahre in Silo und wurde zum Pionier der Herrnhuter Mission unter den Xhosa.

Unter der Leitung von Hans Peter Hallbeck wurde Genadendal ein Zentrum für Bildung und Industrie. Am 12. September 1838 wurde eine zweistufige Lehrer-Ausbildungsstätte eingerichtet. Carl Jonas war der erste einheimische Pfarrer, der im Jahr 1883 ordiniert wurde. Bis 1868 wurde die Missionsarbeit im Westen und im Osten enorm erweitert. Es bestanden zwölf Gemeinden mit insgesamt 8.815 Mitgliedern, 25 Missionaren, 19 einheimischen Hilfskräften und 18 Schulen. Bei der im Jahre 1868 in Herrnhut stattgefundenen Generalsynode wurden einige Entscheidungen getroffen, die weitreichende Auswirkungen auf die Arbeit in Südafrika haben sollten, besonders die Aufteilung der Kap-Mission in zwei Provinzen, was bedingte, dass die beiden Provinzen je ihre eigenen getrennten Wege gingen.

1.2 Auf dem Wege zu einer unabhängigen und vereinten Provinz

Auf der Generalsynode 1957 wurde die Unitätsleitung ermächtigt, die Bewerbung der südafrikanischen Westprovinz um Anerkennung als selbständige Unitäts-Provinz in Betracht zu ziehen. Diese Anerkennung wurde ab Januar 1960 gewährt. Der Vorsitzende der Kirchenleitung konnte auf der Provinzialsynode 1962 den Mitgliedern wie folgt berichten: „Unsere Unitäts-Provinz lebt und entwickelt sich. Wir sind eine selbständige Kirche, was bedeutet, dass jedes Mitglied selbständig sein muss, jede Gemeinde muss die Arbeit unterstützen und ausbauen."[1] Die Kirche erkannte, dass die Missionsarbeit und die Evangeliums-Verkündigung voranzubringen sind. Dies Vorhaben in jeder Hinsicht zu verwirklichen, war die Aufgabe der neuen Unitätsprovinz.

Nach der Einführung der Apartheidpolitik durch die nationalistische Regierung im Jahr 1948 und der Umsetzung der Homelands-Strukturen bildete sich unter den Mitgliedern der Brüdergemeine zunehmend das Bewußtsein aus, dass es mit dem historischen Erbe und biblische Fundament der Brüdergemeine unvereinbar sei, die Abgrenzung von zwei autonomen Regionen, die vor allem entlang der Rassentrennung entstanden waren, aufrecht zu erhalten. So entwarf die südafrikanische Kirchenleitung 1969 einen Einheitsplan in drei Phasen: „Beratung – Verband – Einheit". Dieser Plan erforderte den Zusammenschluss von Gemeinden innerhalb des gleichen geografischen Gebiets, unterstützt durch die Entsendung von Mitarbeitern, die Schaffung eines Lohnfonds, die Einrichtung einer gemeinsamen Verwaltung und eines Bildungsprogramms, sowie die Wahl einer Vereinigungskommission.

Fortschritte auf dem Weg zur Einheit wurden jedoch durch die Tatsache verzögert, dass nicht alle Beschlüsse der Provinzialsynode ausgeführt wurden. Die Debatte zur Einheit, die auf der Ebene der Provinzialsynode erfolgte, erreichte oftmals nicht die Gemeindeglieder auf lokaler Ebene.

Im Jahr 1986 ernannte die Provinzsynode eine Einheitskommission mit dem Ziel der Erarbeitung einer in jeder Hinsicht eingehenden Untersuchung aller Auswirkungen auf die beiden Regionen durch die Schaffung einer vereinigten Brüderkirche in Südafrika.

1991 nahm die Synode die Einheitsresolution für eine vereinigte Brüderkirche in Südafrika an. So konnte sich die Brüder-Unität in Südafrika schließlich auf der Provinzialsynode 1994 als eine Kirche auf der Grundlage eines Bekenntnisses und

[1] Protokoll der Provinzialsynode 1962, zitiert nach Karel Th. August, *The Quest for Being Public Church. A Study of the South African Moravian Church in Historical and Contemporary Perspective*. Dissertation, University of Stellenbosch 2003, 71.

einer Verfassung zusammenfinden, als wirklich eine geeinte Provinz der Unitas Fratrum, der Mutterkirche, die in einem fernen Land schon 1467 auf der ersten Synode den geistlichen Grundstein ihrer Einheit gelegt hat.

1.3 Organisationsstrukturen

Organisatorisch besteht die südafrikanische Provinz gegenwärtig aus zwölf Distrikten. Oberstes Leitungsorgan ist die Provinzialsynode, die die für die laufende Kirchenverwaltung verantwortliche Provinzleitung wählt. Der Provinzleitung gehören die Mitglieder des Exekutivausschusses (Präsident und zwei Vizepräsidenten) und Vertreter aus den Distrikten, sowie die dienenden Bischöfe und der Finanzdirektor (beide ohne Stimmrecht) an. Auf regionaler Ebene gibt es zwölf Distriktsräte, die Aufsicht über das Leben der örtlichen Gemeinden, der Missionsstationen und anderen kirchlichen Einrichtungen führen. Die Leitung der einzelnen Gemeinde obliegt dem jeweiligen Kirchgemeinderat. Drei Sprachen werden in der „Moravian Church in South Africa" (= MCSA) offiziell verwandt: Afrikaans, Englisch und Xhosa.

Im Jahr 2016 umfasste die MCSA 87 Gemeinden und 178 Predigtstationen. Sie zählte 32.700 zum Abendmahl zugelassene Mitglieder und hatte 55 ordinierte Geistliche (10 Pfarrerinnen und 44 Pfarrer) im aktiven Dienst. Darüber hinaus gab es insgesamt 66 Laienprediger, Evangelisten und andere Mitarbeiter im pastoralen Dienst.

Die Finanzen der Brüder-Unität in Südafrika umfassen verschiedene Einnahmequellen: regelmäßige Beiträge der Gemeindemitglieder, Einnahmen aus Kirchenbesitz und Zuschüsse von ausländischen Organisationen. Die Finanzen in der Provinz werden vom Finanzdirektor und vom Finanzausschuss verwaltet, die der Provinzleitung über alle finanziellen Angelegenheiten im Zusammenhang des zentralen Finanzhaushaltes berichten. Seit Anfang der 1980er Jahre hat die MSCA lokale Gemeindefinanzausschüsse eingeführt, um anhand von Leitlinien und geregelten Verfahren eine wirksame Finanzverwaltung zu gewährleisten. Dies diente auch der regelmäßigen und transparenten Berichterstattung an die Mitglieder.

Im Jahr 2008 nahm die Synode der Provinz eine Geschäftsordnung für Kirchenfinanzen an, die vier Ziele betont: die Rendite des Kirchenvermögens zu maximieren, nachhaltige wirtschaftliche Unternehmungen aufzubauen, die Einkommensquellen der Kirche zu erweitern, sowie die Kirche dabei zu unterstützen, finanzielle Stabilität zu erreichen, um die spezifischen Aufgaben und die Mission der Kirche zu pflegen und zu fördern. Mit dieser Vision vor Augen sah sich die Provinz in der Lage, die Finanzstabilität im Zeitraum von 2008 bis 2012 sicherzustellen. Allerdings sah sich die Budgetführung des zentralen Finanzhaushalts dennoch konfrontiert mit dem Problem des Ausbleibens mancher Abgaben aus den Distrikten und durch die Verringerung der Einnahmen durch ausländische Zuschüsse.

Eine Herausforderung bleiben die Erträge aus den Immobilienportfolios und die Verwaltung der kircheneigenen Grundstücke, deren Herkunft und Nutzung noch in die Zeit der Missionssiedlungen zurückreicht. Das Portfolio, das die kircheneigenen Immobilien umfasst, wurde in die Unternehmensstruktur unter MCiSA Property Managers (Ltd) aufgenommen, deren Aufgabe es ist, sicherzustellen, dass die richtigen und notwendigen Dienstleistungen für den Betrieb, die Verwaltung, das Management und die Wartung von allen Immobilien der Kirche durchgeführt werden. Diese Immobilienverwaltung begann ihre Tätigkeit am 1. März 2008. Bei einer ersten Bestandsaufnahme machte die MciSA Property verschiedene Bereiche aus, die eine ernste Gefahr für die Brüder-Unität in Südafrika und ihre Kreditwürdigkeit darstellen, und unternahm anschließend erste Schritte mit verschiedenen Partnern, um diese Risiken unter Kontrolle zu bringen.

Neben der Bereitstellung von Grundversorgung und Strom ist vor allem die Frage der kommunalen Raumplanung und Landreform ein wichtiges Thema für die Verwaltung der ehemaligen Missionssiedlungen. Insbesondere das Anwachsen städtischer Wohngebiete auf dem Gebiet der Missionsstationen führen zur Belastung der verfügbaren Ressourcen für die Grundversorgung. Laufende Immobilien-Management-Aktivitäten beinhalten Wirtschaftsprüfung und Leasing von Immobilien, Betrieb und Wartung von Gebäuden und Anlagen, sowie Versicherung, Einzug von Mieten und juristische Angelegenheiten. Die lokale Immobilienverwaltung kümmert sich um die

Vermietung von Immobilien, sowie um Kirchen, Pfarrhäuser und Schulgebäude.

1.4 Besondere Einrichtungen

Die Brüder-Unität in Südafrika betreibt mehrere wichtige Einrichtungen in den Bereichen Bildung und Diakonie im Dienst an Menschen mit geistigen und körperlichen Behinderungen.

Das **Haus Elim** ist eine Wohnstätte mit spezieller Betreuung für Kinder mit geistigen und körperlichen Behinderungen, in der Overberg Stadt Elim, 300 km von Kapstadt entfernt. Es wurde 1963 von der Brüdergemeine in Südafrika gegründet. Das Haus betreut schwerstbehinderte Kinder aus verarmten Gemeinden in der gesamten Region. Es war in der Gründungszeit das erste und einzige Heim, um schwarze und farbige Kinder unterzubringen. Hier werden Kinder aller Konfessionen aufgenommen.

Das Haus Elim ist der Auffassung, dass „jedes Leben einen Sinn hat", und ist bestrebt, eine optimale Versorgung und Maximierung der Fähigkeiten seiner Bewohner anzubieten. Das Pflegepersonal bietet eine 24 -Stunden-Betreuung, die von anderen Therapien ergänzt wird, mit dem Ziel, den Grad der Unabhängigkeit eines jeden Kindes zu verbessern. Derzeit liegt der IQ bei den Kindern und Jugendlichen zwischen 5 und 23 Jahren unter 35. Es gibt etwa 50 Kinder in Pflege und 25 Kinder auf einer Warteliste. Die Kinder werden in übersichtlichen Gruppen nach ihrem geistigen Alter und ihrer körperlichen Fähigkeiten eingeteilt. Jede Gruppe hat ihre eigenen Bezugspersonen, die als Hauseltern wirken und sich für die speziellen Bedürfnisse der einzelnen einsetzen sowie pädagogische und therapeutische Maßnahmen unterstützen.

Die **Mispah School in Elim** bietet eine Schule und eine Herberge für Lernende mit besonderen Herausforderungen. Ihre Vision ist es, Unterrichtsqualität zu bieten und Lehrstoff auf effektives Management und solide Beziehungen hin auszurichten, so dass Lernende in die Lage versetzt werden, ihre eigenständigen sozialen Rollen zu übernehmen. Das Ausbildungszentrum Mispah wurde im Jahr 1984 von der Brüdergemeine und dem Ausschuss der Hauses Elim eingerichtet, dessen Mitarbeiter überzeugt waren, dass einige ihrer Patienten mit physischen und psychischen Behinderungen von schulischer Ausbildung profitieren würden. Die Schule wuchs von anfänglich acht auf 116 Lernende an und hat gegenwärtig 50 Mitarbeiter.

Das **Theologische Seminar**: Als 1838 die Lehrer-Ausbildung an der Missionsstation von Genadendal begann, war ein mutiger Schritt getan, um einheimische Mitarbeiter auszubilden, was bald zu einem Wachstum der Arbeit der Brüderkirche in Südafrika führte. Im Jahr 1887 wurde die Ausbildung um ein zweijähriges Theologiestudium erweitert und auf diese Art und Weise der Weg für einheimische Mitarbeitende als zukünftige Missionare geebnet. Auf der Unitäts-Synode 1889 wurde das Ziel abgesteckt, dass jedes Missionsfeld versuchen sollte, Selbstverwaltung und selbsttragende Kirchen zu etablieren. Dazu gehörte auch die Ausbildung von einheimischen Mitarbeitenden. Auf einer im Jahre 1913 abgehaltenen Konferenz wurde vorgeschlagen, dass die Auswahl der Kandidaten für den geistlichen Dienst, die von den Missionaren fortgebildet werden sollten, aus dem Kreis der Lehrer erfolgen solle. Auf einer im Jahr 1938 gehalten Kirchenkonferenz wurde beschlossen, dass die doppelte Aufgabe des Amtes als Pfarrer und Schulleiter so weit wie möglich abgeschafft werden sollte, und dass auch Kandidaten, die nicht Lehrer waren, für die Bibel-Schule gesucht werden sollten, um dadurch den Weg für die Ausbildung von Vollzeit-Pfarrern zu ebenen. Das „Moravian Seminary“ als theologische Ausbildungsstätte wurde 1952 in Fairview (Port Elizabeth) eröffnet. In Zukunft sollte diese neue Einrichtung die Verantwortung dafür übernehmen, ordinierte Geistliche bereitzustellen. Als Konsequenz der Apartheid-Politik war es „schwarzen“ und „farbigen“ Studenten nicht erlaubt, zusammen zu studieren, was bedeutete, dass die Studierenden aus den östlichen und westlichen Regionen getrennt blieben.

Im Jahr 1970 zwangen die zerstörerischen Kräfte der Apartheid Politik das Theologisches Seminar, von Port Elizabeth nach Kapstadt zu wechseln. 1978, nach neun Jahren in District Six von Kapstadt, erfolgte eine weitere Entwurzelung. Im Jahr 1979 wurde das heutige Theological Center in Heideveld, einem Vorort in Kapstadt errichtet. Seitdem hat sich ist das Moravian Theological Seminary zu einer lebendigen akademischen Gemeinschaft entwickelt, die ein echtes ökumenisches Ethos widerspiegelt.

Das **Genadendal-Missions-Museum** entstand im Jahr 1963 durch eine Initiative des damaligen Bischofs A. W. Habelgaarn. Es begann mit einer Sammlung von 350 Exponaten, die in einem Zweizimmer-Gebäude untergebracht waren. Im Jahr 1987 wurde die Sammlung in das alte Schulgebäude verlegt und der örtliche Schulleiter wurde vom Verwaltungsrat der Moravian Church gebeten, anlässlich des 250-jährigen Jubiläums der Kirche eine Ausstellung einzurichten. Das Bildungsministerium gewährte dem Schulleiter einen Sonderurlaub, zwei Jahre später gab er sein Amt auf und übernahm die Stelle als Kurator des Museums in Vollzeit. Im Jahr 1991 wurde die Sammlung des Museums zu einem nationalen Kulturdenkmal erhoben, ohne jedoch finanziell von der Regierung unterstützt zu werden. In dieser Zeit gab es erhebliche Unterstützung durch die Universität des Western Cape und durch das Robben Island Museum.

Im Laufe der Jahre expandierte das Museum bis auf sieben Gebäude auf dem historischen Platz, von denen drei Gebäude für Ausstellungszwecke verwendet werden. Heute gibt es mehr als 4.000 Exponate, die identifiziert, fotografiert und in einer digitalisierten Datenbank beschrieben sind. Ein Höhepunkt war, als im Jahr 1995 ein Memorandum an das Büro des damaligen Staatspräsidenten Nelson Mandela verfasst wurde, das den Vorschlag für die Umbenennung seines Amtssitzes Westbrook in „Genadendal“ betraf. Tatsächlich entschied sich Präsident Mandela für diesen Namen und stattete im Oktober 1995 dem Museum einen Besuch ab, um sich dafür zu bedanken, mit der Stadt und dem Museum verbunden zu sein.

1.5 Kirchliche Frauenarbeit

Die Beteiligung von Frauen im Leben der Brüder-Unität in Südafrika geht zurück auf den Beginn der Mission. Aus dem Tagebuch und Briefen von Georg Schmidt ist uns Vehetge Tekoa, Mitglied des indigenen Hessekwa Stammes, bekannt. Sie war eine intelligente Frau, die seinen Unterricht besuchte und schnell die Fähigkeit des Lesens und Schreibens meisterte. 1742 taufte sie der Missionar auf den Namen Magdalene. Als Schmidt im Oktober 1743 gezwungen wurde, das Land zu verlassen, trat sie als natürliche Führungspersönlichkeit in den

Vordergrund, um die Aufgabe des Lesens und Auslegens des Neuen Testaments fortzuführen, die der Missionar ihrer Fürsorge überließ. Als Schmidts Nachfolger knapp fünfzig Jahre später 1792 ankamen, fanden sie die alt gewordene Magdalena mit dem Neuen Testament vor, deren Schüler ihnen aus der Bibel vorlesen konnten. So konnten die neuen Missionare an ihrem Dienst anknüpfen. Ohne die sorgfältige und kontinuierliche Arbeit „unserer Mutter Magdalene" hätten die Missionare keine Gemeinde vorgefunden.

Eine andere Frau, die in der Entwicklung der Kirche eine bedeutende Rolle spielte, war Wilhelmina Stompjes, die aus dem Stamm Gaika kam. Sie arbeitete als Kindermädchen der Missionarskinder und wirkte auf die Missionare dahingehend ein, dass das Evangelium auch für ihr Volk im östlichen Teil des Landes verkündet werden sollte. So wurde 1828 diese Arbeit ins Leben gerufen und Wilhelmina betätigte sich als Übersetzerin der Xhosa Sprache für die Missionare. Diese beiden außergewöhnlichen Frauen stehen als Grundpfeiler der Kirche in ihrer Entwicklung sowie der Arbeit unter den Frauen.

Frauengruppen auf Gemeindeebene wurden im Jahr 1900 begonnen und sind seitdem sehr am pastoralen Dienst und an der Fundraising-Arbeit in den Gemeinden beteiligt. Seit 1968 wird die Frauenarbeit in der West-Provinz formell als ein eigener kirchlicher Arbeitszweig koordiniert, der sehr demokratische und partizipative Strukturen besitzt. Bibelarbeiten und Workshops für Führungs- und Fachkompetenzen finden statt, so dass Frauen befähigt und ermutigt werden, ihren rechtmäßigen Platz in der Entwicklung von Kirche und Gesellschaft einzunehmen. Die erste weibliche Pastorin der östlichen Region wurde in den 1970er Jahren ordiniert. 1998 war Südafrika die erste Provinz in der weltweiten Brüder-Unität, in der eine weibliche Laientheologin zur Provinzial-Vorsitzenden gewählt wurde; sie diente darüber hinaus auch als erste weibliche Vorsitzende der Unitätsleitung für vier Jahre.

1.6 Kirchenmusik

Der Arbeitszweig der Kirchenmusik der Moravian Church in Südafrika umfasst die „Moravian Choir Union" und die „Brassband-Union". Orgel, Klavier, Kirchenchor, Jugendchor und Bläserchöre wirken an den Gottesdiensten mit. Regelmäßige Musikfestivals mit Musik von hohem künstlerischem Niveau finden in den verschiedenen Regionen der MCSA statt. Nationale und internationale Konzertreisen werden vor allem von den Bläserchören unternommen. Eine Herausforderung ist die sachgemäße und ausreichende Ausbildung von Organisten und Pianisten für die Gemeinden. Fehlende Instrumente für Blechbläser in den Gemeinden erschweren es, die sehr attraktive Bläserarbeit weiterzuentwickeln. Ein wichtiges Ziel ist, eine South African Music Foundation als provinzweiter Organisation für die Pflege der Kirchenmusik aufzubauen.

1.7 Weitere Arbeitsbereiche

Die „Moravian Sunday-School Union" ist die Organisation aller brüderischen Sonntagsschulen. Ihr gehören etwa 350 Lehrerinnen und Lehrer an, die rund 4200 Kindern betreuen.

Das Aids-Programm „Masangane Moravian Church" ist ein gemeindebasiertes nach außen gehendes Hilfsprogramm der Moravian Church, das sich um die Betreuung von HIV / AIDS infizierten und betroffenen Personen und Familien kümmert. Masangane ist ein Xhosa Wort für „Umarmung". Die Vision von Masangane ist es, Menschen mit HIV / AIDS zu erreichen und die Moravian Church zu mobilisieren, um so nachhaltig darauf hinzuwirken, dass sich die Zahl der HIV-Neuinfektionen verringert und die AIDS-Aufklärung verbessert. Das „Orphaned Care Programme" kümmert sich um Kinder, deren Eltern im Zusammenhang mit HIV / AIDS gestorben sind und ohne Einkommen dastehen. Das Programm läuft bereits über 16 Jahre und beinhaltet auch Stipendien für Ausbildung und Studium, sowie Förderung von Arbeitsplätzen im öffentlichen und privaten Sektor.

2. Die Unitas Fratrum in Tansania

Angetile Yesaya Musomba

2.1 Einleitung

Die zentralafrikanische Brüdergemeine umfasst die ostafrikanischen Länder Tansania, Uganda, Kenia, Burundi, Ruanda und Malawi. Dort ist sie in den letzten Jahrzehnten nicht nur zahlenmäßig gewachsen, sondern hat sich auch in viele Richtungen und Regionen ausgebreitet.[1]

Ich möchte als einen bedeutenden Aspekt erwähnen, dass die Afrikaner in ihrer Welt bereits von Gott wussten, als die Missionare ihnen Jesus Christus, wie in der Bibel offenbart, brachten. Gott blieb in einigen Teilen der Welt nicht stumm, sondern offenbarte sich in allen Ländern und Kulturen auf vielen verschiedenen Wegen. Diese Art der Offenbarung kann nicht erklärt werden; sie kann von Außenstehenden nur verstanden werden durch das kontextuelle Leben. Zu Recht sagt Professor E. Bolaji Idowu:

> Wir behaupten daher, dass Gott in keiner Weise begrenzt werden kann. Allen Menschen gilt sein Interesse. Und er hat sich selbst in erster Linie ihnen allen offenbart, wobei jede Rasse die Offenbarung entsprechend ihrem indigenen Vermögen erfasst hat. [....] Das Wachsen der Religion wäre unmöglich gewesen, wenn es nicht zumindest eine Eigenschaft in der Person Gottes gegeben hätte, von der aus nicht einfach begonnen wird, sondern zu der ständig zurückgekehrt und in welcher, richtig verstanden, ihr beständiger Prüfstein der Wahrheit gefunden wird.[2]

Größtenteils leben Menschen in Afrika in engen sozialen Verbänden, die so angelegt sind, dass jeder Einzelne weiß, welchen Platz sie oder er im gemeinschaftlichen Leben hat. Jedes Individuum ist in der Gemeinschaft sicher und könnte mit

---

[1] Zum Folgenden siehe Teofilo Hiyobo Kisanji *Historia Fupi ya Kanisa la Kimoravian Tanganyika Magharibi*, Tabora, o.J., und Angetile Yesaya Musomba, *Historia Fupi ya Kanisa la Moravian Kusini*, Dar es Salaam 1990, gekürzt: *The Moravian Church in Tanzania Southern Province*, Les Cahiers d'Afrique de l'Est, no. 29, Nairobi 2005.

[2] Kwesi, A. Dickson (Hg.), *Biblical Revelation and African Beliefs*, London 1972, 20.

einem Faden in einem Stück Stoff verglichen werden: Wann immer der Faden gezogen wird, ist das ganze Stück Stoff betroffen. Gesellschaftlich war es lange akzeptiert, dass ein Mann mehr als eine Ehefrau hatte, doch selbst in polygamen Ehen wusste jeder Einzelne, wohin er oder sie in der Gemeinschaft gehörte. Diese Familiengruppen, welche sich auf drei bis vier Generationen ausdehnten, schlossen andere Familien ein und diese waren durch das Sprechen einer gemeinsamen Sprache miteinander verbunden. Obwohl die Einheit der Familien als sehr bedeutend angesehen wird, konnte sich ein Familienmitglied zu einem näheren oder entfernteren Ort begeben, wo er eine andere Familiengruppe gründen konnte. Diese Art von Bewegung kann durch mündliche Überlieferung zurückverfolgt werden, welche die Erinnerung daran wachhält, wo bestimmte Familien hergekommen sind.

Theologisch gesehen gibt es keine Person, die nicht religiös ist. Es ist schwer und unmöglich in Afrika, das Leben einer Person von ihrem religiösen, politischen und sozialen Leben zu trennen. Mensch zu sein bedeutet, zu einer Gemeinschaft zu gehören, und dies schließt ein, am Glauben, an Zeremonien, Ritualen und Festen der Gemeinschaft teilzuhaben. Wenn eine Person behauptete, nicht religiös zu sein, dann bedeutete das, dass sie oder er sich vom gesamten Leben der Gesellschaft abgesondert hatte. Man wird keinen Afrikaner finden, der wüsste, wie er ohne Religion existieren könnte. Wenn wir daher über religiöses Leben sprechen, dürfen wir uns nicht nur mit der Religion allein beschäftigen, da die Religion in alle Lebensbereiche hineinreicht, und zwar so umfassend, dass es unmöglich ist, sie vom politischen und sozialen Leben zu trennen. Das ist die kulturelle Situation, in welche die Herrnhuter Missionare kamen, um den sogenannten „neuen Weg" zu bringen, mit Gott, dem Schöpfer, durch Jesus Christus in Beziehung zu treten.

Obwohl heute Herrnhuter Gemeinden fast im ganzen Land Tansania vorhanden sind, besonders in den großen Städten, gibt es hauptsächlich zwei Gebiete, in welchen die Herrnhuter Mission ihren Ursprung hat.

2.2 Die Herrnhuter im südlichen Hochland Tansanias (Die Nyasa Mission)

Die Herrnhuter Mission im Südlichen Hochland von Tansania begann 1891, nur sechs Jahre nachdem die deutsche Kolonialregierung das damalige Tanganjika als Protektorat Deutsch-Ostafrika übernahm und der Herrnhuter Mission eine gewisse äußere Sicherheit bot.

Es war die Anglikanische Kirche in Uganda, die die Herrnhuter Brüdergemeine einlud, in diesen Teil der Welt zu gehen. Kurz nachdem sie erfuhren, dass ihr Nachbarland unter deutsche Kontrolle kam, stellten die Anglikaner die Verbindung zur Brüder-Unität her. Es gab keine Schwierigkeiten mit der Livingstone Mission Society, die gerade damit begonnen hatte, von Malawi (damals Njassaland genannt) nach Tanganjika zu gehen. Da in Europa die kirchenpolitische Entscheidung getroffen wurde, die Missionsgebiete in Afrika aufzuteilen, fühlte sich die Livingstone Mission Society verpflichtet, die Arbeit östlich von Malawi der Herrnhuter Brüdergemeine zu überlassen.

Die Brüder-Unität mied eine Arbeit entlang der Küste, da diese damals unter muslimischem Einfluss stand. Der Historiker C. P. Groves schreibt: „Der Wunsch, die nicht sehr vielversprechende Küstenregion mit ihrem muslimischen Swahili zusammen mit dem Problem des teuren Transportes über Land ins Landinnere zu vermeiden, ließ sie die nördliche Njassa Region vorziehen, die entfernter sowohl vom arabischen als auch europäischen Einfluss lag."[3] Wie ein Bericht feststellt, war sich die Herrnhuter Direktion der Führung Gottes gewiss: „Solch eine Tür hat er uns jetzt geöffnet. Verschiedene Umstände, in welchen wir klar seine Führung erkennen, versichern uns, dass die Zeit für unsere Kirche gekommen ist, eine Mission im Protektorat Deutsch-Ostafrika zu beginnen."[4]

Nachdem diese Entscheidung feststand, begab sich eine Gruppe von brüderischen Missionaren auf die Reise in das neue Missionsgebiet. Diese reisten in das Gebiet nördlich des Njassasees unter dem Stamm der Wangonde (auch bekannt als

---

[3] Charles P. Groves, *The Planting of Christianity in Africa*, Bd. 11, London 1964, 77.

[4] *Periodical Accounts*, London Moravian Church 1890, 203.

Konde). Es waren: Theophil Richard, Theodor Meyer, Georg Martin und Johannes Haefner. Sie verließen Europa am 16. April 1891 und folgten der Route, die ihnen die presbyterianischen Missionare empfohlen hatten. Sie reisten in die nächstgelegene Station, Karonga genannt, wo sie nicht lange blieben. Nach einer Woche zogen sie weiter an den Ort, den sie auf Grund der erhaltenen Information anvisiert hatten und erreichten ihn am 7. Juli 1891. An dieses Datum erinnert man sich heute als einem zentralen und bedeutenden Tag in der Geschichte der Herrnhuter Brüdergemeine in Tansania.

Sobald sie angekommen waren, wurden die Missionare mit ernsthaften gesundheitlichen Problemen konfrontiert. Am 10. September 1891 starb Georg Martin an Malaria. Sein Grab in Kapugi steht noch heute als Zeugnis für alle Mitglieder der Herrnhuter Brüdergemeine in Tansania. Die verbleibenden drei Missionare begannen mit der Arbeit. Sie lernten die einheimische Sprache mit Hilfe der Menschen, die mit ihnen aus Karonga gekommen waren und die Englisch und Kinyakyusa (auch Kyangonde) konnten.

Die Missionare mussten Wege finden, um ihre Botschaft zu den verschiedenen Stämmen dieses Gebietes zu bringen. Es war notwendig, Einheimische auszubilden, die ihre Kultur und Traditionen kannten, so dass sie an verschiedene Orte ausgesandt werden konnten. Leider kennen wir heute nicht mehr alle, die das Wort Gottes in die Dörfer dieses Gebietes verbreiteten.

Es bedurfte nur kurzer Zeit, bis die Bereitschaft der Menschen, Christus als ihren Erlöser zu akzeptieren, unter den Kukwe, später auch Nyakyusa genannt, geweckt wurde. Der „Erstling“ war weder ein Ngonde noch ein Nyakyusa oder ein Kukwe, sondern eine Safwa Frau. Am 7. Februar 1897 bekannte sich Fyabalema Sanduma öffentlich zu Christus als ihrem persönlichen Retter. Sie war in die Station gekommen und arbeitete dort. Während ihrer Taufe wurde sie Numwagile („Ich habe Ihn, den Retter, gefunden.“) genannt. Am 7. Februar 1897 wurde auch Numwagiles Sohn getauft und Niganile („Ich habe mich entschieden, Ihm, dem Retter, zu folgen“) genannt. Am 7. März wurde die dritte Person getauft, die zu den Trägern aus Karonga gehörte und nun Nsayigwa („der Gesegnete“) hieß. Danach gab es viele Menschen, die Christen wurden. Sie waren die Pioniere, die an verschiedenen Orten zu vielen Menschen predigten. Im Juni 1894 wurde im Gebiet von Lutengano unter den Wanyakyusa eine neue Station eröffnet; eine weitere neue Station unter den Wangonde wurde im August 1894 in Ipyana, im Kyelagebiet eröffnet; eine weitere Station folgte 1895 unter den Wasafwa in Utengule; 1899 wurde eine neue Station unter den Wanyiha in Mbozi aufgebaut und 1899 eine weitere unter den Wandali in Isoko. So wurde insgesamt fast das ganze Gebiet, das anvisiert war, erfasst. Mehr Missionare kamen, um die Arbeitskraft auf diesem Gebiet zu verstärken.

In jeder Station kamen viele Aktivitäten zusammen: das Wort Gottes predigen, Bildung, medizinische Versorgung sowie die Ausbildung zum Zimmerhandwerk, Maurerhandwerk und zu anderen Gewerken. Das Evangelium wurde unter den Stämmen der Wanyakyusa, Wakukwe, Wangonde, Wandali, Walambya, Wasafwa, Wanyiha, Wamalila, Wanyamwanga, Wasangu, Waguruka und zum kleineren Teil auch unter den Wakimbu verbreitet, eine Gemeinschaftsarbeit mit den Urambo oder Unyamwezi in dem Gebiet, das heute Westtansania genannt wird.

2.3 Ein zweiter Missionsversuch in Urambo (Westtansania)

Schon bald startete die Herrnhuter Brüdergemeine einen weiteren Missionsversuch unter den Wanyamwezi in Urambo. Ehe die Herrnhuter sich in dieses Gebiet begaben, arbeitete dort eine andere Missionsgesellschaft, die London Mission Society (LMS). Diese Arbeit wurde im Juli 1879 in Urambo im Nyamwezigebiet begonnen. Die LMS hatte bereits siebzehn Jahre gearbeitet, doch wurde niemand getauft. Es wurde entschieden, die Arbeit zu beenden, aber die Mission sollte an eine andere Kirche übergeben werden, die einer ähnlichen Tradition folgte. Es wurde dort eine Schule begründet und medizinische Arbeit aufgenommen. So erhielt der Herrnhuter Missionsvorstand 1896 einen Brief von der LMS mit dem Angebot, ihnen die Arbeit zu übergeben. Der letzte Missionar der LMS verließ Urambo am 4. Mai 1898.[5]

Die ersten Herrnhuter Missionare, Edmund Dahl und Konrad Meier, kamen am 20. Oktober 1897 in Bagamoyo an, als der Missionar der LMS noch in Urambo war. Nach einer langen

[5] Kisanji, *Historia Fupi ya Kanisa la Kimoravian Tanganyika*, 1–10.

und beschwerlichen Reise erreichten sie am 20. Dezember 1897 Tabora, die damals eine arabische Stadt war, und am 2. Januar 1898 ihr Ziel Huambo, nachdem sie 64 Tage lang von der Küste aus dorthin gereist waren. Die Herrnhuter wurden herzlich vom Häuptling des Gebietes, Katugamoto genannt, willkommen geheißen. Am 4. Februar 1898 wurde ihnen vom letzten Missionar der London Mission Society das gesamte Gebiet und das Eigentum der LMS übergeben. Am Morgen besuchten viele Menschen den Gottesdienst in Urambo, möglicherweise mehr als 600 Menschen, doch keiner von ihnen war bisher als Christgläubiger getauft worden. Es gab eine Schule und eine kleine Arzneiausgabe, wo man etwa 300 Menschen medizinische Hilfe anbot.

Der Leiter der Herrnhuter Mission, Rudolf Stern, erreichte mit seiner Frau Urambo am 6. Oktober 1898. Die LMS Missionare beherrschten die Sprache der Wanyamwezi nicht, doch Stern lernte zusammen mit anderen die Sprache und war in der Lage, mit ihnen zu kommunizieren. Die Missionare begannen ihre Arbeit damit, die Menschen an ihren Orten zu besuchen, sogar in ihren Häusern. Die Kommunikation zwischen den beiden Herrnhuter Gruppen von Urambo und Rungwe wurde durch einen Missionar aus Rungwe in Gang gesetzt, der am 2. März 1899 seinem Bruder einen Brief schrieb, der am 19.April 1899 in die Hände von Händlern gelangte, die Salz verkauften. Es war ein sehr bedeutender Beginn für zukünftige Zusammenarbeit. Man kam überein, dass sich die zwei Missionen in einigen Gebieten treffen sollten, um ihre Arbeit zu koordinieren.

Nach zwei Jahren war es an der Zeit, die Arbeit auszuweiten. Bruder Stern reiste an unterschiedliche Orte, um die traditionellen Stammesführer mit dem neuen Glauben bekanntzumachen. Die Missionare kamen 1900 nach Kitunda, um eine neue Arbeitsstation zu eröffnen. 1902 richteten sie neue Stationen in Sikonge und Ipole ein. In diesen Gebieten gab es verschiedene Häuptlinge. Es gab viele Menschen, die unter den Herrnhuter Missionaren in den Stationen arbeiteten und später zum Christentum bekehrt wurden. Die Ausbreitung des Evangeliums war so signifikant, dass selbst die Missionsgesellschaft verwundert war.[6]

---

[6] Ebd., 61.

Einmal besuchte der Sekretär der Missionsgesellschaft die Arbeit sowohl in Unyamwezi und Tabora als auch das Südliche Hochland. Als der Sekretär in Urambo ankam, wunderte er sich, warum es keine Christen in Urambo gab.[7] Dann bemerkte er: „Es scheint einfach Gottes Weg zu sein, dass Afrika für das Evangelium mit Hilfe von Afrikanern gewonnen werden soll."[8] Während des Besuchs des Sekretärs wurde auch offiziell beschlossen, dass die Hauptsprache in der Schule Kiswahili sein sollte. Das sollte für beide Gebiete der Herrnhuter Brüdergemeine gelten. Es galt auch für andere Kirchen, die damals im Land arbeiteten.

Nach vier Jahren ernsthafter Arbeit konnten die Missionare in Urambo am 12. April 1903 die ersten Konvertiten, Johannes Kipamila und seine Frau Maria Kitambi, in der Station von Kitunda taufen.

Es wird berichtet, dass Menschen, die den Taufgottesdienst miterlebt hatten, begannen, die Herrnhuter Unterweisungen zu besuchen, und 1905 wurden vier Menschen getauft. Um die Arbeit in den zwei Gebieten Unyamwezi und dem Südlichen Hochland (Njassamission) zu verstärken, kam man überein, eine gemeinsame Station in Kipembawe unter dem Stamm der Kimbu einzurichten, was im September 1903 geschah. Man vereinbarte, dass ein Missionar aus Urambo dort stationiert werden sollte, da alle Menschen Nyamwezi sehr gut verstehen konnten. Eine andere Station wurde in Usoke zur Verbreitung der Arbeit eröffnet. Nach neun Jahren des Dienstes wurde mit einer Taufe am 6. Mai 1907 der „Erstling" gewonnen. Bis 1908 gab es dann 32 Herrnhuter Mitglieder, die in verschiedenen Stationen getauft worden waren.[9] Jede Station beschloss, das Wort Gottes zu verbreiten, indem sie einige Christen dazu ausbildete, hinauszuziehen und neue Außenstationen zu eröffnen. Das bewirkte, dass das Wort schnell verbreitet und ein großes Gebiet in kurzer Zeit erfasst wurde.

---

[7] Ebd.

[8] Marcia Wright, *German Missions in Tanganyika 1891–1941*, Oxford 1971, 115.

[9] Kisanji, *Historia Fupi ya Kanisa la Kimoravian Tanganyika*, 74.

Andere Aktivitäten fanden zur gleichen Zeit statt. Bildung war Teil der Missionsarbeit. Menschen wurden in ihrer Sprache unterrichtet, nachdem Veröffentlichungen in Kinyamwezi entweder übersetzt oder geschrieben worden waren. Es gab auch die Aufgabe, Frauen das Nähen beizubringen, und Männern wurden Fähigkeiten im Zimmermanns- und Maurerhandwerk entsprechend europäischen Könnens gelehrt.[10]

Es war wichtig, Missionsarbeit in Tabora zu beginnen, welches an der Bahnlinie als wichtige Station für die Herrnhuter lag. Diese Arbeit unter den Arbeitern im Eisenbahnbau begann 1911. Auch die schulische Arbeit wuchs 1912 so an, dass es nötig wurde, eine neue Schule zu gründen, um denen, die in anderen Stationen die erste Schulbildung absolviert hatten, eine weiterführende Bildung anzubieten. Die Schule wurde im April 1912 in Sikonge eröffnet. 1913 nahm die Schule ihre Arbeit als Gemeinschaftsschule für drei Glaubensgemeinschaften auf: die Herrnhuter, die Lutheraner und die Anglikaner.[11]

Vor dem Ersten Weltkrieg war die Arbeit stark angewachsen, so gab es zum Beispiel im Jahre 1913 schon 19.500 Menschen, die von den Herrnhutern seit ihrer Anfangszeit medizinische Hilfe erhalten hatten.[12] Administrativ gesehen unterstand die Kirche der europäischen Mission, aber die Ausbreitung wurde von afrikanischen Mitarbeitern durchgeführt, mit Ausnahme der Sakramente, die von den Missionaren verwaltet wurden. So kann man sagen, dass zum Zeitpunkt, als der Erste Weltkrieg begann, das Leben der Kirche bereits in den Händen der afrikanischen Evangelisten lag, obwohl wir keine ordinierten Pfarrer entsprechend der kirchlichen Traditionen hatten. Bischof Kisanji schreibt über jene, die die kirchliche Arbeit leiteten, dass diese durch „Älteste ordiniert wurden […], die Respekt und eine bessere Ethik hatten als Pfarrer unserer Zeit. […] Yohannes wurde als ein Bischof angesehen, dennoch zeigte er gegenüber niemandem deswegen seinen Stolz."[13] Alle, die als afrikanische Führer angesehen wurden, zeichneten sich durch gutes Verhalten und christliche Gesinnung in allen Angelegenheiten aus.

---

[10] Ebd., 77f.
[11] Ebd., 103.
[12] Ebd.
[13] Ebd., 245.

Wir sind in der Lage, die Situation der Kirche zu jener Zeit wie folgt zusammenzufassen:

1. die Herrnhuter Missionare entschlossen sich, für ihre künftige Arbeit ein großes Gebiet zu erfassen,
2. die Missionare beschlossen, einheimische Christen zu senden, um ihren afrikanischen Mitmenschen das Wort Gottes zu predigen,
3. die Betonung lag für alle Prediger auf Selbsthingabe ohne jegliche Bezahlung, nur etwas Essen zum Leben war ihr Erwerb.
4. die Kirche überschritt mit Einfühlungsvermögen viele Stammesgrenzen, um dadurch Seelen für Christus zu gewinnen,
5. die Verwaltung der Kirche war nicht in den Händen der eingeborenen Gläubigen, sondern die Missionare leisteten die gesamte Verwaltungsarbeit.

Die Herausforderungen der Kirche können auf folgende Weise zusammengefasst werden:

1. Die Polygamie stellte eine große Herausforderung für die Kirche dar, die bis heute fortbesteht. Die Polygamie hat starke Wurzeln in der afrikanischen Kultur. Nachdem sie verboten wurde, zogen viele Männer heimlich mit anderen Frauen in kleine Häuser, um nicht öffentlich zu heiraten. Heute gibt es viele Ehescheidungen; in früheren Zeiten, als Männer mehrere Frauen zu heiraten pflegten, kam die Scheidung selten vor.
2. Die römisch-katholische Kirche wurde in einigen Gebieten als Bedrohung für die Arbeit der Herrnhuter Brüdergemeine gesehen. Folglich entstand manchmal der Eindruck, als ob die deutsche Kolonialregierung die Herrnhuter gegenüber den Katholiken bevorzugte.
3. Mit dem Ersten Weltkrieg wurden alle Missionare zurückgezogen. Die Kirche im Südlichen Hochland war völlig in den Händen der Afrikaner, die keine administrative Erfahrung hatten. Im Südlichen Hochland wurden einige afrikanische Führer, die von der britischen Kolonialregierung verdächtigt wurden, Informanten für die Deutschen zu sein, nach Malawi gebracht. Das war ein Versuch, die Kirche insgesamt zu destabilisieren. Doch die Kirche blieb fest durch das Auftreten anderer Leitungspersönlichkeiten. Einige afrikanische Führer starben, während sie in Malawi im Gefängnis waren.

4. Während des Krieges stand die Arbeit im Südlichen Hochland unter Aufsicht der Presbyterianischen Kirche von Malawi (einst als Livingstone Missionsgesellschaft bekannt). Die Presbyterianer versuchten, die Arbeit vollständig in ihre Hände zu nehmen, aber die afrikanischen Führer der Brüdergemeine akzeptierten diesen Schritt nicht, da sie die Hoffnung hatten, dass ihre ehemaligen deutschen Missionare später zurückkommen würden. Die Presbyterianische Kirche thematisierte ein wichtiges theologisches und soziales Problem, nämlich die Frage, ob ein Christ Alkohol trinken darf oder nicht. Entsprechend ihrer Lehre durfte kein kommunizierendes Gemeindeglied Alkohol trinken. Doch während der Amtszeit der Herrnhuter Missionare aus Deutschland gab es dahingehend keine Restriktionen. Die Kirche war darüber gespalten. Während der Synode von 1926 wurde das Problem beraten und kam nach langer Diskussion zu einem fast unentschiedenen Ergebnis: 39 stimmten gegen Alkohol und 36 dafür. Schließlich fand man einen Kompromiss, der lautete: „a) Jedem Mitglied sollte geraten werden, Alkohol zu meiden; b) Alle, die irgendeine Verantwortung tragen, und jene, die in der Kirche angestellt sind, sollen keinen Alkohol zu sich nehmen."[14] Diese Entscheidung gilt noch heute.

In Westtansania (Unyamwezi oder West-Tanganjika) war die Situation im Ersten Weltkrieg anders. Einige Missionare wurden nach Deutschland zurückgeholt und jene, die zurückblieben, durften ihre Hauptstationen nicht verlassen. Sie wurden zurückgelassen, um sich um ihre Grundstücke in der gesamten Region zu kümmern. Es gab afrikanische Führer, die während der Kriegszeit die Verantwortung für die Angelegenheiten der Kirche übernahmen, besonders wenn es Missionaren nicht erlaubt war, zu reisen. Während jener Zeit wurde die Station Kitunda unter die Kontrolle der britischen Church Missionary Society (CMS) gestellt, doch nach dem Krieg wurde sie an die Herrnhuter Brüdergemeine zurückgegeben.

Als ein Ergebnis der politischen Ereignisse wurde der Bedarf an ordinierten Pfarrern akut spürbar. Im Südlichen Hochland gab es 1935 die erste Ordination, bei der fünf Menschen ordiniert wurden, und 1940 erfolgte die erste Ordination in

---

[14] Musomba, *Historia Fupi ya Kanisa la Moravian*, 65.

West-Tanganjika. Durch diese Ordinationen wurde die Herrnhuter Brüdergemeine fest im Land verankert.

Wir können diesen Teil damit beschließen, dass wir sagen, die Kirche war in der Ausbreitung des Wortes Gottes nahe bei den Menschen, doch administrativ war sie bis in die 1960er Jahre in den Händen deutscher Missionare. In dieser Zeit wurden Schritte unternommen, um Mitglieder einzuladen, in das ordinierte Predigtamt einzutreten.

Was die Ausbildung betraf, versuchten die beiden Provinzen Schulen zu betreiben, oft in Verbindung mit Missionsgesellschaften wie der CMS (die sich so entwickelte, dass sie jetzt Anglikanische Kirche in Tansania genannt wird) und der Berliner Missionsgesellschaft (die zur Bildung der Lutherischen Kirche von Tansania führte). Die erste Herrnhuter Schule wurde 1912 in Tabora eröffnet, dann wurde ein Lehrerkolleg in Kinampanda zusammen mit den Lutheranern gegründet, welches später (1947) nach Rungwe umzog. Eine gemeinsame Oberschule wurde in Verbindung mit den Anglikanern in Dodoma eröffnet.

Die theologische Ausbildung wurde zuerst in jedem Gebiet von Missionaren entsprechend dem Bedarf an Mitarbeitern durchgeführt, die der Vorbereitung bedurften. Die Südliche Provinz entsandte 1937 zwei Studenten an das Marangu Lutherische College zur Ausbildung. Später beschlossen die Herrnhuter, für beide Provinzen ihre eigene Bibelschule in Utengule zu eröffnen. 1956 wurde ein theologisches College in Kongwa in Verbindung mit der CMS (Anglikanische Kirche) eröffnet. Die zwei Provinzen schickten ihre Kandidaten zu einer zweijährigen Ausbildung. Studenten wurden auch zur theologischen Ausbildung an das Lutherische Theologische College von Makumira in Arusha geschickt, wo auch der Autor dieses Beitrags seine erste theologische Ausbildung erhielt. Während dieser Zeit bekam die Kirche Pfarrer mit Prägungen aus unterschiedlichen kirchlichen Traditionen.

2.4 Auf dem Weg zur Selbständigkeit

Im Jahre 1965 wurde offiziell auf der Basis früherer Kooperation ein gemeinsamer Ausschuss beider Missionsgebiete errichtet. Dieser machte es möglich, andere neue Projekte und geistliche Dienste gemeinsam zu entwickeln, wie z. B. eigene agendarische Texte, ein Gesangbuch und ein gemeinsames theologisches College.

Eine weitere Entwicklung begann in den 1960er Jahren im jetzigen Rukwa Gebiet. Die dortige Mission unterlag der London Mission Society mit ihren Büros in Sambia. Wegen politischer Veränderungen fanden es die Missionare schwer, von Sambia nach Tansania zu gelangen. Ihre Mitglieder fühlten sich allein gelassen. Deshalb baten sie die Herrnhuter Brüdergemeine in West-Tanganjika, sich um sie zu kümmern. Nach einem Übereinkommen mit der Leitung in Sambia wurde die Arbeit am 10. August 1969 in die Hände der Herrnhuter Brüdergemeine gelegt. Gasto Kallanda Kidifu war er erste Pfarrer, der berufen wurde, der Kasanga Gemeinde zu dienen.[15]

Als Tansania in den 1960er Jahren seine Unabhängigkeit von der britischen Regierung bekam, ergriff derselbe Geist auch die Kirche, danach trachtend, eine eigenständige Position innerhalb der weltweiten Struktur der Unitas Fratrum zu erlangen. Die zwei Provinzen (Südtansania und Westtansania) wurden während der Unitätssynode, die vom 6. Juli bis 4. August 1967 in Potstejn in der Tschechoslowakei abgehalten wurde, zu Unitätsprovinzen ernannt.

Im Jahre 1969 beschlossen die Südliche Provinz und die Westliche Provinz, ihr eigenes theologisches College in Chunya zu eröffnen, welches später nach Mbeya umzog. Es ist dasselbe College, das sich zur Teofilo Kisanji Universität (TEKU) entwickelte und heute von allen tansanischen Provinzen getragen wird. Die Arbeit wurde langsam in den verschiedenen Gebieten unseres Landes ausgeweitet. Ursprünglich waren die Missionsgesellschaften aus Europa übereingekommen, dass, wo Lutheraner ihre Arbeit taten, Herrnhuter und CMS nicht wirken sollten, wo Herrnhuter ihre Arbeit taten, sollten Lutheraner und CMS nicht wirken, und wo die CMS arbeitete, sollten Herrnhuter und Lutheraner nicht wirken.

In den 1970er Jahren, als viele Menschen ihre ehemaligen Stammesgebiete verließen und sich in kleineren Städten und Großstädten niederließen, wurde diese Übereinkunft geändert. Die Kirchen beschlossen, mit ihren Mitgliedern, die sich von

---

15 Kisanji, *Historia Fupi ya Kanisa la Kimoravian Tanganyika*, 243 f.

ihren Stämmen wegbegeben hatten, Kontakt zu halten. Dieser Beschluss veranlasste die Brüder-Unität, überall dorthin zu gehen, wohin sie von ihren Mitgliedern gerufen wurde, um sie vor Ort zu betreuen. So wurde beispielweise eine brüderische Kirche 1972 in Daressalam eröffnet, da Mitglieder der Herrnhuter Brüdergemeine, die dorthin kamen, nicht unter die Fürsorge der Lutherischen Kirche gestellt sein wollten. Eine weitere, neue Herrnhuter Gemeine wurde 1978 gegründet, deren erster Pfarrer aus der Südlichen Provinz entsandt wurde.

Der neue Pioniergeist brachte die Herrnhuter dazu, nach Mwanza, Singida, Arusha, Moshi, Mtwara, Lindi, Songea, Morogoro und Sansibar zu gehen, wohin auch immer sie gerufen wurden. So kam die Kirche dazu, flächendeckend zu arbeiten. Derselbe Pioniergeist sprang auf Länder über, die an Tansania grenzten (außer der Arbeit in Malawi). Die Mitgliederzahl der Herrnhuter in Tansania erhöhte sich in allen Gebieten und neue Unitätsprovinzen wurden eingerichtet. Entsprechend der Zahlen, die das Hauptbüro für die inzwischen sieben Unitätsprovinzen bekanntgegeben hat, gab es 2018 insgesamt 850 Gemeinden mit rund 700.000 Mitgliedern. Wir haben etwa 750 ordinierte Pfarrer in allen Provinzen Tansanias und vier Bischöfe. Der zahlenmäßige Anstieg hat zwei Ursachen: Zum einen geht sie auf die große Zahl der Kinder, die in christlichen Familien geboren wurden, zurück; zum anderen ist der Erfolg evangelistischen Wirkens beachtlich. Die missionarische Arbeit ereignet sich vielfältig: Durch offene Glaubenstreffen, während Trauerfeiern, in Jugend- und Frauenarbeit, in christlicher Bildung, auch durch eigene beauftragte Missionare.

In letzter Zeit hat die tansanische Brüdergemeine die Arbeit auf die Nachbarländer ausgedehnt. Es gibt jetzt Herrnhuter in der südlichen Provinz von Malawi; Herrnhuter in der südwestlichen Provinz von Zambia, Herrnhuter im Kongo, in Kenia, Uganda, Burundi und in der westlichen Provinz von Ruanda. In die oben aufgeführten Statistiken sind nicht Kirchenmitglieder und Gemeinden anderer Länder einbezogen, obwohl das Evangelium aus den tansanischen Provinzen kam.

Die sechs Provinzen mitsamt einer Missionsprovinz in Tansania haben meist Partnerschaften entsprechend dem historischen Hintergrund. Die südliche und die südwestliche Provinz, die Rukwa-Provinz und die nördliche Provinz haben Beziehungen zur Herrnhuter Missionshilfe (HMH) in Deutschland und zur Mission 21 in der Schweiz. Die Provinz von Rukwa hat auch eine Partnerschaft mit dem Verband der dänischen Brüdermission (BDM). Die westliche Provinz unterhält Beziehungen zur Missionsgesellschaft der Britischen Provinz, dem amerikanischen Board of World Mission und der BDM. Einige Provinzen haben auch Partnerschaften mit anderen Missionsgesellschaften, z. B. der Zeister Missionsgesellschaft (ZZG) und mit verschiedenen Werken der Evangelisch-Lutherischen Kirche (VELKD) in Deutschland.

Zum jetzigen Zeitpunkt kann sich finanziell keine der tansanischen Provinzen selbst tragen. Finanzielle Engpässe hat es seit dem Beginn der Arbeit immer gegeben.

2.5 Bedeutende Veränderungen und Herausforderungen

Wenn wir in die Zukunft der Herrnhuter Brüdergemeine in Tansania blicken, dann würde ich gern einige bedeutende Entwicklungen und Herausforderungen erwähnen, mit denen wir uns konfrontiert sehen.

(1) Die Provinzen in Tansania haben eigentlich eine gemeinsame Gottesdienstpraxis, indem sie eine Liturgie für alle Gottesdienste vorsehen. Aber es gibt einige Veränderungen, die von dem Gemeindeleiter abhängen und somit unterschiedlich sein können. In Tansania sagen wir: „Wenn du dich im Gottesdienst am Singen erfreuen möchtest, gehe in den reinen Herrnhuter Sonntagsgottesdienst; wenn du ein gut aussehendes Kirchengebäude sehen möchtest, gehe zur römisch-katholischen Kirche; wenn du eine gute Spendenaktion sehen möchtest, gehe zur lutherischen Kirche." Die Gottesdienste sind wirklich sehr lebendig und können manchmal stundenlang andauern. Traditionelle Lieder sind im Gottesdienst weniger gebräuchlich. Viele junge Menschen singen lieber Chorlieder als Choräle. Wer wirklich Herrnhuter Gesänge hören möchte, erwarte nicht klassische Musik in unseren tansanischen Kirchen. Die traditionelle Musik kann noch in ländlichen Gegenden gehört werden, wo die ältere Generation lebt und am Gottesdienst teilnimmt. Viele junge Menschen ziehen Gitarren in der Kirche vor, die wie in einer Band in Europa oder Amerika gespielt werden. Insgesamt lässt sich sagen, dass der traditionelle Gesang von Liedern, die in

der Herrnhuter Brüdergemeine vor 20 Jahren gesungen wurde, heute in unseren Gottesdiensten nicht mehr oft zu hören ist.

Viele Gottesdienste haben eine neue Art von Lobpreis von den Pfingstkirchen im Land übernommen; dies wird besonders bei Jugendlichen und in der Erweckungsbewegung innerhalb der Kirche erkennbar.

(2) In der Vergangenheit wurden europäische und amerikanische Organisations- und Verwaltungsstrukturen übernommen. Dies hat jedoch dazu geführt, dass die Provinzen zu viel Geld für die Verwaltung ausgegeben haben. Während die Herrnhuter in Europa und Amerika im Laufe der Zeit die Verwaltungsstrukturen ihrer Provinzen veränderten, haben die Herrnhuter in Tansania weiter an dem alten System festgehalten. Es gibt zu viele Angestellte in den Kirchenämtern und auch im bezahlten Außendienst, was zu ernsthafter finanzieller Belastung geführt hat. Um die Zukunft der tansanischen Kirche zu sichern, ist es notwendig, einige Veränderungen vorzunehmen, besonders durch moderne Technologien, um Verwaltungsstellen einzusparen. Viele Pfarrer werden beschäftigt und eingestellt, ehe die Finanzierung gesichert ist.

Mit finanziellen Herausforderungen ist die Kirche heute besonders konfrontiert. Die Fonds „ehemaliger Spender“ versiegen, die wirtschaftliche Lage in Tansania allgemein und auch in unsere Kirche ist nicht vielversprechend. Viele Provinzen in Tansania sind auf Grund finanzieller Schwierigkeiten verschuldet. Die Hauptherausforderung ist: Können die Kirchen in Tansania weiter versuchen, neue Arbeitfelder zu beginnen, wenn nicht sicher ist, ob sie ausreichende Fonds eingerichtet haben werden? Es liegt an den Kirchenführern von heute, ihren Weg vorwärts hinsichtlich ihrer Aktivitäten neu zu bewerten.

(3) Eine weitere Herausforderung und Bedrohung für die Herrnhuter Brüdergemeine in Tansania ist ein Problem, das alle Kirchen in Tansania betrifft, nämlich der der Umgang mit Macht in der Kirchenleitung. Deutlich ist, dass sich mehr Konflikte entwickeln, wenn die Menschen führende Positionen einnehmen wollen. Der Wettbewerb um Führungspositionen sieht oft aus wie das Führen von Wahlkämpfen in der Politik. Jenen, die einmal in führenden Positionen waren, geht es finanziell gewöhnlich besser, als jenen, die auf der unteren Ebene geblieben

sind. Es gibt Machtkämpfe an allen Orten, und es entstehen Konflikt, weil Menschen in höhere Positionen innerhalb der Kirchenstrukturen aufsteigen wollen. Man hat selten den Eindruck, dass es auf die Leitung des Heiligen Geistes zurückzuführen ist, wenn eine Person in eine bestimmte Position gewählt wird. Der Heilige Geist scheint während der Zeit der Wahlen zu schweigen. Dieser Machtkampf hat in einigen Gebieten die Gründung neuer Provinzen befördert, was auch Auswirkungen auf die internationale Struktur der Brüder-Unität hat.

(4) Das Verständnis des Bischofamtes ist eine weitere Herausforderung in der tansanischen Brüdergemeine. Wir würden gern wie andere Herrnhuter in der Welt sein, wo ein Bischof nicht eine spezielle administrative Verantwortung hat, sondern als Pastor für andere Pastoren da ist. In Tansania haben Bischöfe kein Vollzeitamt im Hauptbüro der Provinz. Der Bischof wird zum leitenden Provinzausschuss gerufen, wenn er für einen speziellen Rat gebraucht wird oder wenn er in eine bestimmte Position gewählt worden ist. Der Bischof geht nicht in den Ruhestand, weil er während des Ruhestandes wiedergewählt werden könnte. Gleichzeitig sehen die Herrnhuter in Tansania, wie die Bischöfe anderer Kirchen ein kirchenleitendes Amt wahrnehmen. Sie haben Vollzeitämter und sind durch ihre Anwesenheit Symbolfiguren der Kirche. Das wirft die Frage nach der Position unserer Bischöfe auf und weckt den Wunsch, ein neues Verständnis für das Herrnhuter Bischofsamt in Beziehung zur Verwaltung zu entwickeln. Oft gibt es Machtkämpfe zwischen einem Bischof und dem Vorsitzenden der provinzialen Kirchenleitung. Diese Differenzen haben die Provinzen gespalten. Das Hauptproblem liegt in der Frage, wer mehr Verantwortung für die täglichen Provinzangelegenheiten trägt. Kann ein Bischof während einer Wahl zur Zeit einer Synode in seinem Amt bleiben, ohne Kirchenmitglieder dahingehend zu beeinflussen, wer als Nächstes in ein leitendes Amt gewählt wird?

(5) Die Erweckungsbewegung ist ein bedeutender Teil unserer Kirche. Die ostafrikanische Erweckungsbewegung begann in unserem Land in den 1960er Jahren. Viele Menschen waren glücklich, sich der Bewegung anzuschließen. In den jüngsten Jahren der letzten Zeit ist die Bewegung, jetzt „Neues Leben in Christus" genannt, sehr erstarkt. Ihre Führung entscheidet über Programme und Aktivitäten, manchmal auch ohne die ört-

lichen Pastoren zu konsultieren. Es existieren nationale Büros, die alle Gruppen im Lande lenken.

Darüber hinaus besteht in Tansania eine weitere Gruppe, die „Einheit der Erweckung". In einigen Gemeinden stellen diese zwei Gruppen eine Bedrohung für die gegenwärtige Kirchenstruktur dar. Manchmal sind Kirchenführer Mitglieder in jenen Gruppen, was Konflikte in Entscheidungsprozessen verursacht. Manchmal wenden Gruppenmitglieder mehr Zeit und Geld für diese Organisationen auf als für ihre eigene Kirche. Wie zukünftig mit diesem Problem umzugehen ist, ist offen. Es ist eine ernsthafte Herausforderung für die zukünftige Kirchenstruktur.

(6) Ein weiteres Problem betrifft die Frage, wie die tansanischen Provinzen auf die positive Haltung zur Homosexualität, wie sie von europäischen und amerikanischen Provinzen eingenommen wird, reagieren soll. In der Unitas Fratrum weltweit gibt es große Differenzen bezüglich dieser Fragestellung. Das Thema sollte auf die Agenda für die Unitätssynode von 1995 gesetzt werden, die in Tansania stattfand, aber die tansanische Seite akzeptierte das nicht. Damals und heute vertreten die tansanischen Provinzen die Position, dass sie die Akzeptanz von Homosexualität als eine alternative Lebensform innerhalb ihrer Provinzen total ablehnen. Das wirft schwierige Fragen auf, etwa im Blick auf Grenzen der gegenseitigen Zusammenarbeit mit Partnern in Europa und Nordamerika. Was würde passieren, wenn finanzielle Unterstützung an die Bedingung geknüpft würde, Homosexuelle als Gemeindemitglieder zu akzeptieren? Was würde passieren, wenn Pastoren aus Europa kämen, um in Tansania zu arbeiten und für Homosexualität eintreten würden? Dies sind echte Herausforderungen, denen in den kommenden Jahren begegnet werden muss. Die Herrnhuter in Tansania betrachten Homosexualität wie jede andere Sünde, für welche es in einer afrikanischen Kultur keinen Platz für Akzeptanz gibt. Wie sieht die Zukunft für die Unitas Fratrum aus, wenn in Tansania zukünftig mehr als die Hälfte aller unser Kirchenmitglieder leben? Wie kann man über diese Themen miteinander ins Gespräch kommen?

(7) Schließlich sind schwierige Finanzen eine Hauptbedrohung für die Unitas Fratrum in Tansania. Die Arbeit wurde vor vielen Jahren begonnen, doch zum jetzigen Zeitpunkt ist keine

der Provinzen finanziell unabhängig. Sie hängen von Geld aus Übersee ab und es scheint, dass der Weg der Kirche, sich auf allen Gebieten vollständig selbst zu tragen, noch sehr lang ist. Die Kirche hat sich an zu vielen Orten ausgedehnt, die Zahlen sind stark gewachsen, doch das Einkommen reicht nie aus, um die Lasten zu tragen. Die Kirche kann niemanden dafür verantwortlich machen, denn größtenteils ist es eine Widerspiegelung des niedrigen Nationaleinkommens. Nach 50 Jahren Unabhängigkeit bezieht auch unser Land einen großen Teil seines Einkommens aus der Hilfe anderer Länder. Dasselbe gilt für die Herrnhuter Brüdergemeine in Tansania. Wir hoffen und beten, dass die Kirche vielleicht in ein paar Jahren unabhängig sein wird.

Die Arbeit der Herrnhuter Brüdergemeine hat gute Chancen, im gesamten Land zu wachsen. Es ist ein Geist nach Tansania gelangt, der die Menschen das Wort Gottes hören lassen möchte, begleitet von Wundern der Heilung. Es gibt Menschen mit guten Gaben, die die Herrnhuter Brüdergemeine in alle Teile Tansanias tragen. Die Bereitschaft, Energie auszustrahlen, ist vorhanden, die Absicht hinauszuziehen, ist vorhanden, das Arbeitspotential, um die Arbeit durchzuführen, ist gegeben, das Gesetz des Landes erlaubt es, die Religion auszuüben. Es bleibt die Frage: Können wir die notwendige finanzielle Unterstützung von unseren Herrnhuter Brüdern weltweit bekommen? In den 1970er Jahren, als andere Kirchen beschlossen, ihre Gemeinden überall dort, wo sie hin gerufen wurden, zu gründen, da sie über genügend eigene Ressourcen verfügten, sagten die Herrnhuter in Tansania: „Wir haben genügend Geld, um überall hinzugehen, wohin wir gerufen werden, aber wir haben auch Menschen, die ungeachtet dessen, was sie dafür bekommen, dorthin gehen würden." Die Entscheidung, die vor 40 Jahren getroffen wurde, wird auch in der Zukunft immer wieder zu treffen sein. Doch wir müssen einen Weg finden, das Problem der Belastung durch administrative Kosten zu überwinden. Das Einkommen in Tansania kann ausreichend sein, um die Arbeit auch in künftigen Jahren zu unterhalten, wenn wir unsere finanziellen Prioritäten anders setzen.

Region 2: Europa

1. Die Europäisch-Festländische Provinz

Volker Schulz

1.1 Die Europäisch-Festländische Provinz in ihrer Grundstruktur

Da die historische Entwicklung der Provinz mit der Geschichte der erneuerten Brüder-Unität weitgehend zusammenfällt, muss hier nicht darauf eingegangen werden. Der eigenwillige Name ist der Tatsache geschuldet, dass Mitte des 19. Jahrhunderts die britische Provinz gebildet wurde und alle Arbeit auf dem europäischen Festland (jenseits der britischen Inseln), die von Herrnhut aus durchgeführt wurde, damit beschrieben werden sollte. Heute ist der Name irreführend, da es in Tschechien zwei weitere Provinzen gibt. Vorübergehend war nach dem Zweiten Weltkrieg die Provinz organisatorisch in zwei Distrikte geteilt, den Distrikt Herrnhut für den Bereich der DDR und den Distrikt Bad Boll für alle anderen Gemeinden und Einrichtungen auf dem Festland. Mit dem Zusammenbruch der Sowjetunion und dem friedlichen Machtwechsel in der DDR, die zur deutschen Wiedervereinigung führten, konnte auch die Provinz ihre Distriktsaufteilung auf der Synode 1992 in Königsfeld / Schwarzwald wieder aufheben. In den Jahren der Teilung in zwei Distrikte musste die praktische Arbeit zwar durch zwei organisatorisch getrennte Kirchenleitungen geführt werden, aber das einende Band blieb die gemeinsame Kirchenordnung. Änderungen an der Kirchenordnung wurden auf getrennten Synodaltagungen derart vorbereitet, dass diese dann alternierend von der jeweils späteren Tagung nachvollzogen und gemeinsam veröffentlicht werden konnten.

Die Evangelische Brüder-Unität ist eine synodal-presbyteriale Kirche, deren oberstes Leitungsgremium die Provinzialsynode ist, zusammengesetzt aus gewählten Vertretern der Gemeinden, Mitgliedern von Amtes wegen und von der Kirchenleitung berufenen Vertretern. Die Direktion, so der Name der Kirchenleitung, wird von der Synode gewählt und amtiert zwischen den Synodaltagungen. Gemeindliche Ordnungen müssen mit der synodal verabschiedeten Kirchenordnung übereinstimmen; Gruppierungen, die sich in loserer Form an die Brüder-Unität gebunden haben, dürfen in ihren Ordnungen keine Aussagen enthalten, die in zentralen Punkten der Theologie und Praxis der Brüder-Unität widersprechen. Analog zur Synode ist auf Gemeindeebene der gewählte Ältestenrat das Leitungsorgan, das die Gemeinde nach außen hin vertritt und im Inneren das Gemeindeleben verantwortlich gestaltet. Dem Ältestenrat gehören der zuständige Pfarrer bzw. die Pfarrerin als geborenes Mitglied an, deren Ausbildungsweg (Universitäts- und Hochschulstudium) und kirchliche Ordination dem landeskirchlichen Pfarrdienst entspricht. Gleichwohl kommt ein besonderer Akzent des geistlichen Amts in der Brüdergemeine darin zum Ausdruck, dass Pfarrer und Pfarrerinnen als „Gemeinhelfer" verstanden werden, was ein komplementäres Verhältnis von ordiniertem Amt und Gemeinde widerspiegelt.

1.2 Eine Provinz in vielen Ländern

Die heutige Gestalt der Herrnhuter Brüdergemeine als Europäisch-Festländischer Provinz hat sich vor allem nach dem Zweiten Weltkrieg entwickelt. War sie bis dahin eine deutsche Provinz mit einzelnen Gemeinden im Ausland (Christiansfeld/DK, Zeist/NL, Montmirail/CH), veränderte sich ihre Gestalt sukzessive bis heute zu einer Provinz, die sich auf acht europäische Länder erstreckt: Schweden, Dänemark, Estland, Lettland, Deutschland, Niederlande, Schweiz und Albanien. Zum gegenwärtigen Zeitpunkt (2019) bestehen in der Provinz insgesamt 24 Gemeinden und zwölf Sozietäten und Freundeskreise, mit ungefähr 14.530 Mitgliedern. Darüber hinaus gehören zur Brüder-Unität mehrere Schulen und verschiedene diakonische Einrichtungen, sowie kircheneigene Wirtschaftsbetriebe.

1.2.1 Deutschland

In Deutschland ist die Herrnhuter Brüdergemeine eine Körperschaft des öffentlichen Rechts, als besondere evangelische Kirchengemeinschaft zuletzt staatlich anerkannt durch eine Bekanntmachung des Kultusministeriums von Baden-Württemberg vom 19. Februar 1948. Durch die großen Flüchtlingsströme am Ende des Zweiten Weltkriegs und den Verlust der schlesischen Gemeinden waren die Mitglieder so über Deutschland verteilt, dass die Frage nach der Betreuung von Mitgliedern, die nicht in einer traditionellen Ortsgemeinde wohnten, dringlich wurde. Das System der geschlossenen Ortsgemeinden war schon im Kaiserreich durch die freie Wohnsitzwahl geschwächt worden, auch zogen immer mehr Mitglieder der Arbeit wegen an andere Orte. In der Zeit nach dem Zweiten Weltkrieg kam es nur zu einer neuen Gemeindegründung, dem Ort Neugnadenfeld, der 1949 im Emsland nahe der niederländischen Grenze vorwiegend durch vertriebene Bauern aus dem Osten angelegt wurde. Daneben wurden den bestehenden Gemeinden umliegende Regionen zur Mitgliederbetreuung zugeordnet, so dass alle Gemeinden neben ihrem ursprünglichen Kern auch einen Bereich haben, in dem Mitglieder leben.

Weil die Betreuung dieser Mitglieder durch die ursprüngliche Gemeinde aufgrund der großen Distanzen und der starken Zerstreuung oft schwierig war, kam es zu zwei Tendenzen. Zum einen entstanden Regionalgemeinden, auch Bereichsgemeinden genannt, als geografische Einheiten, die von der ursprünglichen Gemeinde abgetrennt wurden, so etwa die Gemeinden Nordrhein-Westfalen und Rhein-Main. Gleichermaßen wurde aus der ursprünglichen Stadtgemeinde Hamburg, die noch nach dem Zweiten Weltkrieg eine Barackenkirche erhielt, die später der Universität weichen musste, eine Regionalgemeinde, die von der dänischen Grenze bis in die Gegend von Göttingen reicht. Zum anderen wurde der Gedanke Zinzendorfs von der „Gehilfenschaft in den Kirchen", der zu einer blühenden Diaspora-Arbeit geführt hatte, wieder aufgenommen. Den verstreut lebenden Mitgliedern wurde eine Doppelmitgliedschaft in der landeskirchlichen Gemeinde vor Ort nahe gelegt, um dort aktiv mitzuarbeiten und ökumenische Verbindungen zu schaffen. In seinem Gespräch mit Vertretern der Brüdergemeine hat

Karl Barth 1962 diese Existenzform als „ecclesia pro ecclesia" bezeichnet.[1] Dass diese Art, nicht aggressiv neue Mitglieder zu werben und sich konfessionell abzugrenzen, sondern ökumenisch in die anderen Kirchen hinein zu wirken, die äußere Existenz auf lange Sicht bedroht, darf hier nicht verschwiegen werden.

1.2.2 Niederlande

In den Niederlanden entstand schon in der Anfangszeit, vor allem durch den Eindruck, den Zinzendorf 1736 bei einer Reise hinterließ, eine erste Niederlassung, Heerendijk bei Ijsselstein, nahe Utrecht, die vor allem als Stützpunkt für durchreisende Missionare diente. 1746 kam es mit dem Ankauf von Zeist zur Gründung einer Ortsgemeinde, die das Zentrum der brüderischen Arbeit in den Niederlanden bildete und auch architektonisch eine klare Herrnhuter Prägung zeigt. Daneben bildeten sich Gruppen in Haarlem und Amsterdam. In diesen ersten Gemeinden war Deutsch die Amtssprache; sie blieben klein – Amsterdam wurde anfangs des 19. Jahrhunderts geschlossen –, hatten aber Ausstrahlung in die niederländische Kirchenlandschaft hinein. 1793 wurde als Missionsgesellschaft die Zeister Zendingsgenootschap (ZZG) gegründet, die 1927 mit der direkten Leitung der Mission in Surinam beauftragt wurde, damals noch eine niederländische Kolonie. 1936 wurde die Gemeindearbeit in Amsterdam wieder aufgenommen. Als Reaktion auf die Besetzung des Landes durch Nazi-Deutschland wechselte die Amtssprache zu Niederländisch; das ließ die Gemeinden stark wachsen. Nach dem Krieg erhielten diese Gemeinden eine neue Aufgabe durch Surinamer, die der Ausbildung oder des Studiums wegen ins Land kamen, bzw. Arbeit suchten. Diese Aufgabe erhielt eine ganz neue Dimension, als Surinam 1975 selbständig wurde. Fast ein Drittel der surinami-

---

[1] Eberhard Busch (Hg.), *Karl Barth Gesamtausgabe, Bd. 25, Gespräche 1959–1962*, Zürich 1995, 124–157, hier 152. Vgl. auch Niels Gärtner, Das Verhältnis evangelische Landeskirche – Herrnhuter Brüdergemeine: Ortsgemeinde, Regionalgemeinde, Doppelmitgliedschaft. Gelebte Gemeindemodelle der Herrnhuter Brüdergemeine, in: Burkhard Neumann und Jürgen Stolze (Hg.), *Kirche und Gemeinde aus freikirchlicher und römisch-katholischer Sicht*, Paderborn 2010, 179–194.

schen Bevölkerung zog im Vorfeld in die Niederlande. So waren plötzlich Tausende surinamischer Kirchenmitglieder im Land, die eine geistliche Heimat brauchten. In Rotterdam, Den Haag, Amsterdam-Zuidoost und in Noordholland entstanden große Gemeinden von Migranten, welche die mit einer eher volkskirchlichen Prägung aufgewachsen Surinamer aufnahmen, mit ihren besonderen kulturellen Traditionen, Frömmigkeitsformen und Liedgut. Auch mussten Kreise gebildet werden für bestimmte ethnische Gruppen aus Surinam (Chinesen, Javaner, Hindustanen), die neben dem Niederländischen eine andere Muttersprache besitzen. Inzwischen hat ein Transformationsprozess eingesetzt: Das volkskirchliche Element ist weiterhin vorhanden, zugleich hat sich in der dritten Einwanderungsgeneration eine eigene, europäisch-surinamische Tradition entwickelt. Doppelmitgliedschaft spielt praktisch keine Rolle, dafür besitzt die Brüdergemeine eine wichtige Rolle als Sprachrohr für Migrationsgemeinden.

Kirchlich gesehen bilden diese beiden Länder Deutschland und die Niederlande den Kern der Provinz mit einer gemeinsamen Mitarbeiterschaft im geistlichen Dienst, die von der Kirchenleitung auf ihre Stellen berufen wird und von ihr ein einheitliches Gehalt erhält, das aus der Kirchenkasse, gespeist durch Mitgliedsbeiträge aus den Gemeinden, finanziert wird. Weitere Säulen für die kirchlichen Finanzen sind die Einnahmen durch die Herrnhuter Losungen (einschließlich Losungsspende) und Einnahmen durch die wirtschaftliche Tätigkeit von kircheneigenen Betrieben, darunter die Herrnhuter Sternmanufaktur.

1.2.3 Skandinavien (Schweden, Dänemark)

Schon Zinzendorf hatte Kontakt zu schwedischen Pietisten. Nachdem der anfängliche Widerstand landeskirchlicher Behörden gegen die Herrnhuter abnahm, wurden in einigen Städten Schwedens, aber auch Finnlands und Norwegens, Freundeskreise organisiert, sogenannte Sozietäten, die wichtigste davon in Stockholm. Die meisten davon sind anfangs des 19. Jahrhunderts in der Erweckungsbewegung aufgegangen. Nur in Göteborg mit einer ausgeprägten Jugendarbeit für die lutherische Landeskirche und in Stockholm existiert jeweils noch eine

Herrnhuter Arbeit, die unter anderem durch eigene Stiftungen überlebt hat. Darüber hinaus gibt es in Schweden wie in Finnland eine eigene Ausgabe der Herrnhuter Losungen.

Erste Verbindungen nach Dänemark kamen ab 1731 durch Zinzendorfs Verwandtschaft zum dänischen Königshof zustande, wenn auch die dänischen Behörden dem brüderischen Wirken lange Zeit ablehnend gegenüberstanden. Da ein reges Interesse an der Brüdergemeine begann und verschiedene „Erweckte" nach Herrnhut auswanderten, waren die dänischen Behörden beunruhigt. Das Gesuch nach einer Gemeindegründung in Dänemark wurde abgelehnt, aber in Kopenhagen bildete sich 1739 eine Sozietät, zu deren Mitgliedern später auch der Vater Søren Kierkegaards gehörte. Erst 1773 wurde aufgrund einer Erlaubnis unter Beteiligung des dänischen Königs Christian VII. in Südjütland eine Gemeinde gegründet, die den Namen Christiansfeld erhielt. Sie ist bis heute organisatorisch eigenständig, der Pfarrer muss aus der dänisch-lutherischen Kirche kommen und wird durch die Gemeinde selbst besoldet. Der Ort ist zum Sitz verschiedener Missionsorganisationen geworden, darunter auch die dänische Mission der Brüdergemeine BDM (Brödremenighedens Danske Missionsforening). Auch die dänische Losungsausgabe trägt zur Ausstrahlung der Brüdergemeine bei. Als geschlossenes architektonisches Ensemble ist Christiansfeld im Jahr 2015 in die Liste des UNESCO-Weltkulturerbes aufgenommen worden.

1.2.4 Schweiz

Auch in der Schweiz standen persönliche Verbindungen Zinzendorfs Pate für die Ausbildung kirchlicher Strukturen. Der Schweizer Aristokrat Friedrich von Wattenwyl war sein Jugendfreund, mit ihm hatte er die Schulzeit in Halle verbracht und fand in ihm später einen wichtigen Mitarbeiter. Der Wohnsitz der Familie in Montmirail nahe Neuchâtel sollte bald eine wesentliche Rolle für die Herrnhuter Brüdergemeine in der Schweiz spielen. Der Besuch Zinzendorfs in der Schweiz 1740 führte zur Bildung von Freundeskreisen in mehreren Städten, unter anderen den noch heute existierenden Herrnhuter Sozietäten in Basel, Bern und Zürich. Diese Sozietäten entwickelten sich im 19. Jahrhundert zu einem Sammelbecken landeskirchlicher Pfarrer für die eigene Glaubensstärkung und den theologischen Austausch, speziell im Basler Raum. Umgekehrt waren Mitglieder der Basler Sozietät mitbeteiligt bei der Gründung der Basler Mission im Jahr 1815. In Montmirail entstand 1766 ein Mädchenpensionat, das bis zum Jahr 1986 bestand. Auch gab es seit 1830 in Lausanne und ab 1873 in Prangins ein Jungeninternat, das im Ersten Weltkrieg geschlossen werden musste.

Die Schweizer Sozietäten haben nach dem Ersten Weltkrieg eine eigene Missionsorganisation gebildet, die als Herrnhuter Mission im Jahr 2000 zu den Gründungsmitgliedern von Mission 21, dem Missionswerk in der Deutschschweiz, gehörte. Nach dem Zweiten Weltkrieg schlossen sich die Sozietäten in einem Dachverband zusammen, der Herrnhuter Brüdergemeine in der Schweiz, die die gemeinsame Arbeit koordiniert und die Herausgabe der Losungen als eigenständiger Schweizer Ausgabe und der französischsprachigen Ausgabe verantwortet. Ein besonderes Projekt, an dem sich die Brüdergemeine in der Schweiz beteiligt, ist das „Haus der Religionen" in Bern, das mehrere Religionsgruppen unter einem Dach zusammenbringt. Dass dieses Projekt 2014 Wirklichkeit wurde, ist wesentlich dem Engagement des damaligen Herrnhuter Pfarrers in Bern, Hartmut Haas, zu verdanken.

1.2.5 Baltikum (Estland, Lettland)

Das „Livländische Werk", die Tätigkeit der Herrnhuter Brüdergemeine bei den Esten und Letten und einigen Baltendeutschen, reicht bis in die Anfänge Herrnhuts zurück. Ausgangspunkt war der Hallesche Pietismus, der über Prediger und Schulrektoren, Lehrer und Hofmeister bei baltischen Adligen Eingang fand. Daran knüpften die Herrnhuter an. Bereits 1729 waren Christian David und Timotheus Fiedler evangelistisch unterwegs. Als Zinzendorf 1736 Livland besuchte, brachten ihm maßgebliche kirchliche und adlige Kreise große Sympathien entgegen. Zinzendorf setzte sich für den Druck von Bibeln in estnischer und lettischer Sprache ein, da ihm die Bekehrung der einfachen Leute am Herzen lag. Ihm war es dann auch mit zu verdanken, dass die erste estnische Bibel 1739 in Königsberg gedruckt werden konnte, an deren Übersetzung unter anderem auch der spätere Bischof der Brüdergemeine

Albert Anton Vierorth mitgearbeitet hatte. In ähnlicher Weise bemühte sich Zinzendorf auch um den Neudruck der lettischen Bibel.

Die Herrnhuter Boten gingen zu den leibeigenen estnischen und lettischen Bauern, die noch unter den verheerenden Folgen des Nordischen Krieges (1700–1721) litten. Zugang fanden sie vor allem durch Lieder, so dass sich die Diasporaarbeit der Herrnhuter unter den Esten und Letten treffend als „singende religiöse Bewegung" charakterisieren lässt. Wesentlich für die Belebung des christlichen Glaubens und für die weitere Ausbreitung der Herrnhuter Arbeit war die aktive Beteiligung von Laien. Dem dienten auch die zahlreichen Schulen, die auf den Höfen baltischer Adliger entstanden. Es gibt in der Kirchengeschichte kaum ein vergleichbares Beispiel, wo auch nur annähernd in gleichem Maß aus der Bauernschaft ein so zahlreiches und aktives Laienpriestertum hervorgegangen ist. Die Herrnhuter Bewegung spielte darum auch eine entscheidende Rolle auf dem Weg der Esten und Letten zur gesellschaftlichen und nationalen Emanzipation.

Mit dem Regierungsantritt der Zarin Katharina II. wurde die Brüdergemeine als Kulturträger erkannt; sie erhielt 1764 volle Gewissens- und Glaubensfreiheit im Russischen Reich. Davon profitierte auch das Baltikum. 1817 erteilte Zar Alexander I. ein Gnadenmanifest für die Brüder im Baltikum. Die Herrnhuter Bewegung nahm einen stürmischen Aufschwung und gewann in einigen Gebieten Estlands den Charakter einer Volksbewegung. Um 1850 existierten etwa 270 Bethäuser, in denen knapp 8.000 sogenannte Nationalgehilfen über 70.000 Sozietätsmitglieder betreuten. Jedoch fühlte sich nun die evangelisch-lutherische Kirche in ihrer Existenz bedroht. Da trotz des Gnadenmanifestes die rechtliche Situation der Herrnhuter Gemeinschaften verworren und unklar blieb – ihre Mitglieder waren einerseits Mitglieder der lutherischen Landeskirche, andererseits waren die Herrnhuter Gruppen ihre geistliche Heimat – intervenierte die lutherische Kirche erfolgreich bei der Generalsynode 1857, die daraufhin die Aufhebung der wesentlichen Eigentümlichkeiten der Herrnhuter Gemeinschaften beschloss. Damit brach das Werk zusammen. Die Bethäuser verwaisten, die Zahl der Gruppen schwand dahin. Nutznießer dieser Entwicklung wurden die bald auch ins Baltikum vordringenden Freikirchen, wie Baptisten, Methodisten und die Heilsarmee. Der Krieg von 1914 und die Revolution von 1918 änderten die Gesamtsituation grundlegend. Die Posten der Brüdergemeine in Lettland und Estland wurden bis auf die in Riga und Dorpat (Tartu) aufgegeben. 1941 fand die Brüdergemeine in Estland mit dem Einmarsch der sowjetischen Truppen aufgrund des Hitler-Stalin-Paktes fast ein Ende. Ihre Tätigkeit wurde verboten, die Gebetssäle beschlagnahmt und enteignet. Die Arbeit konnte jedoch dort, wo es eine gute Verbindung zum lutherischen Pfarrer gab, im Verborgenen fortgesetzt werden.

Nach der „Singenden Revolution“ ist Estland seit dem 6. September 1991 eine selbständige Republik. Mit Unterstützung der lutherischen Kirche wurde die Brüdergemeine mit ihren bestehenden kleinen Resten im Februar 1990 unter dem Namen „Evangelische Brüdergemeine in Estland“ (EEVK) staatlich anerkannt. Sie arbeitet auch weiterhin innerhalb der lutherischen Kirche und ist seit 1992 in der Europäisch-Festländischen Provinz als Sozietät verankert. Die gesamte Arbeit wird von Laien getragen. Einzelne Gebetssäle sind in den letzten Jahren der Brüdergemeine wieder übertragen worden.

In Lettland war die Arbeit der Herrnhuter Brüdergemeine komplett untergegangen; hier wurde erst 1997 wieder eine Herrnhuter Arbeit aufgenommen. Inzwischen gibt es unter anderem eine Schule in der Nähe von Madona, die von einer ökumenischen Kommunität getragen wird und Kontakt zur Brüdergemeine pflegt. Die Brüdergemeine in Lettland wurde auf der Synodaltagung 2006 als Diasporagemeinschaft in die Provinz aufgenommen; sie hat sich 2015 eine Satzung gegeben, die ihren Charakter als geistliche Bewegung betont, und umfasst verschiedene Arbeitszweige (Männer- und Frauenkreise, Kinderlager im Sommer) mit den Schwerpunkten der persönlichen Frömmigkeit und ökumenischer Offenheit.

1.2.6 Albanien

Nach dem Zusammenbruch des Ostblocks und der Öffnung Albaniens, das sich bis dahin völlig abgeschottet hatte und keine christlichen Kirchen erlaubte, kamen vor allem Frauen aus Bildungskreisen mit der Bibel und dem Evangelium von Jesus Christus in Berührung. Sie suchten nach Unterstützung und kamen in Kontakt mit der dänischen Mission der Brüdergemeine. So ist seit 1993 im Land eine kirchliche und missionarische Arbeit entstanden, deren Schwerpunkte in der Arbeit mit Kindern und Jugendlichen sowie diakonischer Tätigkeit unter Armen liegt. In der Anfangszeit durch dänisch-lutherische Missionare geprägt, hat sich diese Arbeit dann als Kisha Luterane Moraviane Shqipëri (Lutherisch-Brüderische Kirche in Albanien) der Brüder-Unität angeschlossen. In Albanien ist sie aufgrund der rechtlichen Bedingungen als Stiftung organisiert. Zentren sind Tirana, Bathore, Burrel, Elbasan und Pogradec, wo ein kircheneigener Campingplatz existiert. Die missionarische Arbeit wurde auf der Synode 2010 in Herrnhut als Teil der Provinz aufgenommen und wird durch die verschiedenen Missionsorganisationen der Brüder-Unität unterstützt. Bis jetzt wird die Arbeit ausschließlich durch Laien geleitet, für Sakramente kommen Pfarrer der Brüdergemeine aus anderen Ländern ins Land. Doch wächst der Wunsch nach eigenen theologischen Fachkräften.

1.3 Eine Provinz mit vielen Gemeinschaftsformen

Die Europäisch-Festländische Provinz zeichnet sich, vor allem durch die geschichtliche Entwicklung bedingt, durch eine große Vielfalt an Gemeinschaftsformen aus. Das spiegelt zum einen das Bestreben wider, den Einzelnen einen Platz in der Gemeinschaft zu bieten, steht aber auch für den Zwiespalt zwischen loser Bewegung und fester Kirche. Zinzendorf schwebte eine Sammlung von Christen in der Kirche als geordnete Zusammenschlüsse von Glaubenden auf dem Weg der Nachfolge Christi zum Dienst in der Kirche vor. Heute gibt es zahlreiche Modelle kirchlicher Gemeinschaft:

- Es gibt die klassische Ortsgemeinde, deren Mitglieder in einem überschaubaren Raum zusammenleben.
- Es gibt die Stadtgemeinden, deren Mitglieder in der Stadt oder der Umgebung leben und in ihr ein Zentrum als Versammlungsort haben.
- Es gibt Regionalgemeinden, deren Mitglieder über eine große Fläche verstreut leben und die mehrere Zentren haben.
- Es gibt Gemeinbereiche, deren Mitglieder außerhalb der beiden erstgenannten Gemeindeformen verstreut leben und

ihnen zugeordnet sind, aber keine eigenständige Gemeinde bilden.

• Neben den klassischen Ortsgemeinden und Stadtgemeinden hat es von Anfang an die Sozietäten gegeben als Freundeskreise, die in ihre Kirchen hineinwirken. Diese sind bis heute in der Schweiz, in Skandinavien und als Sondergestalt in Estland vorhanden.

• Dazu kommen die Diasporagemeinschaften, zu denen Mitglieder anderer Kirchen gehören. Diese Form war bis 1945 in Deutschland und in Westpolen weit verbreitet, existiert aber nicht mehr; sie ist dafür in Lettland neu entstanden.

Im Rahmen der Neulandmission existiert mit der „Haltestelle“ in Cottbus seit kurzem eine neue Form der niederschwelligen Missions- und Gemeinschaftsarbeit, die sich bewusst an kirchenferne Menschen wendet und ihnen in praxisnahen Bezügen das Evangelium näher bringen will. In Albanien wiederum gibt es Gruppen, die sich durch einen missionarischen Prozess auf dem Weg zur Bildung von Gemeinden befinden.

1.4 Eine Provinz und ihre ökumenischen Beziehungen

Eine Provinz, die sich über acht Länder erstreckt, besitzt natürlich vielfältige ökumenische Beziehungen, zumal wenn die Kirchenordnung sie mit ihren „Gemeinden und Sozietäten zur ökumenischen Zusammenarbeit mit den sie umgebenden Kirchen verpflichtet“ (§ 1101). Da sich die Herrnhuter von ihrem Selbstverständnis her nicht einem Lager zuordnen wollen, sind sie in den verschiedenen ökumenischen Gremien auf lokaler, regionaler und landesweiter Ebene tätig, beteiligen sich aber auch an Allianztreffen und ähnlichen Veranstaltungen.

In Deutschland ist die Herrnhuter Brüdergemeine der EKD angegliedert (Kirchengesetz vom 12. Januar 1949), daneben ist sie Mitglied der Arbeitsgemeinschaft Christlicher Kirchen in Deutschland (ACK) und Gastmitglied in der Vereinigung Evangelischer Freikirchen (VEF). Die Kirchenordnung der Brüder-Unität läßt es zu, dass Mitglieder der Brüdergemeine zugleich Mitglied einer anderen evangelischen Kirche sein können. Diese „Doppelmitgliedschaft“ ist insbesondere bei den Landeskirchen sehr verbreitet und auch vertraglich verankert.

In den Niederlanden ist die Brüdergemeine Gründungsmitglied des Raad van Kerken in Nederland, dem Ökumenischen Rat der Niederlande.

In den Sozietäten sind die Ordnungen meist so gehalten, dass neben den Mitgliedern evangelischer Landeskirchen auch Christen anderer Traditionen dazukommen können, etwa Baptisten, Methodisten oder Katholiken. Auch die Missionsorganisationen sind Mitglieder der jeweiligen regionalen bzw. nationalen Missionsräte. Kurz gefasst könnte man sagen: Herrnhuter Brüdergemeine ist ökumenisch – oder sie ist nicht.

1.5 Das Leitbild der Provinz

Auf der Synodaltagung 2012 in Königsfeld / Schwarzwald hat sich die Provinz nach einem intensiven Diskussionsprozess, der selbst während der Synode noch Textänderungen zuließ, ein Leitbild gegeben, das versucht, die spezifische Situation der Provinz in Worte zu fassen. So folgen einer Präambel vier kurze Abschnitte zu je zwei komplementären Begriffen:

„Die Evangelische Brüder-Unität – Herrnhuter Brüdergemeine ist eine protestantische Kirche. Sie ist ein europäischer Zweig der internationalen Brüder-Unität. Ihre Wurzeln liegen in der tschechischen Reformation und in der Herrnhuter Bewegung um Nikolaus Ludwig von Zinzendorf. Sie glaubt mit der ganzen Christenheit an den dreieinigen Gott, wie er sich in der Bibel offenbart.

Jesus Christus steht für uns im Zentrum. Mit seinem Leben hat er uns gezeigt, wie Gott ist. Er hat uns Liebe, Vergebung und Gemeinschaft gelehrt und ging damit bis zum Äußersten, zum Tod am Kreuz. Christus ist auferstanden. Wir vertrauen auf ihn, auch da, wo wir scheitern und schuldig werden. Er begegnet uns als Bruder, der uns befreit, befähigt und beauftragt, seine Liebe weiterzugeben.

So möchten wir gern:

Vielfalt leben. Grenzen überwinden

In unserer Kirche sind Menschen verschiedener Kulturen, Sprachen und Traditionen zu Hause. Diese Vielfalt prägt unser kirchliches Leben, bereichert uns und fordert uns heraus. Wir öffnen uns für die Begegnung mit Menschen, die anders leben und glauben als wir. Weil Migration einen großen Einfluss auf unsere Kirche hat, können wir Grenzen überwinden. Wir gestalten Einheit in Verschiedenheit.

In Gemeinschaft leben. Einzelne wertschätzen
Durch Jesus werden wir zu Schwestern und Brüdern. Wie er, wollen wir aufmerksam sein für Benachteiligte, einander wertschätzen – auch in Konflikten. Wir nehmen einander an als Menschen mit unterschiedlichen Überzeugungen, Begabungen und Biographien und bringen diese in unsere Gemeinschaft ein. Wir haben unter uns keine Rangordnungen.

Glauben leben. Hoffnung weitergeben
Unser Glaube gewinnt Gestalt in unserem Alltag, in unserem Singen, Beten und Arbeiten. Die Losungen helfen uns Gottes Wort konkret werden zu lassen. Sie verbinden uns untereinander und mit Christen aus anderen Kirchen. Mit diakonischen Einrichtungen, Schulen und Missionsorganisationen engagieren wir uns für Andere. Wir setzen uns für Gerechtigkeit, Frieden und die Bewahrung der Schöpfung ein. Mit Wort und Tat bezeugen wir unsere Hoffnung und laden zum Glauben ein.

Aus dem Erbe schöpfen. Zukunft gestalten
Vielfältige Glaubenserfahrungen, Gottesdienstformen und Aufgaben sind uns als Erbe anvertraut. Immer neu prüfen wir, was für Menschen heute segensreich sein kann. Im Vertrauen auf Gottes lebendigen Geist gestalten wir Neues. Wir verlassen uns nicht auf uns selbst, sondern auf Gottes Verheißungen."[2]

Diese Formulierungen stellen den Versuch dar, die Erfahrungen einer Migrantenkirche in Geschichte und Gegenwart mit ihrem christozentrischen Ansatz und der Ausrichtung von Glauben im Alltag zusammenzubringen. Dies zu leben bleibt weiterhin eine Herausforderung.

---

[2] Direktion der Evangelischen Brüder-Unität (Hg.), *Beschlüsse und Erklärungen der Synode 2012*, Bad Boll / Herrnhut / Zeist, 2012, S. 6, Nr. 1.

2. Die britische Provinz

Jackie Morten

Obwohl in dem Gebiet, das später zur „British Province“ wurde, schon 1742 eine erste Gemeinde entstand, wurde es erst 1848 zu einer Unitätsprovinz gemacht und war noch bis 1869 mit ihrer Kirchenleitung nicht ganz eigenständig.[1] Die Provinz brauchte einige Jahre, um ihren eigenen Weg nach vorn zu finden, doch schließlich, in der Wende vom 19. zum 20. Jahrhunderts, entstand eine Aufbruchsstimmung, die das Wachstum und die Neugründung von Gemeinden begünstigte.[2] 1914 erreichte die Mitgliedschaft der Provinz mit 3914 registrierten abendmahlsberechtigten Mitgliedern ihrem Höhepunkt. Die heutigen Zahlen belaufen sich auf kaum ein Viertel davon.

Auch wenn die Herrnhuter Brüdergemeine in Großbritannien, die dort als Moravian Church bekannt ist, sich niemals um große Aufmerksamkeit bemüht hat, bildete ihre historische Verbundenheit mit Deutschland in der ersten Hälfte des 20. Jahrhunderts eine beträchtliche Hypothek in der öffentlichen Wahrnehmung. Der Leiter des Fairfield College, der damaligen Theologischen Ausbildungsstätte der Provinz, schlug deshalb vor, dass die Bezeichnung „Moravian Church“ abgeschafft werden sollte: „Da es sich nicht um eine ausländische Kirche handelt, wie wir alle wissen, weshalb soll man ihr dann einen fremdländischen Namen geben? Unsere gegenwärtige, übernommene Bezeichnung war immer unglücklich und ist jetzt unglücklicher als je zuvor.“[3] Dieser Vorschlag wurde nicht angenommen, doch fand er ein gewisses Maß an Unterstützung, was zeigt, welche Unklarheiten und sogar Spannung es im Hinblick darauf gab, was es bedeutet, ein autonomer Teil eines internationalen Ganzen zu sein. Noch bis zum Zweiten Weltkrieg hielt diese Unsicherheit an. So schrieb der geachtete Pfarrer W. Smith 1943 in der Kirchenzeitung „The Messenger“,

---

[1] The Church of England and the Moravian Church in Great Britain and Ireland, *Anglican-Moravian Conversations,* London 1996.

[2] Davon existieren heute noch: Queen's Park, Bedford, Cliftonville, Belfast und Swindon.

[3] Aus einem Artikel von A. H. Mumford in: *The Messenger*, 13. Mai 1916, 116.

dass die britischen Gemeinden praktisch nicht von anderen nonkonformistischen Glaubensgemeinschaften zu unterscheiden seien und es deshalb nicht länger die Notwendigkeit einer separat organisierten Brüderkirche gäbe. Diese Meinung setzte sich jedoch nicht durch, und nachdem der Krieg beendet war, fand die Britische Provinz Wege, Kontakte mit dem deutschen Zweig der Brüder-Unität herzustellen, um ihr die in ihrer Macht stehende Hilfe anzubieten.

Ein Vorteil der Zugehörigkeit zu einer internationalen Missionskirche bestand darin, dass der Dienst für die meisten Pfarrer in der Provinz bis zu den frühen 1970er Jahren eine Periode in Übersee einschloss, normalerweise entweder in der Karibik, hauptsächlich in Jamaika, oder in Labrador. Dieser Dienst zahlte sich in den 1950er und 1960er Jahren aus, als viele Menschen mit dem Versprechen auf ein besseres Leben von den Westindischen Inseln in das Vereinigte Königreich gelockt wurden und nach ihrer Ankunft interessiert waren, eine Kirche zu finden. Diejenigen, die in ihrer Heimat mit der Brüdergemeine verbunden waren, mussten häufig feststellen, dass ihre Kirche in England weithin unbekannt war. Manche hatten ein Empfehlungsschreiben von ihren Pfarrern zu Hause dabei, in der Hoffnung, dass sie in der Britischen Provinz ein Willkommen und eine kirchliche Heimat finden könnten. So wurde schließlich ein Pfarrer abgestellt, um die Herrnhuter Migranten aus der Karibik zu kontaktieren und Gruppentreffen zu organisieren, wenn man feststellte, wo solche Einwanderergruppen lebten. Diese Tätigkeit war herausfordernd und ermüdend, da sie lange Reisen und unzählige Kontaktversuche beinhaltete, und forderte ihren Tribut unter denen, die damit beauftragt waren. Trotzdem gelang es, Gemeinschaften einzurichten und regelmäßige Treffen abzuhalten. Schließlich entwickelten sich aus dieser Arbeit vier neue Gemeinden[4] und neues Leben strömte in die beiden schon bestehenden Londoner Gemeinden.

Gegenwärtig gibt es 30 Gemeinden in der Provinz, von denen zwei gemeinsam von der Brüdergemeine und der United

[4] Leicester und London Gemeinden von Harlesden und Harold Road. Die Birmingham Gemeinde ist jetzt eine gemeinschaftliche Moravian/Methodist/URC Gemeinde.

Reformed Church geführt werden, eine von der Brüdergemeine und der United Reformed and Methodist Church und eine weitere als ein örtliches ökumenisches Projekt in Oxford. Es gibt auch eine Gemeinschaft ehemaliger Herrnhuter und Freunde in Dublin in der Republik Irland.

Kandidaten für ein geistliches Amt werden durch die Kirchenleitung, der „Provincial Elders Conference" (PEC), und den zuständigen Ausschuss, das „Church Service Board", befragt und werden, wenn sie für die Ausbildung akzeptiert sind, für die Zeit ihres Studiums finanziell unterstützt, das sie normalerweise am Northern College in Manchester absolvieren. Dort erhalten sie für die spezifischen Themen der Brüdergemeine einen Tutor mit kirchlichem Hintergrund und können durch Praktika in ihrer eigenen und in anderen Gemeinden erste Berufserfahrung sammeln. Schließlich gibt es vor der Ordination zum Diakonus noch ein vertieftes Gemeindepraktikum. Die Einsegnung zum Presbyter erfolgt normalerweise nach zwei oder drei Jahren im ordinierten Dienst. Frauen sind in der Britischen Provinz seit 1970 ordiniert worden und gegenwärtig gibt es eine aktive weibliche Bischöfin, mehrere Pfarrerinnen im aktiven Dienst und einige Studentinnen in der Ausbildung.

Die Gehälter der Pfarrer, wie auch Stipendien für Studierende, werden zentral verwaltet und ausgezahlt. Die Kosten dafür werden von der Provinz auf die einzelnen Gemeinden nach Mitgliederzahl umgelegt und in Rechnung gestellt. Da die meisten aktiven Pfarrer für zwei oder mehr Gemeinden zugleich zuständig sind, ist die Provinz auf pensionierte Pfarrer und Laienprediger angewiesen, die helfen, Woche für Woche die Kanzeln zu füllen. Die Provinz hat dazu einen Ausbildungskurs für Laienprediger entworfen, die sich gern mehr in der Kirche engagieren wollen, was auch eine Predigtausbildung miteinschließt. Basierend auf einem ursprünglich von den Methodisten angebotenen Kurs, hat sich dieses Training als ein sehr nützliches Mittel erwiesen, um auf allen Ebenen das Engagement von Laien anzuregen.

Der Ausschuss für geistliche Fragen der Britischen Provinz hat vor kurzem neue Liturgie- und Gesangbücher herausgegeben, die sich an gerechter Sprache orientieren und eine breitere und modernere Auswahl von Gesang und Liturgik als bisher üblich anbieten. Gebet und Gottesdienst in der Provinz sind so vielfältig wie die Kirchgemeinden selbst und tragen den Besonderheiten der Gemeinde und dem jeweiligen Anlass Rechnung. Die Moravian Church ist im Vereinigten Königreich dafür bekannt, Urheber der bekannten weihnachtlichen Tradition des „Christingles“ zu sein. Das „Christingle“ ist eine Entwicklung aus der Christnachtkerze, um die ein rotes Band gebunden wird, so wie sie in vielen anderen Provinzen anzutreffen ist. Eine unbekannte Person in der Provinz hatte die Idee, die Kerze mit einer roten Rüsche in eine Orange zu stecken und mit Süßigkeiten und Rosinen zu schmücken. Somit haben wir die Orange, welche die Welt symbolisiert, die Kerze das Licht Gottes, die rote Rüsche das heilbringende Blut Christi und die Süßigkeiten und Rosinen die guten Dinge der Erde. Da Orangen in Kriegszeiten sicher rar waren, ist es wahrscheinlich, dass sich diese Tradition erst in der Nachkriegszeit in der Provinz verbreitete. Es heißt, dass man in Labrador, wo britische Missionare arbeiteten, anstelle der Orange eine Rübe oder Kartoffel verwendet hat.

Schulen haben in der Britischen Provinz eine lange Tradition. Viele der von den Gemeinden geführten Schulen wurden mit Einführung des staatlichen Schulsystems entweder an die örtliche Bildungsbehörde übergeben oder geschlossen, wenn sie nicht länger rentabel waren. Bis heute betreibt die Provinz zwei private Schulen, für die Schulgeld zu zahlen ist und die mit Internat für Jungen und Mädchen ausgestattet sind, aber auch Tagesschüler und -schülerinnen offenstehen. Sie liegen im Herzen der traditionsreichen Gemeinden Ockbrook und Fulneck und zeichnen sich durch eine fürsorgliche Schulgemeinschaft mit einem christlichen Ethos im Herzen aus. Jede Schule wird als ein eigenständiges Unternehmen geführt und muss sich finanziell selbst tragen.

Die britische Provinz ist durch die Unität eng mit der Arbeit in Südasien und Westtansania verbunden worden. Im Falle von Südasien (Nordindien) wird finanzielle Unterstützung gewährt, die das Ziel hat, die lokale Arbeit in Richtung einer selbständigen Unitätsprovinz zu lenken. Die Provinz Westtansania, die schon als Unitätsprovinz etabliert ist und ihre Arbeit selbst organisiert, erhält aufgrund der schwachen ökonomischen Situation der Region eine bedeutende finanzielle Unterstützung, welche in Form von Pauschalsubventionen gewährt wird.

Die Britische Provinz spielt eine bedeutende Rolle in ökumenischen Kreisen. Sie besitzt volle Mitgliedschaft in allen britischen Gremien und hat eine gemeinsame Mitgliedschaft mit der Europäisch-Festländischen Provinz im Weltkirchenrat (ÖRK). Ökumenische Beziehungen vor Ort werden oft als deutlich relevanter für die Provinz empfunden als Beziehungen zur weltweiten Unität, da sie in einem gemeinsamen Kontext wurzeln. Vor einigen Jahren wurden Gespräche mit der Anglikanischen Kirche geführt, die in einer formalen Erklärung zur gegenseitigen Anerkennung mündete, jedoch nicht so weit ging, dass man der Austauschbarkeit der Pfarrer zustimmte.[5] Ökumenische Gespräche werden auch mit der Kirche Irlands geführt, die sowohl in der Republik Irland als auch in Nordirland vertreten ist, wo fünf brüderische Gemeinden zu finden sind.

Zu Beginn des 21. Jahrhunderts steht die Britische Provinz vor bedeutenden Herausforderungen. Die Gemeinden sind nicht homogen und unterscheiden sich sehr entsprechend ihrer Mitgliedschaft und Lage. Sie werden jedoch alle ermutigt, über den bloßen Selbsterhalt hinauszugehen, um nicht als reine Vereinigungen zur Traditionspflege zu enden. Sie sind herausgefordert, Wege zu finden, der Gesellschaft und den Menschen vor Ort zu dienen, wie auch immer es ihnen angemessen und möglich erscheint. Viele engagieren sich in örtlichen Suppenküchen und Nahrungsmittelausgaben für Hilfsbedürftige, entweder bei der Organisation oder durch das Sammeln von Lebensmitteln. Einige engagieren sich in der Obdachlosenhilfe und anderer sozialer Projekte, die von ihren Gemeinden betrieben oder unterstützt werden. Der Ausschuss für Gesellschaft und Mission („Mission and Society Committee") ist damit beauftragt, den Mitgliedern soziale Probleme und Sorgen durch die monatliche Zeitschrift „The Messenger" zur Kenntnis zu bringen, sowie durch spezielle Brennpunktkonferenzen und die sozialen Medien, so dass die Gemeinden sich dann entsprechend ihrer Möglichkeiten engagieren können.

Die Provinz beschäftigt einen Jugend-und-Kinderbeauftragten, der Angelegenheiten koordiniert, welche die Sicherheit und

---

[5] Fetter Lane Declaration: Teil des Textes unter: https://www.churchofengland.org/about-us/work-other-churches/england/moravian/fetterlane.aspx (abgerufen 15.02.2016).

den Schutz von Kindern betreffen, und denjenigen, die in den Gemeinden mit Kindern und Jugendlichen arbeiten, Weiterbildung anbietet. Er oder sie spielt auch eine führende Rolle im jährlichen Sommercamp, das junge Menschen aus der ganzen Provinz anzieht. Das ist eine der wichtigsten Aktivitäten, die die Unität anbietet und ist für alle, die daran teilnehmen, eine Zeit echter persönlicher Entwicklung und echten Lernens. Hier werden lebenslange Freundschaften geschmiedet, und viele von denen, die ins Pfarramt gehen, sind von diesen prägenden Erfahrungen geformt worden.

Eine Hauptsorge der Brüder-Unität in Großbritannien, wie auch für fast alle anderen Kirchen, ist die zurückgehende Mitgliederzahl unter den Erwachsenen, Kindern und Jugendlichen. Die Menschen schließen sich heute nicht mehr in gleichem Maß Organisationen an wie früher und nehmen auch nicht mehr so regelmäßig teil wie einst. Das heißt nicht notwendigerweise, dass es weniger Interesse an der Kirche gibt, sondern dass das Interesse an geistlichen Dingen seinen Ausdruck auf andere Weise findet. Um sich auf die heutigen Bedürfnisse einzustellen, versuchen Gemeinden, sich den gesellschaftlichen Trends anzupassen und manche Dinge anders zu machen. Einige Gemeinden führen regelmäßig eine sogenannte „café church" durch, bei der die Gemeinde informell zusammensitzt und während des Gottesdienstes Erfrischungen wie Kaffee und Kuchen serviert bekommt. Moderne Medien wie Video und PowerPoint-Präsentationen dienen dazu, die alte Botschaft des Evangeliums neu zugänglich zu machen. Diese freiere Art des Gottesdiensts spricht viele Menschen an, besonders Familien mit Kindern, denen das Stillsitzen schwerfällt und die nun frei in der Kirche herumlaufen können. Obwohl das nicht jedem gefällt, ist es ein nützliches Mittel, um neue Menschen anzuziehen und Beziehungen mit ihnen aufzubauen.

Andere Gemeinden bieten eine sogenannte „messy church" an, womit eine Zeit gemeint ist, die meistens nicht an einem Sonntag stattfindet, sondern möglicherweise nach der Schule, wo Kinder mit einem Elternteil kommen können und mit Spielen, kreativen Aktivitäten und einfachen Bibelbotschaften Freude erleben. Einige Gemeinden haben Alpha-Kurse genutzt, die eine gute Einführung in den christlichen Glauben bieten und mit einer gemeinsamen Mahlzeit abgeschlossen werden.

Diese Beispiele, Kirche anders und weniger formal zu gestalten, sind sowohl herausfordernd als auch aufregend, und es ist äußerst spannend, wenn man sieht, wie neue Menschen die Gelegenheit ergreifen, mehr darüber zu erfahren, was es heute bedeutet, Christ zu sein.

Die Moravian Church ist in Großbritannien immer eine kleine Kirche gewesen, doch hat uns Gott damit betraut, im Verlaufe der Jahre auf verschiedenen kleinen Wegen sein Licht in die Welt zu bringen. Wir haben keinen Zweifel daran, dass er weiterhin Aufgaben für uns findet und uns die Unterstützung gibt, die wir benötigen, um sie zu übernehmen.

Region 3: Karibik

1. Die Provinz Jamaica und Cayman Islands

Paul Gardner

1.1. Die Gründungsphase

Die Geschichte der Herrnhuter Tätigkeiten in Jamaika begann mit dem Herrnhuter Evangelisten John Cennick und seinem bemerkenswerten Einfluss auf William Foster und seinem Bruder Joseph Foster-Barham, die beide Plantagen auf Jamaika besaßen. Als sie 1753 eine geistliche Bekehrung erlebten, waren sie sehr bedacht, dass auch ihre Sklaven die Gnade des Evangeliums empfangen sollten. 1753 schrieb einer der Brüder an Cennick:

> Ich bekenne, dass ich unruhig in meinem Gemüt bin und auch hoffe, es immer zu bleiben, bis ein Versuch unternommen wird, diese armen Seelen zu erleuchten – die Schwarzen in diesem Teil der Welt, wohin die göttliche Führung mir meinen Anteil an zeitlichem Segen gegeben hat. Ich für meinen Teil bin fest überzeugt, dass viele gute Wirkungen daraus hervor gehen werden und das Unternehmen von unserem gnädigen Herrn mit Erfolg gekrönt sein wird.[1]

Cennick sah sich nicht in der Lage, selbst die Einladung anzunehmen, und daraufhin wurde ein förmlicher Antrag an die Ältestenkonferenz der britischen Provinz geschickt. Als Ergebnis wurden die drei Missionare Zacharias Caries, Thomas Shallcross und Gottlieb Haberecht ausgesandt und kamen am 7. Dezember 1754 in Jamaika an. Der Eintrag in Caries Tagebuch lautete:

> 7. Dezember, wir blieben ohne Wind bei Port Royal vor Anker, am Mittag kam Wind auf und wir segelten zwischen Port und einem Ort namens Greenwich. Wir sahen sechs Pelikane

[1] Selvin Uriah Hastings und Basil MacLeavy, *Seedtime and Harvest. A Brief History of the Moravian Church in Jamaica, 1754–1979*, Kingston 1979, 14.

> sitzen. Wir sahen auch ein großes Schiff, das voll schwarzer Sklaven aus Guinea war, am Abend kamen wir von Port ziemlich nah bis Kingston, wo all die englischen Schiffe ihre Juwelen entluden. Alle Menschen an Bord hießen mich willkommen [...]. Nun halten wir unseren ersten Sabbat in Jamaika. Ich erröte innerlich mit der heiligen Scham armer Sünder.[2]

Mit den im Text erwähnten „Juwelen" waren natürlich die afrikanischen Sklaven gemeint.

Es lag nahe, den Missionsposten in Elim im St. Elizabeth Distrikt anzusiedeln, wo sich die Plantage der Barham Brüder befand. Auf den 120 Hektar Land, das ihnen zur Verfügung gestellt wurde, fingen die Missionare an, unter den Sklaven zu arbeiten. Dabei stellten sie jedoch bald fest, wie das in Besitz genommene Landstück sie vor ein schwieriges Dilemma stellt. Es gab es keinen freien Arbeiter zum Anheuern, und selbst wenn solche Arbeiter zu bekommen gewesen wären, hätte die gesellschaftliche Organisation der Kolonie ihre Beschäftigung ausgeschlossen. Infolgedessen waren die Missionare gezwungen, sich an dem Übel zu beteiligen, aus dem sie eigentlich andere befreien wollten: Sklaven zu besitzen.

Dass die Missionare von 1754–1823 Sklaven besaßen, wenn auch unter viel menschlicheren Bedingungen und mit der Möglichkeit für die Kinder der Sklaven, Schulunterricht zu erhalten, hatte zwei wichtige Folgen. In erster Linie schwächte es ihre moralische Stellung gegenüber dem System der Sklaverei und den Plantagenbesitzern. Zweitens entfremdete es die Missionare von einem großen Teil der Sklaven. Sie wurden von den Sklaven mit größtem Misstrauen betrachtet und wurden als Agenten der Plantagenbesitzer und deren Kolonialherren angesehen, die sich in ihren Augen alle miteinander verschworen hatten, um sie einer „Umerziehung" zu unterziehen.

Die Herrnhuter Missionare mussten also ihre Beziehung mit der Sklavenbevölkerung im Kontext einer „Plutokratie" der Mission aushandeln. Im Vergleich mit anderen Konfessionen war die schwache moralische Position der Herrnhuter in diesem Zeitraum offensichtlich. Zwischen 1754 und 1804 betrug die Gesamtzahl der getauften Personen in der Brüdergemeine

[2] Diary of Brother Zacharias George Caries' Voyage to Jamaica, 1755–1756, Moravian Church Archives, Moravian Church House, Muswell Hill, London.

nur 938. Dabei wirkten die hohen moralischen und spirituellen Anforderungen für die Taufe, die einige Herrnhuter Missionare erhoben, als zusätzliches Wachstumshemmnis. Die Missionare verlangten Nachweise der Arbeitsleistung und ihres religiösen Lebens in einem viel größeren Umfang und für einen längeren Zeitraum als Caries es je für die Zulassung zur Taufe gefordert hatte. Die Folge dieser strikten Prozedur war, dass Menschen entmutigt wurden. Der anfängliche Eifer, das Evangelium zu hören und zu empfangen, erlitt einen schrittweisen Rückschlag.

Die Lage änderte sich durch George Lewis, einem Schwarzen, der seiner Zeit weit voraus war, insbesondere, weil die Plantagengesellschaft normalerweise wenig für den Intellekt eines früheren Sklaven übrig hatte. Eine Ausnahme war der Herrnhuter Missionar Thomas Lang, der Lewis als fähigen Mitarbeiter schätzen lernte und ihn darin bestärkte, den Sklaven das Evangelium zu predigen. Bevor er nach Jamaika kam, war Lewis in den USA ein Sklave und ein Mitglied der Baptistenkirche gewesen. Sein engagierter Einsatz gab den Herrnhuter Missionaren den Einstieg, den sie brauchten, um das Vertrauen der afrikanischen Sklaven wiederherzustellen. Über Lewis' anfängliche Rolle auf einer Plantage hat der Kirchenhistoriker Selwyn U. Hastings folgendes festgehalten: „Hier wurde Lewis nun sehr nützlich. Er lebte in Old Carmel und besuchte mit den Missionaren die verschiedenen Plantagen. Er hatte, wie zu erwarten war, großen Einfluss auf das religiöse Leben der schwarzen Sklaven, und binnen kurzem kamen die, zu denen er vorher gepredigt hatte, nach Old Carmel, um sich nach dem Glauben zu erkundigen.“[3]

Die Moravian Church in Jamaika erhielt 1884 per Gesetz die formale Anerkennung als kirchliche Körperschaft. Zu diesem Zeitpunkt unterhielt die Kirche eine Ausbildungsstätte für Pfarrer in Fairfield, ein Lehrerkolleg in Bethlehem und einige Grundschulen. Die Arbeit in Jamaika stand unter der Aufsicht der obersten kirchlichen Leitung in Großbritannien.

---

3 Hastings, *Seedtime and Harvest*, 24.

1.2. *Die Zeit des Wachsens und der Expansion*

Von der ersten Kapelle in St. Elizabeth, die 1816 gebaut wurde, zu insgesamt 65 Kirchen im Jahr 2016 zeigt die Entwicklung einen stetigen und konsequenten Anstieg der Stärke und des Einflusses der Brüdergemeine in Jamaika. Die folgende Tabelle zeigt die Anzahl der Gemeinden an, die zwischen 1816 und 2016 gegründet wurden.

1816–1866	**1867–1916**	**1917–1967**	**1968–2016**
Beaufort	Cairn Curran	Harbour View	Gracefield
Lititz	Content	Petersville	Holy Cross
New Hope	Salem	Kilmarnock	Portmore
Ritchies	Dober	New Works	Covenant
New Eden	White Hill	New Beulah	Claremount
Bethlehem	Redeemer	Gracehill	Rosemount
Irwin Hill	Patrick Town	Ockbrook	Montepellier
Old Fulneck	Broadleaf	Top Hill	Beersheba
Bethany	Ballards Valley	Dublin	Albion
Carmel	Carisbrook	Goshen	
Lacovia	Merrywood	New Eden	
New Fulneck	Lacovia	Mile Gully	
Springfield	Zorn	Trinity	
Bethabara	Ashton	Sharon	
Mizpah	Langton	New Beulah	
Fairfield		Prince of Peace (Huntley)	
Nazareth		Bath	
		Middle Quarters	
		Bethphage	
		Bohemia	
		Moravia	
Summe = 17	15	21	9

Heute ist die Moravian Church eine fest etablierte und wohl angesehene Kirche in Jamaika, die zu den kleineren Kirchenorganisationen gerechnet wird. Ein Blick auf die Statistik der Mitgliederzahlen der letzten 25 Jahre zeigt für das Jahr 1993 einen Höhepunkt von 9.884 Mitgliedern und danach eine leicht fallende Tendenz auf gegenwärtig rund 8.000 Mitglieder. Trotz der allgemein rückläufigen Mitgliederzahlen gab es in den neueren Gemeinden, die in den Stadtzentren während der letzten 50 Jahre gegründet wurden, einen Anstieg der Mitgliederzahlen. Zu ihnen gehören New Beulah in Manderville / Manchester mit einer Mitgliederzahl von 420, Holy Cross in Santa Cruz/ St. Elizabeth mit einer Mitgliederzahl von 150 und Portmore in St. Catherine mit einer Mitgliederzahl von 180. Portmore ist in einem der größten Wohngebiete der Karibik angesiedelt und bietet großes Potential für zukünftiges Kirchenwachstum.

Das Wachstum in den jeweiligen Gemeinden hängt von folgenden Faktoren ab:

- Das Bedürfnis der Gemeindeglieder, angesichts demografischer Mobilität ihre Zugehörigkeit zur Brüdergemeine zu behalten. Das ist vor allem in den Stadtzentren zu spüren, wie in der Hauptstadt Kingston und in den Vorstädten Mandeville und Santa Cruz. Heute hat die Gemeinde in Mandeville eine der größten Mitgliederzahlen und trägt am meisten zum Finanzhaushalt der Provinz bei. Anerkennung für die Gründung der Gemeinde gebührt Schwester Gladys Bailey, einer gewöhnlichen Frau, die ihr Haus als Zentrum für Gottesdienste zur Verfügung stellte, lange bevor es der Gruppe unter der Leitung eines Pastors möglich war, das Grundstück zu erwerben, auf dem heute die Kirche steht.
- Die Ausgießung des Heiligen Geistes, so wie es die Mitglieder von Carmel erlebten. Dies ist durchaus mit dem zu vergleichen, was 1727 in Herrnhut stattgefunden hatte. Was in Carmel anfing, breitete sich schnell über die ganze Provinz aus und wird von den Historikern als die „große Erweckung“ bezeichnet.[4]
- Der evangelistische Eifer der Missionare, die nach Jamaika kamen, und der ortsansässigen Pfarrer, die ab 1950 erkannten, wie wichtig es ist, die Reichweite der Kirche bis in die neu entstehenden urbanen Zentren auszuweiten.

Das Land Jamaika erlangte 1962 seine Unabhängigkeit von Großbritannien. Die damit verbundenen öffentlichen Debatten resultierten in einem verstärkten Wunsch, mehr einheimische Mitarbeiter zu gewinnen und gemeinsam ökumenische Unternehmungen vor Ort aufzubauen. Noch 1904, als die Brüdergemeine ihr 150-jähriges Bestehen feierte, waren weniger als 25 % ihrer Pfarrer Jamaikaner.

Der erste einheimische Vorsitzende der provinzialen Kirchenleitung, Walter O'Meally, wurde 1951 gewählt, er hatte 1899 den Abschluss am Theologischen Seminar in Fairfield gemacht.

---

[4] Ebd., 64.

Auf O'Meally folgte Selvin U. Hastings, dann kam 1979 Dr. Robert Cuthbert und nach dessen tragischer Ermordung (1985) folgte Robert Foster. Stanley Clarke war von 1997–2003 im Dienst, dann Dr. Livingston Thompson von 2003–2005 und Dr. Paul Gardner von 2005–2017.

1.3. Das gottesdienstliche Leben

Der Gottesdienst in den Gemeinden der Moravian Church auf Jamaika ist unterschiedlich. Die Provinz kennt vielerorts noch einen traditionellen Gottesdienststil, einschließlich des Gebrauchs von liturgischen Formularen, die sich an den verschiedenen Jahreszeiten des Kirchenjahres orientieren. Jedoch hat unsere Provinz auch mit der Vielfalt und der evangelistischen Begeisterung Bekanntschaft gemacht, die gewöhnlich mit neuen Gemeindegründungen assoziiert wird. Hier liegt eine notwendige und kreative Spannung, die sich für die Erneuerung eignet und neue Wege für das Sehen und Sein der Kirche im 21. Jahrhundert aufzeigt. Alle unsere Gemeinden haben im Gottesdienst einen Anbetungs- und Lobpreisabschnitt. Dieses Segment innerhalb des Gottesdienstes dient dazu, moderne Rhythmen zu singen, meist karibische Lieder, begleitet von Gitarren, Keyboard und Schlagzeug.

Die Verantwortung für die Handhabung der neuen Trends im Gottesdienststil liegt bei der jeweiligen Gemeindeleitung, die sich auch darum bemüht, neue Gottesdienstelemente so mit den traditionellen Formen zu verbinden, dass eine neue Mischung entsteht, die von Jung und Alt akzeptiert wird, genau wie von denen mit traditionellem und zeitgemäßem Geschmack, ohne das zu verlieren, was als „brüderische Identität“ betrachtet wird, oder eine Spaltung in der Gemeinde hervorzurufen. Der karibische Musikrhythmus des Calypso und der Reggaebeat sind ziemlich auffällige Eigenschaften der brüderischen Gemeinden in Jamaika. Viele der jungen Leute finden das traditionelle Gottesdienstformat langweilig. Konsequenterweise werden bewusste Entscheidungen getroffen, um die junge Bevölkerung innerhalb der Gemeinde zu behalten, indem der Gottesdienst für sie attraktiv gestaltet wird.

Um ein liturgisches Format zu finden, das zum heutigen karibischen Kontext passt, haben die jamaikanische Provinz und die Provinz Westindien-Ost gemeinsam an einem neuen karibischen Gesangbuch und einer Liturgiensammlung gearbeitet, die 2016 unter dem Titel „Carribean Moravian Praise“ erschienen. Dieses Gesangbuch beabsichtigt nicht, den traditionellen Gesang zu verdrängen, sondern es soll die Gottesdiensterfahrung bereichern, indem neben etablierten Kirchenliedern viele der karibischen Songs und liturgische Gebete, die in den letzten Jahren entstanden sind, aufgenommen wurden.

1.4. Jugendarbeit

Das geistliche Amt ist in unserer Provinz so organisiert, dass es auf die wichtigen Schlüsselbereiche innerhalb jeder Gemeinde und des kirchlichen Lebens Bezug nimmt. Eine besondere Rolle spielt dabei die Kinder- und Jugendarbeit.

Sonntagsschule und Jugendgruppen sind die Hauptaufgabengebiete der provinzweiten Jugendarbeit. Die Jugendleiter haben primär die Verantwortung für die Koordination der Sonntagsschule und den Jugendgruppen. Jeder der vier Distrikte hat für die Jugendarbeit eine Halbtagskraft, die mit den Gemeinden arbeitet. Es gibt zusätzlich ein provinzweites Gremium für Jugendarbeit, das übergreifende Zielsetzungen und Aktivitäten für die jungen Leute organisiert. Die zwei wichtigsten Veranstaltungen, die jedes Jahr abgehalten werden, sind die Sommercamps im Camp Hope im Juli und August und das Treffen der Jugendgruppen, das am Aschermittwoch stattfindet. Andere Gemeinschaftswerke sind die Männervereinigung, der Verband der Frauen, eine Vereinigung für Mädchen namens „Upward and Onward“ und eine Organisation für Jungen. Zusätzlich trägt die Provinz dafür Sorge, dass Mitarbeiter im Bereich der Kinder- und Jugendarbeit und andere Laienmitarbeiter theologisch geschult und weitergebildet werden. Dafür gibt es Wochenendangebote, die von Musikstunden, Bibel- und theologischen Studien, bis hin zu professionellen Entwicklungsseminaren für Pfarrer und andere Kirchenmitarbeiter reichen.

„UNITAS Jamaica Limited“ ist eine eingetragene Wohltätigkeitsorganisation, die zur Brüdergemeine gehört und dem jamaikanischen Recht untersteht. Es agiert als kirchliches Hilfswerk unserer Provinz. UNITAS hat als Motto „Predigt das Evangelium durch sozialen Dienst“. Die Organisation wurde durch den früheren Präsidenten der Provinzverwaltung Dr. Robert Cuthbert 1980 gegründet und nahm durch das Engagement von Br. Cliff Chang, dem ersten Vorsitzenden im Vorstand von UNITAS, eine sehr positive Entwicklung, die nicht zuletzt dazu führte, dass die Organisation im nationalen und internationalen Kontext Bedeutung gewann. UNITAS hilft Menschen in der Gesellschaft, hauptsächlich dort, wo die brüderischen Gemeinden ansässig sind, insbesondere mit landwirtschaftlichen Beratungsdiensten, mit Gesundheitsvorsorge, mit Schulspeisungsprogrammen für Kinder mit Ernährungsbedürfnissen und mit der Einrichtung von Ausbildungszentren.

Bildung war von Anfang an ein wichtiger Aspekt in der Arbeit der Herrnhuter Missionare, so dass zahlreiche Schulen gegründet wurden, in denen die Sklavenbevölkerung Unterricht erhielt. Auch in der Gegenwart spielen Bildungsaufgaben eine wichtige Rolle. Zurzeit unterhält die Provinz 30 Grundschulen, die in ihre Zuständigkeit fallen, und eine Einrichtung für höhere Bildung, das Bethlehem Moravian College, eines der führenden Lehrerausbildungskollegs im Land. Alle diese Bildungseinrichtungen werden komplett von der jamaikanischen Regierung finanziert, haben aber, weil sie aus einer kirchlichen Tradition heraus entstanden sind, ihren Status als Konfessionsschule behalten. Sie unterstehen einem Verwaltungsrat, bei dem die Brüdergemeine das Recht hat, den Vorsitzenden zu benennen und die Mehrheit der Vorstandsmitglieder zu berufen. Der Vorstand verwaltet die Angelegenheiten der einzelnen Schulen im Auftrag der Moravian Church in Jamaika. Die Kirchenleitung muss der Ernennung von Schulleitern jeweils zustimmen.

Cayman Islands: Die brüderische Gemeinde auf den Cayman Islands wurde 1987 gegründet und ist ein Gemeinschaftsprojekt der Moravian Church in Jamaika und der Ost-Westindischen Provinz. Sie entstand vor allem aus einem Kreis von Herrnhutern aus Nicaragua, die während des Bürgerkriegs aus ihrem Land geflohen waren, besitzt aber auch Mitglieder aus Jamaika, Honduras, Costa Rica und Kolumbien. Br. Joseph Kelly, ein Nicaraguaner, war der erste Pastor der Gemeinde, und Br. Conrad Spencer aus der Ost-Westindischen Provinz war der erste Vollzeitpfarrer, der in die Gemeinde berufen wurde. 2004 wurde der Pfarrer Bevon White als erster Jamaikaner in die Gemeinde berufen, die derzeit etwa 60 abendmahlsberechtigte Mitglieder, eine aktive Sonntagsschule und eine lebendige Jugendarbeit hat.

Kuba: 1997 begann der Aufbau einer brüderischen Missionsarbeit in Kuba, bei der der nicaraguanische Pfarrer Arthur Henriquez eine wichtige Rolle spielte. 15 Jahre lang stand diese Arbeit unter der Leitung der Provinz Jamaika, bis sie 2012 der amerikanischen Süd-Provinz unterstellt wurde.

Haiti: 2008 etabliert sich die Eglise Evangelique Alliance in Haiti als eine Missionsgemeinde der Brüdergemeine und nahm den Namen Union Moravian an. Drei Jahre später gab es erste offizielle Kontakte zur Provinz Jamaika und es fand eine Erkundungsreise von Vertretern der Brüder-Unität statt, an der Bischof Sam Gray aus der südlichen Provinz der USA, Pfarrer Chrismael Martial, ein gebürtiger Haitianer und Mitarbeiter in der Provinz Jamaika teilnahmen. Ihre Einschätzung fiel positiv aus und ebnete den Weg für eine weitere Zusammenarbeit. 2012 beauftrage der Unitätsvorstand die jamaikanische Provinz damit, die Aufsicht für das neue Missionsgebiet zu übernehmen. Haiti ist eins der ärmsten Länder der westlichen Hemisphäre, mit vielen Nöten und Herausforderungen. Daher war die engere Zusammenarbeit mit der weltweiten Unität von großen Hoffnungen begleitet. Unter der Leitung von Br. Jean-Claude Dorsainvil hat sich die Arbeit gut entwickelt. 2013 konnte auf der jamaikanischen Provinzialsynode berichtet werden, dass es neun Gemeinden mit 2820 abendmahlsberechtigten Mitgliedern gibt.

Mit Unterstützung der britischen Provinz, konnten sich 2013 zwei haitianische Studenten im United Theological College der Westindischen Inseln einschreiben, um sich auf einen vollzeitlichen Dienst im Pfarramt vorzubereiten. Man kann davon ausgehen, dass die Partnerschaft mit der britischen Provinz große Hoffnung und Möglichkeiten für die Kirche in Haiti eröffnet.

1.7. Leitung und Organisation

Die Leitung der Provinz liegt gemäß der Kirchenordnung der Unitas Fratrum bei der Synode als höchster Autorität. Die Kirchenleitung „Provincial Elders Conference" (PEC) wird von der Synode gewählt, um die Angelegenheiten der Provinz zu verwalten, worüber sie alle zwei Jahre der Synode Bericht erstattet. Die PEC besteht aus sieben Mitgliedern, fünf ordinierten Pfarrern und zwei Laien, die alle in der Zeit zwischen den Synoden spezifische Aufgaben wahrnehmen.

Die Provinz ist in vier regionale Distrikte unterteilt, wobei jeder Distrikt unter der Aufsicht eines Mitgliedes der PEC steht. Zusätzlich wird ein Distriktleiter wird auf der Distriktkonferenz gewählt, um die Arbeit in dem jeweiligen Distrikt zu verwalten. Jeder geistliche Mitarbeiter eines Distrikts ist verpflichtet, an einem monatlichen Konvent teilzunehmen, das der gegenseitigen geistlichen und pastoralen Stärkung dient, wie auch der Unterstützung der Arbeit innerhalb der Distrikte.

Das finanzielle Einkommen der Provinz stammt aus den Abgaben der Gemeinden, deren Höhe jeweils aufgrund einer Einschätzung durch das Provinzialbüro festgelegt wird. Die Einschätzung wird von der PEC vorgeschlagen und bei der zweijährlich stattfindenden Synode beschlossen. Wenn eine Erhöhung vorgeschlagen wird, muss die PEC mit der jeweiligen Gemeinde Rücksprache halten, um sicher zu gehen, dass die Änderungen auf Zustimmung stoßen, bevor sich die Synode zu ihrer nächsten Tagung trifft, da die Tabelle der vorgesehenen Abgaben natürlich das Provinzbudget beeinflusst. Die erhobenen Abgaben werden primär dazu genutzt, um die Verwaltungskosten der Provinz zu decken. Das schließt auch die Bezahlung der Mitarbeiter der Kirche, insbesondere der Pfarrerinnen und Pfarrer mit ein. 80 % des Provinzeinkommens stammt aus den

Abgaben der Gemeinden, die restlichen 20 % sind eine Mischung aus Zuschüssen und Spenden. 70 % des Einkommens wird dazu benutzt, um die Betriebskosten der Provinz zu decken, die anderen 30 % werden zur Finanzierung von Bildung, Training und Hauptstadtprojekten verwendet.

Die Zahl der Mitarbeiter im geistlichen Dienst umfasst ca. 25 Pfarrer im vollzeitlichen Dienst sowie ca. zehn weitere Personen, die pastorale Aufgaben wahrnehmen, darunter mehrere Theologiestudenten. 1961 wurde Selvin U. Hastings als erster einheimischer Bischof gewählt. Danach wurden Neville Neil 1983 eingesegnet, Robert Foster 1994, Stanley Clarke 2007 und Devon O. Anglin 2015. Zurzeit sind Stanley Clarke und Devon O. Anglin die beiden aktiven Bischöfe in der Provinz, da die anderen schon verstorben sind.

Die historischen Beziehungen zur britischen Provinz spielen bis heute eine wichtige Rolle für die Brüdergemeine in Jamaika. Basil MacLeavy und Patrick Craig waren die letzten der britischen Missionare, die bis zu ihrer Pensionierung für die Provinz arbeiteten, doch gab es immer wieder Mitarbeiter, die für einige Zeit aus Großbritannien nach Jamaika gekommen sind. Die britische Provinz arbeitet auch weiterhin in wichtigen Fragen mit der Provinz zusammen, etwa bei der jährlichen englischen Ausgabe der Losungen (Moravian Daily Text Book). Über Jahre hinweg stellte die britische Provinz auch Gesangbücher und anderes Gottesdienstmaterial als praktische Unterstützung zur Verfügung.

1.8. Ökumenische Beziehungen

Die Brüdergemeine in Jamaika gehört zu den Gründungsmitgliedern des jamaikanischen Kirchenrates, der mit Anglikanern, Presbyterianern, Kongregationalisten Methodisten, Katholiken und weiteren Kirchenvertretern ins Leben gerufen wurde. Der Vorsitzende der PEC ist ein ständiges Mitglied des Rates. Seit der Gründung des Kirchenrates haben drei brüderische Vertreter die Funktions des Ratspräsidenten wahrgenommen: Selvin U. Hastings, Stanley Clarke und Paul Gardner. Es gibt auch eine formale ökumenische Beziehung zwischen den Methodisten, der United Church und der Brüdergemeine im Verband der sogenannten Jamaica Ecumenical Mutual Mission

(JEMM), einem ökumenischen Programm zum Jugendaustausch und ökumenischen Lernen mit Partnern in den USA.

Die Provinz Jamaika ist ein Mitglied des Weltkirchenrats und hat sich im Verlauf der Jahre mit vielen Beiträgen auf unterschiedlichen Ebenen eingebracht. Darüber hinaus beteiligt sich die Provinz am karibischen Kirchenrat und der Initiative „Christian Action for Development in the Caribbean“ (CADEC), einer ökumenischen Organisation, die das soziale und wirtschaftliche Wachstum sowie die geistliche und kulturelle Erneuerung im karibischen Raum fördert.

Schließlich ist das United Theological College of the West Indies ein wichtiges ökumenisches Projekt der karibischen Kirchen. Es wurde 1966 gegründet, um in der karibischen Region kirchliche Mitarbeiter auszubilden. An der Gründung war neben vielen anderen Konfessionen auch die Brüder-Unität beteiligt. Das College gehört als Abteilung für Theologie zur Fakultät der Geisteswissenschaften an der University of the West Indies.

1.9. Ausblick

Die Brüdergemeine auf Jamaika und den Cayman Islands hat eine reiche und abwechslungsreiche Geschichte. Die Pionierarbeit der Missionare bildet die Grundlage, auf der sich das Werk etabliert hat. Die Jahre von 1754 bis 1864, von der Ankunft der ersten Missionare bis zur staatlichen Anerkennung der Brüdergemeine durch Parlamentsbeschluss, bilden mit Sicherheit den Abschnitt der Geschichte, der die größten Herausforderungen und Entwicklungen enthielt. Zu Anfang des 21. Jahrhunderts gibt es Anzeichen dafür, dass Kirchenzuwachs und Entwicklung weiter fortschreiten. Neue Leute melden sich für den geistlichen Dienst. Der Kreis der Mitarbeiter ist tatkräftig und motiviert, was für die Zukunftsplanung eine hoffnungsvolle Perspektive darstellt.

So stehen wir heute an einem Punkt mit vielversprechenden Möglichkeiten für die Brüdergemeine auf Jamaika und den Cayman Islands und betrachten es als unsere Aufgabe, den geistlichen Dienst auch in Zukunft treu und engagiert auszuüben.

2. Die Provinz Westindien-Ost

Kingsley Lewis

Die Provinz Westindien-Ost umfasst heute Kirchen der Brüdergemeine (Moravian Church) auf zahlreichen Inseln der Karibik, darunter eine britische Kolonie, ein Territorium der Vereinigten Staaten von Amerika und fünf unabhängige Nationen. Die Brüdergemeine setzt sich mit pastoraler Arbeit, Evangelisation, Bildung und diakonischem Wirken dahingehend ein, auf diesen Inseln gemäß ihrem Auftrag und ihren Möglichkeiten auf unterschiedlichen Handlungsfeldern tätig zu sein. Das Gebiet der Provinz erstreckt sich auf die Inseln Antigua, Barbados, Grenada, St. Croix, St. John, St. Kitts, St. Thomas, Tobago, Trinidad und Tortola, also zehn Teilgebiete, die unter sieben verschiedenen Nationalflaggen stehen. Die neueste Statistik weist 52 Gemeinden, drei Außenstationen, drei Schulen und sieben Kindergärten, 46 ordinierte Pfarrer und rund 16.000 Mitglieder aus.

Die Geschichte der Provinz ist eng verknüpft mit der Herrnhuter Mission, die begann, als die ersten beiden brüderischen Missionare, der Töpfer Leonhard Dober[1] und der Zimmermann David Nitschmann,[2] am 13. Dezember 1732 auf der dänischen Westindischen Insel St. Thomas landeten. Sie fingen ihre Missionsarbeit auf Zuckerplantagen unter den Sklaven an. Sie folgten dabei gläubig dem Ruf Gottes auf das Missionsfeld, denn sie hatten zuvor einen Bericht über die Bedingungen, unter denen die Sklaven in St. Thomas lebten, gehört und die Notwendigkeit verspürt, ihnen das Evangelium zu predigen. Sie hatten nicht den Eindruck, dass ihre Aufgabe leicht sein würde; ja, ihnen wurde sogar gesagt, dass sie bei dem Versuch zu missionieren, wahrscheinlich selbst zu Sklaven werden müssten, um einen Zugang zu finden, die Sklaven mit dem Evangelium zu erreichen. Und dazu waren sie bereit.

---

[1] Johann Leonhard Dober, * 07. März 1706 in Mönchsroth (Franken), 1735–41 Generalältester der Brüdergemeine, 1747 Bischof. † 01. April 1766 in Herrnhut.

[2] David Nitschmann II der Bischof, * 18. Dezember 1697 in Zauchenthal (Mähren), 1735 in Berlin von Jablonski zum ersten Bischof der erneuerten Brüder-Unität geweiht. † 08. Oktober 1761.

2.1. St. Thomas

Die Reise nach St. Thomas war alles andere als eine leichte Aufgabe. Dober und Nitschmann fanden erst nach langem Suchen in Dänemark einen Schiffskapitän, der bereit war, sie nach St. Thomas mitzunehmen. Nach ihrer Ankunft sahen sie sich mit der Feindseligkeit der Plantagenbesitzer konfrontiert. Dennoch entstand durch Gottes Gnade in dieser Zeit eine Gemeinde. Im Jahr 1737 erfolgte die Gründung von Neu-Herrnhut, der ersten Gemeinde der Brüder-Unität in der Neuen Welt. Ein Sklavenaufstand auf der benachbarten Insel St. John erschwerte die Arbeit der Missionare, die sich selbst versorgen mussten, da sie von den Plantagenbesitzern angefeindet wurden und die Sklaven ihnen misstrauten.

Mit Geduld und beharrlicher Arbeit gewannen sie jedoch nach und nach das Vertrauen der Sklaven. Viele Konvertiten wurden gewonnen, aber nicht getauft, weil keiner der Missionare ordiniert war, bis August Gottlieb Spangenberg aus Pennsylvania kam. Die ersten Mitglieder der Brüder-Unität auf den Westindischen Inseln erhielten mit der Taufe die Namen Andreas, Paul und Nathanael. Im Jahre 1739 besuchte Graf Zinzendorf St. Thomas und fand die Missionare Friedrich Martin, Johann Bönicke, Matthäus Freundlich und Freundlichs Frau Rebecca, eine Mulattin, im Gefängnis. Zinzendorf forderte ihre Freilassung von Seiten des Gouverneurs, was auch mit demütiger Entschuldigung gewährt wurde.

Bei dem Missionswerk der Sklaven standen Bildungsfragen im Vordergrund. Seit 1739 lassen sich von den Missionaren eingerichtete Schulen nachweisen, in denen auf Kreolisch unterrichtet wurde. Erst im Jahr 1787 wurden vier Regierungsschulen für die Ausbildung von Sklaven geschaffen und im folgenden Jahr wurde die Schulpflicht für weiße Kinder angeordnet. Verbindlich wurde die Schulpflicht für Sklavenkinder durch Rechtsverordnung erst 1839. In acht Schulen auf St. Croix, fünf auf St. Thomas und zwei auf St. John erfolgte der Unterricht. Der Gouverneur beschloss, den Schulbetrieb den Herrnhuter Missionaren zu übertragen, seit 1841 leiteten sie die Mehrzahl der Schulen. Die Unterrichtssprache war Englisch und nicht mehr Kreolisch. Der erste Lehrer hieß James McIntosh, ein Mulatte, der als Sklave in Antigua geboren war. 1879 wurden dann alle Tagesschulen der Kirche entzogen und unter die Kontrolle der Regierung gestellt; sieben kirchliche Schulen bildeten dabei eine Ausnahme. Mit dem Erwerb der dänischen Antillen durch die Vereinigten Staaten im Jahr 1917 änderte sich nochmals die Situation, weil auch die übrigen Herrnhuter Schulen von der Regierung übernommen wurde. Heute gibt es eine einzige brüderische Schule auf St. Thomas, die erst in der zweiten Hälfte des 20. Jahrhunderts ihre Arbeit aufnahm.

Im Jahre 1883 beschloss die Generalsynode der Unität, ein Theologisches Seminar in der Gemeinde Nisky einzurichten, um einheimische Mitarbeiter für den geistlichen Dienst vorzubereiten. Das Seminar nahm den Betrieb im Februar 1885 auf, im Jahr 1893 wurde am gleichen Ort eine höhere Schule für Jungen und ein Propädeutikum für angehende Seminaristen begonnen. Das Seminar bestand bis gegen Ende des 19. Jahrhunderts, als es durch ein Seminar in Antigua ersetzt wurde. Derzeit bestehen auf St. Thomas drei Gemeinden: New Herrnhut (1737), Nisky (1771) und Memorial (1843) wie auch eine herrnhutische Schule.

2.2 St. Croix

18 weitere Herrnhuter Missionare kamen im Juni 1734 nach St. Thomas. Einige von ihnen hatten den Auftrag, in St. Thomas zu evangelisieren, während andere zur Arbeit auf St. Croix bestimmt wurden, das im Jahr zuvor durch Dänemark von Frankreich erworben worden war. Binnen sechs Monaten starben zehn Missionare an Gelbfieber. Im Februar 1735 kam Verstärkung von elf weiteren Missionaren, aber in kaum zwei Monaten gab es auch unter ihnen fünf Todesopfer. Zum Jahresende 1736 war auf St. Croix nur noch Missionar Bönicke am Leben. Er ging nach St. Thomas zu Friedrich Martin, damals Leiter der Mission auf St. Thomas, um die Zusammenführung der Arbeitsgebiete zu bewirken. Erneut wurde die Arbeit auf St. Croix im Jahre 1740 von Bruder Christian Gottlieb Israel und Ehepaar Georg und Marie Elisabeth Weber aufgenommen. Die ersten Konvertiten wurden 1744 getauft. Gegenwärtig gibt es vier Gemeinden: Friedensthal (1755), Friedensberg (1771), Friedensfeld (1801) und Faith (1999); jedoch konnte das Schulwerk auf St. Croix nicht bis in die Gegenwart fortgeführt werden.

2.3 St. John

Der Missions-Aufseher Jens Rasmus regte 1741 zur Arbeit auf St. John an, die erste Taufe erfolgte im Jahre 1745. Die Mehrzahl der frühen Erfolge der brüderischen Mission auf diesen dänischen Inseln verdankte sich dem unermüdlichen Einsatz Friedrich Martins, den Zinzendorf als „Apostel der Schwarzen" bezeichnete. Nach 14 Jahren unermüdlicher Arbeit starb Martin im Alter von 46 Jahren am 1. Februar 1750 auf St. Croix. Während seiner Amtszeit hatte er Ländereien gekauft, Siedlungen etabliert, Kirchen gebaut und so die Mission auf den Dänisch-Westindischen Inseln maßgeblich gestaltet. Im Jahr 1917 wurden die Dänisch-Westindischen Inseln von Dänemark an die Vereinigten Staaten von Amerika abgegeben und die neue Regierung übernahm die kirchlichen Schulen. Auf St. John bestehen weiterhin zwei Gemeinden: Bethany (1754) und Emmaus (1782), aber die Kirche unterhält dort gegenwärtig keine Schulen mehr.

2.4 Antigua

Die brüderische Missionsarbeit auf Antigua begann 1756 durch Samuel Isles aus Yorkshire, England, der zuvor acht Jahre lang auf St. Thomas gearbeitet hatte. Die erste bekehrte Person war eine Frau, die am 12. Januar 1757 getauft wurde. Die erste Gemeinde wurde in St. John gegründet und erhielt damals den Namen „Spring Gardens". Peter Brown, der Nachfolger von Samuel Isles, errichtete eine andere Missionsstation in Bailey Hill im Jahre 1773; doch die Gegend wirkte auf die Gesundheit abträglich, sodass die Station 1784 nach Edgcombe Hill verlegt wurde. Sie erhielt den Namen Gracehill.

Viele Schulen wurden von der Kirche auf Antigua gegründet: die erste im Jahre 1809 und danach zahlreiche weitere, teils in Gemeinden, teils auf Zuckerplantagen, die von der Kirche betrieben wurden. 1914 wurden diese Grundschulen entweder eingestellt oder verstaatlicht. Da auf Antigua viele der Schulen weiterhin in denselben Gebäuden blieben, die sich im Besitz der Kirche befanden, war es für die Brüdergemeine möglich, ihre religiöse Erziehung in ihnen weiterzuführen. Einige Herrnhuter Schulen werden weiterhin ohne staatliche Hilfe geführt, wie zum Beispiel die Schule in Potters.

Um den Lehrernachwuchs sicherzustellen, kam George Mauer Westerby im Jahre 1838 aus Yorkshire/England nach Antigua und gründete 1840 in Libanon eine Schule zur Ausbildung von Lehrerinnen. Diese Schule zog später nach Spring Gardens und wurde als „Spring Gardens Teachers-Training-College“ bekannt. Ausgebildet wurden Lehrerinnen für Herrnhuter Schulen auf allen Inseln der Karibik, sowie für einige staatliche Schulen bis 1958. Im Jahr 1958 wurde das Lehrerseminar in eine staatliche Institution überführt. Zwischen 1846 und 1870 bestand auch eine Schule für männliche Lehrer. Die Generalsynode von 1899 beschloss, ein Seminar für die Ausbildung ihrer Pfarrer mit größerer Reichweite einzurichten als dies am Nisky-Seminary auf St. Thomas der Fall war. Die Pfarrer wurden über die Ost-Westindischen Inseln hinaus für Jamaika, Nicaragua und Guyana ausgebildet. Durch ein Vermächtnis von John Morton, eines englischen Wohltäters, sah sich die Brüder-Unität in der Lage, ein passendes Grundstück zu kaufen, und eröffnete am 29. März 1900 das Moravian College und Theologische Seminar. Es erhielt den Namen Buxton Grove nach dem britischen Abolitionisten Thomas Fowell Buxton. In Folge des Ersten Weltkrieges wurde die Kirche durch finanzielle Schwierigkeiten gezwungen, das Theologische Seminar zu schließen und das Eigentum der Buxton Grove zu verkaufen.

Die Provinz Westindien-Ost hat ihren Hauptsitz in Antigua und besitzt dort heute fünfzehn Gemeinden: Spring Gardens (1756), Gracehill (1773), Gracebay (1797), Enon (1817), Cedar Hall (1822), Five Islands (1838), Libanon (1838), Gracefield (1839), Greenbay (1845), Kana (1863), Bethany (1870), Potters Zion (vor 1881), Urlings (1987), Judges Hill (1993), und Cashew Hill (1993). Die einzelnen Gemeinden unterhalten mehrere Kindergärten und ein Pflegeheim für ältere Menschen.

2.5 Barbados

Die brüderische Missionsarbeit auf Barbados begann 1765 unter beträchtlichen Schwierigkeiten. Die erste Konvertitin war eine Frau, die mit der Taufe am 18. September 1768 den Namen Sarah erhielt. Auf Barbados wurden ebenfalls etliche Schulen gegründet, häufig in der Nähe zu einer Kirche.

Charakteristisch für die Brüdergemeine in Barbados im 19. Jahrhundert war die Anstrengung, durch verschiedene soziale Einrichtungen der Not der Armen und Unterprivilegierten entgegenzuwirken. Die führende Rolle hatte dabei James Young Edghill, der erste einheimische Prediger im Raum der Ost-Westindischen Insel, der im Jahre 1853 ordiniert wurde. Im 20. Jahrhundert brachte die Regierung viele soziale Einrichtungen und Dienstleistungen voran. Der Anstieg des Lebensstandards zog nach sich, dass die Kirche mehr und mehr in der Lage war, sich auf ihre religiösen Aufgabenstellungen zu konzentrieren. Es gibt zehn Gemeinden in Barbados: Sharon (1768), Berg Tabor (1825), Calvary (1834), Clifton Hill (1841), Dunscombe (1860), Centenary (1866), Gracehill (1882), Fulnec (1894), Penuel (1914) und Bethlehem (1964). Gegenwärtig betreibt die Moravian Church keine Grundschulen mehr, aber die Kirche ist in der Vorschulerziehung tätig.

2.6 St. Kitts

Die ersten Missionare auf St. Kitts waren John Gottwalt und James Birkby, die am 14. Juni 1777 zusammen mit dem Missionar Peter Brown auf der Insel landeten. Die ersten Taufen von Konvertiten erfolgten am 14. November 1779: zwei Frauen, die den Namen Katharina und Maria erhielten. Die erste Station wurde 1787 in der Hauptstadt Basseterre eingerichtet und Zion genannt. Noch vor der Sklavenbefreiung begannen die Missionare Abendschulen einzurichten und um 1825 gab es mehr als 700 Schüler. Mit der Emanzipation eröffneten sich neue Möglichkeiten zum täglichen Unterricht der Jugend. Anfänglich wurde Unterricht in den Gemeinden abgehalten, später wurden Schulgebäude gebaut, um die Schüler bei den Missionsstationen unterzubringen.

Im Jahr 1914 übergab die Brüder-Unität die Schulen an die Regierung, da die Leeward Islands Regierung beschlossen hatte, Konfessionsschulen nicht mehr zu unterstützen. Derzeit gibt es fünf Gemeinden auf St. Kitts: Zion (1777), Bethesda (1819), Bethel (1832), Estridge (Ebenezer) (1839), und New Dawn (2012). In einigen Gemeinden wird Vorschulbildung angeboten.

Im Jahre 1786 traf sich der Plantagenbesitzer John Hamilton, dem mehrere Plantagen in Tobago gehörten, mit dem Vertreter der Moravian Mission in London, John Lewis Wollin, und regte an, Herrnhuter Missionare zu den Sklaven zu senden. Wollin gab Hamilton ein Empfehlungsschreiben an die Missionare in Barbados mit. Der Missionar John Montgomery (Vater des berühmten Kirchenliederdichters James Montgomery) veranlasste daraufhin 1787 eine Sondierungsreise nach Tobago. Er wurde vom Gouverneur Graf Dillon herzlich empfangen, der seine Hilfe zusagte. Im Jahr 1789 reichten John Hamilton und einige andere Plantagenbesitzer aus Tobago eine Petition auf der Generalsynode ein, einen Missionar nach Tobago zu entsenden.

John Montgomery wurde durch die Generalsynode auf dieses Missionsfeld berufen und erreichte mit seiner Frau Tobago am 27. April 1790. In gleichem Jahr wurde Tobago eine französische Kolonie und im folgenden Jahr entstand durch die Französische Revolution erhebliche Unruhe. Montgomerys Arbeit schien anfänglich gesegnet zu sein, doch durch einen verwüstenden Hurrikan und eine Erkrankung Montgomerys, die 1791 zu seinem Tod führte, kam der erste Versuch, eine Mission in Tobago aufzubauen, zu ihrem Ende.

Am 23. Januar 1799 wurde ein zweiter Versuch gewagt, als Bruder Karl Schirmer und seine Frau eintrafen, um die Missionsarbeit wieder aufzunehmen. Am Ostersonntag, dem 24. März 1799, wurden die ersten Bekehrten getauft. Erneut musste die Mission wegen politischer Schwierigkeiten sowie Krankheit und Tod der Missionare aufgegeben werden. Erst mit der Ankunft von Ehepaar Peter Ricksecker im Jahre 1827 kam der dritte Missionsversuch zustande. Die Ankömmlinge wurden von John Hamilton Jr. und einigen der ersten Bekehrten begrüßt. Danach wurde die erste Station gegründet und eine Kirche gebaut. Sie erhielt den Namen Montgomery in Erinnerung an John Montgomery und wurde am 13. Juli 1828 feierlich in Dienst genommen. Eine brüderische Schule begann 1828 ihren Unterricht mit etwa 50 Kindern. Nach der Emanzipationszeit wurde mit Hilfe der Plantagenbesitzer im Jahre 1836 eine weitere Schule in der Nähe von Montgomery gebaut. Als die Station in Moriah errichtet wurde, eröffnete eine dritte

Tagesschule. In Verbindung mit der Missionsarbeit wurden weitere Schulen eingerichtet und im Jahre 1861 gab es rund acht Schulen der Moravian Church, die in den Jahren nach der Befreiung auch Abendschulen für Erwachsene anboten. Die Brüdergemeine in Tobago betrieb ihre Schulen bis in die zweite Hälfte des 20. Jahrhunderts hinein, als sie an die Regierung übergeben wurden. Heute gibt es acht Gemeinden in Tobago: Montgomery (1790), Moriah (1840), Spring Garden (1851), Bon Accord (1861), Black Rock (1869), Bethesda (1874), Evangel (1989) und Buccoo (1996), die aber alle keine Schulen mehr betreiben.

2.8 Trinidad

In der Zeit nach der Wirtschaftskrise, die 1848 begann, emigrierten viele Menschen der nördlichen Inseln bei der Suche nach Arbeit auf Inseln südlich von Trinidad. Unter ihnen befanden sich Mitglieder der Brüdergmeine aus Antigua, Barbados, St. Kitts, St. Croix und Tobago. Ein Einwanderer aus Barbados, der nach Hause kam, um seine alte Mutter zu besuchen, teilte 1885 dem Pfarrer der Gemeinde Sharon mit, dass viele Herrnhuter in Trinidad einen Lehrer für ihre Kinder suchten, sowie einen Pfarrer, der einmal im Vierteljahr kommen müsste. Daraufhin stattete Bruder Benjamin Romig, Vorsitzender der regionalen Ältesten-Konferenz, Trinidad einen Sondierungsbesuch ab. Bei einem Treffen in Port of Spain wurde ihm eine von rund 200 brüderischen Migranten unterzeichnete Petition überreicht, mit der die kirchliche Leitung aufgefordert wurde, eine eigenständige Moravian Church in Trinidad zu gründen. Die Forderung wurde an die Generalsynode von 1889 weitergeleitet, die darin übereinstimmte, dass die Arbeit sofort begonnen werden sollte.

Der erste Missionar war John Holmes, ein Laie, der als britischer Soldat auf Antigua stationiert gewesen war und sich unter dem Einfluss der Brüdergemeine dem christlichen Glauben zugewandt hatte. Nachdem er der Kirche in Antigua und Barbados gedient hatte, erhielt er 1890 die Aufgabe, die Missionsarbeit auf Trinidad zu beginnen. Gottesdienstliche Versammlungen fanden anfänglich in einem presbyterianischen Schulzimmer in St. Madeline in Süd Trinidad statt.

Bruder Marc Richard kam am 7. August 1891 als erster ordinierter Missionar auf Trinidad an und Bischof Heinrich Weiß übergab die erste Moravian-Church in Trinidad in Rose Hill, Port of Spain ihrer Bestimmung. Die Missionsarbeit an der Nordküste von Trinidad begann mit Gemeinden, die sich 1896 in Manantial und 1905 bei L'Anse Noire gebildet hatten. Als die Gemeinde in Manantial kleiner wurde, zog die Kirche im Jahre 1915 nach Montevideo um. Im Jahre 1904 wurde in Belmont, einem Vorort von Port Spain, eine weitere Kirche gebaut, nachdem dort bereits 1895 eine brüderische Schule aufgebaut worden war.

Anders als auf den übrigen Inseln hat sich die Gestalt der Moravian Church auf Trinidad im Laufe der Jahre stark durch Migration verändert. Als die Zahl der Kakao- und Zitrus-Plantagen an der Nordküste abnahm, blieb von drei brüderischen Gemeinden nur eine zurück. Darüber hinaus zogen viele Mitglieder aus dem Bereich von Port of Spain weg. Die Kirche versuchte, auf diese demografischen Entwicklungen zu reagieren, so gut sie konnte, obwohl dies nicht immer so schnell wie notwendig möglich war. Ein neuer Versuch im Sinne des „church planting“ erfolgte 1983 mit der Gemeinde Memorial, um zukunftsorientiert den 250. Jahrestag der Herrnhuter Mission zu begehen. Die Geschichte ähnelt den Anfängen: Es boten und bieten sich viele Gelegenheiten, doch die personellen und finanziellen Mittel sind begrenzt. Die Diego Martin United Church, die ebenfalls als brüderische Neugründung begann, hat sich inzwischen zu einem erfolgreichen ökumenischen Projekt gewandelt, an dem die Moravian Church, die Methodisten, Presbyterianer und einige lutherische Pastoren beteiligt sind.

Heute gibt es fünf Gemeinden: Rose Hill (1890), Chaguanas (1894), L'Anse Noir (1905), Memorial (1983) und Diego Martin United (Anfänge vor 1970). Zwei Grundschulen bestehen, eine bei L'Anse Noire in einem Regierungsgebäude, und eine bei Gloster Lodge Road in Port of Spain.

2.9 Tortola

Friedrich Martin hatte einige Freunde unter den Quäkern auf Tortola, die er am 26. Dezember 1743 besuchte. Sie waren mit der freien Nutzung ihres Hauses für Gottesdienste der

Farbigen einverstanden, im Falle, dass die Brüder sich auf ihrer Insel mit einem Missionsvorhaben niederzulassen wollten. Doch die geringe Zahl der Missionsmitarbeiter zog nach sich, das Angebot nicht anzunehmen. Im Jahr 1759 gab es einen zweiten erfolglosen Vorstoß. Schließlich wurde der Brüdergemeine 1829 die dringende Bitte von einigen Landbesitzern vorgetragen, eine Arbeit auf Tortola zu beginnen. Ihnen wurde ein Stück Land angeboten, und die Plantagenbesitzer stimmten zu, das notwendige Geld zum Bau einer Kirche zu sammeln. Die Angelegenheit wurde an die Missionsleitung weitergeleitet, die aber nichts unternehmen konnte, da sie kein Personal zur Aussendung hatte.

Erst Ende des 20. Jahrhunderts gelang eine Gemeindegründung im Zusammenhang mit den Feiern zum 250. Jahrestag der Herrnhuter Mission. Ein Kern von Mitgliedern der Brüdergemeine, die auf Tortola lebten, wurde kontaktiert und gesammelt. Zum Auftakt der neuen Arbeit wurde am 27. November 1994 ein besonderer Gottesdienst gehalten, der in der römisch-katholischen St. Williams-Kirche stattfand, wo sich die Gemeinschaft der Herrnhuter anfänglich versammelte. Seit diesem Anfangsgottesdienst ist die Arbeit gewachsen und 2012 erfolgte der erste Spatenstich für ein brüderisches Gemeindehaus auf Tortola, das am Sonntag, den 11. November 2012 feierlich in Dienst genommen wurde.

2.10 Grenada

Die Arbeit der Brüdergemeine auf Grenada entstand, als Mitglieder aus Tobago nach dem verheerenden Hurrikan Ivan 2004 die Initiative für eine Hilfsmaßnahme ergriffen. Ein Team von Bruder Rowan Simmon, Pfarrer der Gemeinden Moriah und Evangel auf Tobago, reiste nach Grenada und brachte Nahrung, Kleidung, Wasser und andere Versorgungsgüter, um diese an die Bedürftigsten zu verteilen. Auch wurde Beratung angeboten. Die Menschen von Grenada drängten sie, wieder zu kommen. Anschließend folgten mehrere Missionsteams von Tobago, was zum Aufbau guter Kontakte zwischen Herrnhutern von Tobago und der Kommune Mount Tranquil verhalf. Der Beginn einer Mission war so eine natürliche Vertiefung einer Beziehung, die als Reaktion auf eine Notlage mit tatkräftiger Hilfeleistung anlief. Schwester Hyacinth Taylor und Schwester Olga Joefield vom Verband der Brüdergemeine auf Tobago, zwei nicht-ordinierte Missionarinnen, wurden beauftragt, sich auf Grenada niederzulassen, wo die neue Mission ordnungsgemäß angemeldet wurde. Kirchenmitglieder von anderen Inseln, einschließlich Antigua, St. Kitts und St. Croix haben weitere Missionsreisen nach Grenada unternommen und die Arbeit mit ihren Gebeten und anderen Ressourcen unterstützt. Die Mission auf Grenada wird nun an einem zweiten Ort namens Monte Parnassas vorangebracht und die Kirchenleitung der Provinz berief 2014 einen ordinierten Pfarrer, Bruder Devon Mannix, um die Missionsarbeit fortzuführen.

2.11 Zusammenfassung

Die Brüdergemeine in der Provinz Westindien-Ost ist die Frucht der ersten und ältesten Missionstätigkeit der Brüder-Unität. Von Anfang an konzentrierte sich die Arbeit auf die Bevölkerung von Menschen afrikanischer Abstammung, die als Sklaven in die Karibik gebracht wurden. Der Beitrag der Brüder-Unität zum religiösen Leben und zur Kultur auf den westindischen Inseln konkretisiert sich in den Bereichen des religiösen Lebens und der Lehre, der Bildung und der karitativen Arbeit durch soziale Einrichtungen.

Die Brüderkirche spielte eine wichtige Rolle bei der Vorbereitung der Gesellschaft für die Sklavenemanzipation und einige ihrer Mitglieder engagierten sich an der Spitze von Gewerkschaften, politischen Organisationen, Lehrerverbände und andere Organisationen, die den Weg in eine freie Gesellschaft bahnten. Die Kirche hat auch dazu beigetragen, einheimische Christen zu befähigen, als Mitarbeiter das Leben ihrer Provinz selbst zu leiten und zu gestalten.

Vor 1962 waren die Gebiete der Provinz entweder dänisch und später amerikanisch oder sie waren britisch. Folglich gab es viel Bewegung zwischen den Inseln, was den Einsatz der Missionare und der ordinierten Pfarrer betraf, denn der Reiseverkehr war verhältnismäßig einfach. Mit der politischen Unabhängigkeit der einzelnen Inseln wurden die Verhältnisse komplizierter. Arbeitsgenehmigungen waren erforderlich, um von einem Gebiet zum anderen zu gelangen, und die Erlaubnis, auch für längere Zeit, auf einer bestimmten Insel zu arbeiten, war mitunter eingeschränkt.

Heute ist die Moravian Church in den unterschiedlichen Nationen jeweils per Rechtsakt als kirchliche Körperschaft staatlich anerkannt, wobei die einzelnen Gebiete als Teil der ganzen Provinz verstanden werden. Die Inseln, die eine Verwaltungseinheit (Distriktkonferenz) bilden, haben jeweils einen Superintendenten und ein gewähltes Leitungsgremium. Die Provinz als solche besitzt ihre rechtliche Anerkennung auf Antigua, wo sie ihren Hauptverwaltungssitz hat. Die fünf Mitglieder der Provinz-Ältesten-Konferenz werden durch die Synode ohne Berücksichtigung ihrer Staatsangehörigkeit gewählt. Zwar gibt es einen zentralen Haushalt der Provinz, jedoch hat jede Konferenz ein eigenes Budget und bezahlt die amtierenden Pfarrer ihres Bereichs.

Ökumenische Beziehungen gestalten sich in der gesamten Provinz in der Regel herzlich, aber es gibt immer Gelegenheit für deren Vertiefung. Die verschiedenen Konferenzen gehören zu den jeweiligen nationalen ökumenischen Kirchenräten und die ganze Provinz ist Mitglied in der Karibischen Konferenz der Kirchen und im Weltkirchenrat (ÖRK). Nach der Schließung des Theologischen Seminars in Antigua werden Pfarrer der Moravian Church in verschiedenen Einrichtungen ausgebildet. Inzwischen ist es übliche Praxis, die theologischen Mitarbeiter am United Theological College of the West Indies in Kingston / Jamaika auszubilden, das 1966 als ökumenisches Unternehmen gegründet wurde.

Die finanzielle Lage der Provinz hat sich seit den 1950er Jahren, als die Aufsicht dem American Mission Board übertragen wurde, deutlich verbessert. Sie hat sich weiter mit dem ökonomischen Wachstum der Inseln verbessert, welches mit der politischen Unabhängigkeit in den 1960er Jahren begann, und der daraus folgenden Übernahme größerer Verantwortung durch die Mitglieder. Heute ist die Provinz finanziell unabhängig.

Einige Traditionen der Brüdergemeine, die in der Provinz zu finden sind, bleiben unverwechselbar. Das Abendmahl wird in der typischen brüderischen Sitte von den Kommunikanten auf ihren Plätzen stehend gefeiert, wo sie nacheinander gemeinsam Brot und Wein empfangen. Die Verwendung von Einzelkelchen ist eher die Regel als der gemeinsame Kelch. Das gemeinschaftliche Abendmahl wird üblicherweise einmal im Monat gefeiert. Erwähnt werden muss das Liebesmahl als eine besondere Herrnhuter Gottesdienstform, die in den Gemeinden auf den Jungferninseln, sowie auf Barbados, Trinidad und besonders Tobago, aber auch über die Grenzen der Brüdergemeine hinaus an Bedeutung gewonnen hat. In Tobago wird es mehr als auf den anderen Inseln als ein „Missionary Lovefeast" gefeiert, also mit besonderer Betonung der Mission. Andachten und Gottesdienste während der Karwoche folgen den traditionellen Textlesungen der Leidensgeschichte, die den vier Evangelien entnommen sind. Weiterhin stellt der „Easter Sunrise Service" (Ostermorgen-Liturgie) eine beliebte Tradition dar, die jeweils auf dem Friedhof bzw. „God's Acre" (Gottesacker) ihren Abschluß hat. Herrnhuter Sterne sind in Kirchen der gesamten Provinz anzutreffen, aber selten in den Privathäusern. Die Christnachtsfeier mit Kerzen („Christmas Candle Light Service") ist ebenfalls weit verbreitet, der Ablauf jedoch variiert von Gemeinde zu Gemeinde. Der traditionelle Gottesdienst zum Jahreswechsel („Watchnight Service") in der Silvesternacht wird allgemein in der gesamten Provinz gehalten. Weniger häufig werden noch Singstunden praktiziert. Alle diese gottesdienstlichen Formen bilden wichtige Identitätsmerkmale der brüderischen Gemeinden; abgesehen von diesen bestehen ansonsten große Ähnlichkeiten mit anderen evangelischen Kirchen.

Aktuelle Herausforderungen und Chancen bestehen vor allem im Bereich der Initiationsriten, das heißt im Blick auf Kindertaufe oder Kleinkindsegnung im Gegensatz zur Gläubigentaufe. Der Einfluss der Lehre anderer Kirchen, der vor allem durch die Massenmedien zur Geltung kommt, hat hierbei in den Köpfen einiger Mitglieder und auch einiger Pfarrer Unsicherheit aufkommen lassen. Die Brüdergemeine ist daher gefordert, Formen zu finden, die ihr eigenes Verständnis der Taufe bewahrt und zugleich den pastoralen Bedürfnissen Rechnung trägt.

In der karibischen Region bestehen gute Möglichkeiten für Öffentlichkeitsarbeit und „church planting", die Einrichtung von neuen Gemeinden, insbesondere, weil sich durch demografische Veränderungen neue Gemeinden bilden. Es gibt viele Einwanderer aus Ländern, in denen die Brüdergemeine wenig oder gar nicht bekannt ist, während es auch umgekehrt vorkommt, dass Kirchenmitglieder in andere Länder oder andere Kirchen auswandern. Wir sind daher herausgefordert, unsere Siedlermentalität abzulegen und wieder eine Kirche zu werden, die Seelen für das Lamm zu werben sucht. Wir beten auch darum, dass Gott weiterhin Männer und Frauen für den pastoralen Dienst erweckt.

3. Die Iglesia Morava in Nicaragua

Ulrich Epperlein

In Mittelamerika ist die Brüdergemeine die einzige protestantische Kirche, der es vor dem Eindringen der evangelikalen Kirchen und Sekten Ende des 20. Jahrhunderts gelang, dauerhaft Mission zu betreiben und eine Kirche aufzubauen. Die Herrnhuter des 19. Jahrhunderts haben auf der Grundlage der Missionstheologie Zinzendorfs versucht, die verschiedenen ethnischen Minderheiten der Karibikküste Nicaraguas (Creoles, Ramas, Miskitos, Mayangnas/Sumus, Garifunas) zu erreichen und ihre Eigenheiten in die missionarische Arbeit zu integrieren. Ein wesentlicher Gedanke dabei war, dass die Christianisierung nicht durch materiellen und militärischen Zwang erfolgen sollte. Dies hob sich ab von der Geschichte des Genozids an den Indianern, die in Nicaragua auf der Pazifikseite im Einflussbereich der römisch-katholischen Kirche zu beklagen ist. Grundsätzlich wurden brüderische Missionsstationen nach vorausgehendem Einverständnis bzw. Einladung durch die indianischen Autoritäten begonnen. Allerdings wurde dieses Prinzip des Respekts vor der indigenen Kultur im Verlauf der Evangelisation nicht immer durchgehalten, da mitunter der rigorose Anspruch der Missionare, der manchmal reformierte, puritanische Züge trug, dazu führte, dass viele nicht-christliche, „heidnische“ Elemente eliminiert wurden. Doch wurden auch traditionelle Aspekte im Bereich von Krankheit und Heilung sowie im Umfeld von Leben, Sterben und Tod übernommen. Daraus entwickelte sich eine Art synkretistische Pastoraltheologie. Nach wie vor ist die Brüdergemeine in Mittelamerika die größte verfasste Kirche neben der römisch-katholischen Kirche, auch wenn Pfingstkirchen und fundamentalistische Kirchen inzwischen die Mehrheit der Protestanten bilden.

3.1 Geschichte der Herrnhuter Brüdergemeine in Nicaragua

Die Anfänge der Brüdergemeine in Nicaragua (Iglesia Morava) gehen in die erste Hälfte des 19. Jahrhunderts zurück und waren durch die besondere regionale Situation geprägt.

Die Karibikküste des heutigen nicaraguanischen Territoriums wurde von Ausnahmen abgesehen nie durch Spanien erobert, sondern durch Großbritannien seit Mitte des 17. Jahrhunderts beherrscht. Das Protektorat endete 1860, als dem inzwischen unabhängigen Staate Nicaragua das Gebiet übergeben wurde.

1847 kam eine Abordnung der Herrnhuter Mission mit Sitz in Jamaika nach Bluefields, dem Sitz der britischen Küstenverwaltung, um die Möglichkeit einer Missionsarbeit zu erkunden. Vorausgegangen war eine Anfrage von britischen Unternehmen, die auf den karibischen Inseln positive Erfahrungen mit der Herrnhuter Missionsarbeit gemacht hatten und die Herrnhuter dazu aufforderten, in Nicaragua eine Missionsarbeit zu beginnen. Alle Christianisierungsversuche der römisch-katholischen und anglikanischen Kirchen unter den schwarzen Afroamerikanern, in Nicaragua „creoles" genannt, und unter den indianischen Ureinwohnern waren zuvor gescheitert.

Nach der Erkundungsreise kam es zum Beschluss, einen Missionsversuch in Bluefields zu starten. Im 19. Jahrhundert bildete dies die erste neue Missionsinitiative der Brüdergemeine. Die dafür nötigen Vereinbarungen wurden nicht nur mit der britischen Verwaltung getroffen, sondern auch ganz wesentlich mit den indianischen Miskito-Autoritäten. In jener Zeit hatten die Briten zwar den Miskitos einige Rechte auf Selbstverwaltung zugestanden, die sich jedoch mehr auf Äußerlichkeiten erstreckten. Trotzdem war die Vereinbarung folgenreich. Auf ihr gründet bis heute das Vertrauen in die Brüdergemeine, dass sie der benachteiligten und verfolgten indianischen Bevölkerung mit Respekt begegnet und ihr einen gewissen Schutz gewährt. Während des britischen Protektorats übernahmen in einigen isolierten Gemeinden die Missionare administrative Aufgaben. Diese positiven Erfahrungen mit der Brüdergemeine haben zu einer starken Identifikation mit ihrer Kirche geführt, die bis heute andauert.

Um die Rolle der Brüdergemeine in Nicaragua zu verstehen, sind einige historische Aspekte zu berücksichtigen. Die spanische Kolonialherrschaft über Nicaragua ging stets davon aus, dass das gesamte Territorium, also auch die Karibikküste, zu Nicaragua gehörte, obwohl die Briten spätestens von 1660 an die Karibikküste besetzt hielten. Bis heute wird daher von der

„reincorporación" (Wiedereingliederung) dieser Region gesprochen. Dieser Sicht nach hatte Großbritannien also über zwei Jahrhunderte dieses Gebiet besetzt gehalten und 1860 und endgültig 1905 auf Besitzansprüche verzichtet. Genau in die Zeit des Machtwechsels fielen die ersten 50 Jahre der Herrnhuter Mission. Bis dahin hatten sich die Miskitos mit den Engländern aus wirtschaftlichen und militärischen Gründen verbündet und somit eine weitgehende Selbständigkeit erhalten. Nach dem Wechsel übernahmen die Vereinigten Staaten zügig die Rolle der Briten, insbesondere für den englischsprachigen Süden der Atlantikküste um Bluefields.

Die Wiedereingliederung veränderte grundlegend die Position der Herrnhuter Mission. Diese hatte sich in knapp 50 Jahren zu einem stabilisierenden Faktor entwickelt. Die Brüdergemeine war lange die einzige Kirche, sie wurde in dieser Zeit eine Art Volkskirche und gleichzeitig Staatskirche. Bis heute sind Reste davon vorhanden, wie z. B. der volkstümliche Name „wihta" (in Miskito für „Richter") für den Kirchenpräsidenten. Nach 1894 behielt die Brüdergemeine nach einigen Jahren der Auseinandersetzung mit der neuen Regierung zwar ihre dominierende Rolle, diese wurde aber durch den Einzug der römisch-katholischen Kirche und die zentralistische Struktur des nicaraguanischen Staates relativiert.

Seit Beginn des 20. Jahrhundert verfolgten die USA konsequent ihre Politik der Beherrschung Mittelamerikas, um ihre wirtschaftlichen und sicherheitspolitischen Interessen ungehindert durchsetzen zu können. In Nicaragua flammte Widerstand mit der Guerilla Sandinos auf. Da an der Karibikküste wichtige Unternehmen lagen, verlagerte sich ein Teil des Bürgerkriegs dorthin. Hier war mit dem Ende des Ersten Weltkriegs die Verantwortung für die Mission von der deutschen Unitätsprovinz an die nordamerikanische Moravian Church übergegangen. An einigen Orten mit Bodenschätzen wie Bilwi und Bluefields entstanden enge Beziehungen zu den US-amerikanischen Unternehmen. Vor diesem Hintergrund kam es um das Jahr 1930 zu Angriffen auf mehrere Missionsstationen, so dass ein Teil der Bevölkerung flüchten musste. Höhepunkt des Konflikts war 1931 in Musawas die Hinrichtung des Missionars Karl Bregenzer durch sandinistische Truppen, die ihn der Kollaboration mit den USA verdächtigten. Bis heute ist dieses Martyrium in Erinnerung und ein Grund für das Misstrauen gegen die aktuelle sandinistische Regierung.[1]

Der wohl größte Einschnitt in der Geschichte der Brüdergemeine ist die sandinistische Revolution von 1979. Bis dahin hatte sich die Kirche zu einer flächendeckenden Volkskirche entwickelt, die in hunderten von indianischen Gemeinden präsent war. Langsam hatte sich der Schwerpunkt der Kirche vom Süden in den Norden verlagert und schließlich in Bilwaskarma am Rio Coco ein Zentrum der kirchlichen Arbeit geschaffen, das Bibelseminar, Krankenhaus, Schwesternschule, TB-Therapiezentrum und weitere Einrichtungen zur medizinischen Versorgung der Rio-Coco-Gemeinden umfasste. Auch in Bilwi wurde ein Krankenhaus gebaut. Die ersten weiterbildenden Schulen an der Küste entstanden in Bluefields und Bilwi. Das diakonische Programm CASIM begann in den 1970er Jahren mit den ersten Entwicklungshilfeprojekten an der Küste. Außerdem war die Kirche an der Bildung von indianischen Organisationen ganz wesentlich beteiligt.

Der nicaraguanische Bürgerkrieg ließ bis 1979 die Karibikküste und die Brüdergemeine nahezu unberührt. Nach anfänglichen Allianzen der indianischen Organisationen und der Revolutionsregierung und mit Beginn der Contra-Bewegung traten die indianischen Organisationen in offenen Widerstand gegen die Regierung. Pfarrer der Brüdergemeine beteiligten sich direkt und indirekt daran, ebenso aktive Gemeindeglieder. Gleichzeitig eröffnete die Regierung Überwachung und Repression gegen die örtlichen Gemeinden und die Kirchenlei-

[1] Am 31. März 1931 wurde Bregenzer in Musawas hingerichtet. Seitdem wird an diesem Tag in Musawas und Umgebung ein Gedenkgottesdienst gefeiert. Bregenzer hatte 1928 in Musawas auf Anforderung des Häuptlings eine Missionsstation gegründet, nachdem über einige Jahre hinweg Missionare vom Rio Coco (Sangsangta) aus die Region unregelmäßig besucht hatten. Neben der Evangelisierung begann der Missionar, die medizinische Versorgung und die landwirtschaftliche Produktion zu verbessern. Gründe für die Hinrichtung nach einem Standgericht waren vermutlich: Obwohl er weiterhin die deutsche Staatsangehörigkeit besaß, wurde er als „gringo" bezeichnet, der Kollaboration mit dem Minenunternehmen und der US-Regierung verdächtigt und angeklagt. Er wurde aufgefordert, Musawas sofort zu verlassen, weigerte sich wiederholt, wurde verurteilt und enthauptet. Hinter der Kirche befindet sich sein Grab, vgl. Anna Adams, Karl Bregenzer, Missionary Marty-Spy, *Journal of Church and State* 37, 1995, 121–133.

tung und ließ hunderte von Pfarrern und Kirchenmitgliedern verhaften, die z. T. zwei Jahre in Gefängnissen verbrachten und schwere Folter erlitten. Das Zentrum Bilwaskarma und ein großer Teil der Kirchen und Pfarrhäuser wurde total zerstört, selbst der Kirchenpräsident Rev. Fernando Colomer, ein Mann indianischer Herkunft, wurde inhaftiert und für Jahre von der Küste weg in die Hauptstadt verbannt. Die ländliche indianische Bevölkerung flüchtete zum großen Teil in umliegenden Ländern oder in die USA. Am Ende der Revolutionszeit waren die Infrastruktur und Organisation der Brüdergemeine zum großen Teil zerstört und viele Gemeinden entwurzelt. Die Kirche stand kurz vor dem totalen Zusammenbruch, wovon sie sich bis heute trotz großer Anstrengungen und internationaler Hilfe nicht erholt hat.

3.2 Die gesellschaftliche Bedeutung der Brüder-Unität

Der Einfluss der Brüdergemeine im kulturellen und politischen Bereich in Nicaragua ist sehr ausgeprägt, vergleichbar mit dem der römisch-katholischen Kirche in der mestizischen Gesellschaft Lateinamerikas. Bis heute ist die Brüder-Unität ein wesentlicher Faktor im gesellschaftlichen Leben und für die Identität der Küstenbewohner. Wichtige Elemente dieser Identität sind:

• Bewahrung der indigenen Sprache. Von Anfang an hat sich die Brüdergemeine bei ihrer Missionsarbeit an den ursprünglichen Sprachen der Bevölkerung orientiert. Dies waren Englisch unter der kreolischen Bevölkerungsgruppe, Miskito und Mayangna unter den Indianern. Nur unter dem Volk der Ramas hat man Englisch als Sprache des Alltags auch in den religiösen Bereich übernommen, so dass die Rama-Sprache nicht erhalten wurde. Darüber hinaus trugen die Missionare wesentlich zur Verschriftlichung der indigenen Sprachen bei.

• Bildung. Durch Einführung von Grundschulen, weiterführenden Schulen (colegios) und berufsbildenden Schulen hat die Brüdergemeine einen wichtigen Beitrag zur Alphabetisierung und Bildung der Bevölkerung geleistet.

• Aufbau eines Gesundheitswesens. Die Missionare und ihre Ehefrauen, die in der Regel mit Kenntnissen und Ausbildung in der Krankenpflege kamen, betrachteten die medizinische

Hilfe als Teil ihrer missionarischen Arbeit. Daraus ergab sich der Aufbau von Gesundheitsposten und eines medizinischen Zentrums für die nördliche Moskito-Region in Bilwaskarma. Die Brüdergemeine richtete die erste Krankenschwesterschule in Nicaragua ein und betrieb zeitweise ein regionales System von Flugzeugeinsätzen zur Notversorgung.

Trotz der Katastrophe der 1980er Jahre ist die Brüdergemeine immer noch in fast allen Regionen an der Karibikküste gegenwärtig und spielt nach wie vor eine wichtige Rolle im politischen und sozialen Bereich. In einer Zeit, in der die Karibikküste stark von mestizischen Kolonisten besiedelt wird, fungiert die Brüdergemeine zunehmend als Vermittlerin in schwelenden Konflikten. Immer wieder flammen gewalttätige Auseinandersetzungen in den Landgemeinden auf. Einige indianische Territorien sind gegen Invasionen geschützt, werden aber trotzdem ständig von Kolonisten bedroht. Die staatlichen Instanzen greifen kaum ein. In dieser brisanten Situation wird wiederum die vermittelnde und schützende Hand der Kirche erwartet.

3.3 Struktur und Statistik

Die nicaraguanische Brüdergemeine ist von ihrer organisatorischen Struktur her den geografischen Gegebenheiten des Landes Nicaragua angepasst. Das Land hat eine Fläche von 130.000 km^2 und ist durch die Kordilleren in zwei Regionen geteilt, die Pazifikregion und die Karibik- bzw. Atlantikregion. Nach wie vor ist die Kirche fast ausschließlich an der Karibikküste präsent, wo es vier Bezirke gibt. Dazu kommen die erst nach Beendigung des militärischen Konflikts entstandenen Gemeinden in Managua und anderen Städten auf der Pazifikseite, die weniger als 5 % der Mitglieder umfassen. Für 2014 liegen die folgenden statistischen Angaben vor.

	Zahl der Gemeinden	**Mitglieder insgesamt**	**Getaufte Kinder**	**zum Abendmahl zugelassene Mitglieder**
Zentralbezirk (Gebiet von Bilwi)	84	43.200	17.500	12.000
Bezirk Rio Coco	66	30.000	12.500	7.500
Bezirk Las Minas	47	21.000	9.000	5.000
Südbezirk (Gebiet um Bluefields)	21	10.300	5.700	3.400

Westküste (Managua und Umgebung)	12	5.500	2.200	1.300
Gesamt	230	110.000	46.900	29.200

Jeder Bezirk bildet eine Verwaltungseinheit innerhalb der Provinz. Die Provinzialsynode 2016 beschloss eine weitere Aufteilung, so dass es nun insgesamt sechs Bezirke gibt. 2014 gab es 81 ordinierte Pfarrer und vier Pfarrerinnen, sowie 122 Laienprediger und vier Laienpredigerinnen. Derzeit gibt es drei Bischöfe, von denen einer in Miami / USA residiert. Die Kirchenleitung (Junta Provincial) besteht aus sechs Personen, die jeweils von der Synode für die Dauer von fünf Jahren gewählt werden. Sitz der Kirchenleitung ist in Bilwi, wo sich auch die zentrale Verwaltung befindet. Jedes der sechs Mitglieder ist für eine Region zuständig. Bei der Zusammensetzung wird angestrebt, dass alle ethnischen Gruppen vertreten sind und die Hälfte mit Frauen besetzt ist.

Pfarrer werden nach in der Kirchenordnung vereinbarten Richtlinien durch die Gemeinden bezahlt, die zur Hälfte auch eine Krankenversicherung tragen. Allerdings kann dies von vielen Gemeinden nicht eingehalten werden. In den ländlichen Gemeinden wird ein Teil des Gehalts in Naturalien beglichen, manchmal ein Stück Land zur Bewirtschaftung bereitgestellt. Diese in der zurückliegenden Zeit sinnvolle Methode hat sich in den letzten 30 Jahren als zunehmend problematisch erwiesen, vor allem in den ländlichen und nach wie vor isolierten Gebieten am Rio Coco (Miskitos) und Minengebieten (Mayangnas). Eine sehr große Anzahl von Pfarrern hat große Schwierigkeiten, über den täglichen Bedarf hinaus ausreichend für die medizinische Versorgung der Familie und die Erziehung der Kinder zu sorgen.

Grundsätzlich sind die Gemeinden selbständig in ihrem geistlichen Leben und in ihrer Verwaltung und nur der Kirchenordnung (constitución) und den Traditionen, die in den Jahren der Missionierung gewachsen sind, verpflichtet. Einzig die Gesamtkirche hat den Status einer juristischen Person (als „asociación"), die Ortsgemeinden nicht, sie sind insofern von der Gesamtkirche rechtlich abhängig. Die Pfarrer werden von der Kirchenleitung ernannt, üblicherweise nach Befragung durch die Gemeinde und mit einer zeitlichen Befristung von einigen Jahren pro Einsatzort. Die Gemeinde ist neben der Vergütung der Pfarrer auch für die Gebäude (Kirche und Pfarrhaus) und deren Ausstattung verantwortlich, was aber in den ländlichen Regionen oft sehr schwierig ist. Viele Gemeinden sind auf Überweisungen von Verwandten aus den USA und Hilfe durch internationale kirchliche Partnerschaften angewiesen. Auch der Haushalt der Gesamtkirche benötigt weiterhin die Unterstützung der Unität, vor allem aus den USA, so dass das Ziel der finanziellen Unabhängigkeit noch nicht erreicht ist.

Die überregionalen Arbeitsbereiche der Brüdergemeine in Nicaragua sind zentralistisch organisiert. Am Sitz der Kirchenleitung in Bilgi befinden sich auch die Büros der Frauenarbeit (UMMON), der Jugendarbeit (AJECIM), der christlichen Bildungsarbeit, die Schulen und Kindergottesdienst umfasst, und des Sozialwerks (ADSIM). Dies ist aber für die regionale Präsenz und die Arbeit vor Ort nicht immer von Vorteil, da alle Kontakte mit großem zeitlichen und finanziellen Aufwand verbunden sind. So ist auch der vermittelnde Einsatz von Leitungsorganen in örtlichen und regionalen Konflikten wie den Landinvasionen nur punktuell möglich. Thematisch ausgerichtete regionale Konferenzen sollen dazu dienen, den Zusammenhalt der Provinz zu stärken.

Seit den 1980er Jahren haben pfingstlerische Einflüsse enorm an Bedeutung gewonnen und zahlreiche Konflikte verursacht. Es sind pfingstlich geprägte Gruppen und Gemeinden entstanden, die mit dem Anspruch auftreten, die Erneuerung der Herrnhuter Tradition zu verkörpern. Diese Tendenz wird durch das aggressive Eindringen von Pfingstkirchen und anderen fundamentalistischen Kirchen in Lateinamerika seit Beginn der 1970er Jahre verstärkt. Eine besondere Rolle spielt dabei, dass charismatische Gemeindegründungen oft von dritter Seite Anfangskapital erhalten und dass Sozial- und Bildungseinrichtungen vorrangig in armen Gebieten und Elendsvierteln gegründet werden.

Zur Konkurrenz der Brüdergemeine zählt mit ähnlichen Merkmalen wie die evangelikalen Kirchen auch die römisch-katholische Kirche, die erst durch die Wiedereingliederung der Küste per staatlichem Dekret mit Missionen an der Küste 1894 begann. In der Revolutionszeit beteiligte sie sich mit mehreren Aufbauprogrammen.

Ökumenische Zusammenarbeit kommt nur selten vor, stattdessen herrscht ein freier Markt der Konfessionen unter dem angeblichen Vorzeichen der Christianisierung, das letztlich vom Ziel bestimmt ist, die eigene Kirche zu vergrößern. Die Brüdergemeine hat sich nur in wenigen Orten gegen die Gründung von neuen Kirchen gewehrt, wo die ethnische Identität eng mit der Kirche verknüpft ist, wie im Mayangna-Gebiet von Musawas, wo in den letzten Jahren Mennoniten, Sieben-Tags-Adventisten und Zeugen Jehovas versucht haben, Gemeinden zu gründen. In dem Gebiet leben ca. 8.000 Mayangna-Indianer, die bis auf zwei oder drei Familien alle der Brüdergemeine angehören.

3.4 Frömmigkeit und Politik

Traditionell hat sich die Brüdergemeine in den letzten 150 Jahren weithin so verhalten, dass sie versuchte, sich der jeweiligen Regierung anzupassen und das politische System danach zu beurteilen, ob es für Mission und kirchliche Arbeit günstige Bedingungen bot. Eine prosperierende Wirtschaft wurde als vorteilhaft für das kirchliche Leben empfunden, weshalb die Brüdergemeine der kapitalistischen Geschäftstätigkeit auf der unterentwickelten Atlantikküste recht unkritisch gegenüberstand. Zugleich führte die enge Identifikation der Bevölkerung mit der Brüdergemeine dazu, dass ihre Mitglieder in Krisenzeiten – während der Revolution Sandinos (1931–1932) und der sandinistischen Regierung von 1979 bis 1990 – tendentiell dazu neigten, sich vorrangig als Teil ihrer jeweiligen ethnischen Gruppe (creole, rama, miskito, mayangna) zu verstehen. Beides trug dazu bei, dass die Brüdergemeine in den Revolutionsjahren entgegen ihrer unpolitischen Grundhaltung in Widerspruch zum sandinistischen Staat geriet.

Blickt man heute auf diese Zeit zurück, so wird ein Besucher, der von den Ereignissen des Krieges nichts weiß, kaum bemerken, was vor etwa 30 Jahren geschah. Das Dorf sieht wie jedes andere an der Küste aus, bei den Ramas, Miskitos und Mayangnas. Im Gespräch mit den Einwohnern von Musawas oder anderen Gemeinden, die nach wie vor durch den Bürgerkrieg traumatisiert sind, wird selten auf Vertreibung, Verwüstung und Tod eingegangen. Weitgehend hat sich die Bevölkerung damit abgefunden, dass Widerstand nicht möglich ist. Der in der Brüdergemeine praktizierte Glauben lebt daher vor allem von der Erwartung, von Gott im Alltag und in den schwierigen Situationen des Lebens begleitet zu werden. Die Aufgabe der Kirche ist es, Menschen im Glauben zu stärken. Darin besteht auch der wichtigste Teil der pastoralen Arbeit.

Region: Nordamerika

Die Brüdergemeine (Moravian Church) in Nordamerika

Craig D. Atwood

Die Herrnhuter Brüdergemeine (Moravian Church) in Nord Amerika umfasst vier Provinzen: die Nord-Provinz, die Süd-Provinz, Labrador und Alaska. Die nördliche Provinz ist die Größte und umfasst Gemeinden in 13 Staaten der USA und zwei kanadischen Provinzen. In der nördlichen Provinz gibt es circa 20.000 Mitglieder, was einen signifikanten Rückgang zu den Mitgliederzahlen von 40.000 im Jahre 1960 darstellt. Die nördliche Provinz ist aufgrund ihrer Größe in den Ost-, West- und Kanadischen Distrikt unterteilt, jeder davon zum größten Teil in Selbstverwaltung. Die Süd-Provinz ist mit rund 15.000 Mitgliedern kleiner als die Nord-Provinz und erstreckt sich auf vier Staaten im Südosten der Vereinigten Staaten. Nahezu 90 % ihrer Mitglieder wohnen in North-Carolina, hauptsächlich in der Gegend rund um den Ursprungsort Winston-Salem. Seit den 1990er Jahren wächst die Südprovinz signifikant im Bundesstaat Florida, hauptsächlich durch Zuwanderung aus dem karibischen Raum, wo die Brüdergemeine sehr verbreitet ist.[1]

Die Provinz Labrador (Missionsprovinz) und die Provinz Alaska sind wesentlich kleiner als die anderen beiden Provinzen und sind kulturell und theologisch anders geprägt. Die längste Zeit ihrer Geschichte galten Labrador und Alaska als Missionsgebiete, die von den Missionsleitungen in Deutschland, England und Amerika geführt wurden. Erst in der zweiten Hälfte des 20. Jahrhunderts erhielten sie ein größeres Maß an Selbstverwaltung. Alaska hat inzwischen den Status einer selbständigen Provinz, während die Brüdergemeine in Labrador als

[1] Umfassende Angaben finden sich in dem jährlich erscheindenden Handbuch *Directory and Statistics – Moravian Church in North America, Northern and Southern Provinces*, herausgegeben von dem Interprovincial Board of Communication in Bethlehem/PA.

Missionsprovinz organisiert ist. Jede dieser beiden Provinzen hat um die 2000 Mitglieder. Die Bevölkerung in Alaska lebt geografisch gesehen verstreuter als in Labrador, so dass es hier sechs Mal mehr Gemeinden gibt als dort. Die meisten Mitglieder der Brüdergemeine in Labrador sind Inuit und die meisten Mitglieder in Alaska sind Yup'ik. Jede Provinz verkörpert eine unverkennbare Mischung des kulturellen Erbes der Ureinwohner mit europäischem Einfluss.

1. Nordprovinz und Südprovinz

Die heutige Aufteilung der Provinzen ist ein Ergebnis verschiedener geschichtlicher Entwicklungen. Schon in 18. Jahrhundert bildeten sich die beiden Schwerpunkte in Pennsylvanien und North-Carolina. Ein wesentliches Motiv für die Ansiedlung der Herrnhuter war die Missionsarbeit unter der indianischen Urbevölkerung. Die von Zinzendorf 1742 gegründete Gemeinde Bethlehem entwickelte sich zum Zentrum der brüderischen Arbeit im Norden, die 1765 gegründete Gemeinde Salem zum Zentrum der Arbeit im Süden.[2] Bis ins 19. Jahrhundert hinein war die nordamerikanische Brüdergemeine eng in den globalen Verbund der Unität integriert und unterstand der in Deutschland angesiedelten Gesamtkirchenleitung. Gegen diese Verwaltung von Außen regte sich seit der amerikanischen Revolution zunehmend Widerstand, was dazu führte, dass 1857 eine Provinzaufteilung eingeführt wurde, die der amerikanischen Brüdergemeine eine weitgehende Selbstverwaltung gab. Zunächst wurde eine amerikanische Provinz als Verwaltungseinheit gebildet, die aus einem Nord- und einem Süd-Distrikt bestand. Während des amerikanischen Bürgerkriegs (1861–1865) kämpften Kirchenmitglieder auf beiden Seiten (für die Vereinigten Staaten bzw. für die Konföderation), was den Gegensatz zwischen dem Norden und Süden akzentuierte.[3]

---

[2] Zur allgemeinen Forschungsliteratur vgl. die Bibliographie am Ende dieses Bands.

[3] Vgl. Richard Meyers, The Moravian Church and the Civil War, *Transactions of the Moravian Historical Society* 20:2, 1965, 226–248.

1899 wurden die beiden Distrikte in eigenständige Provinzen umgewandelt.

Die enge Anbindung an Europa führte dazu, dass der amerikanische Zweig der Brüdergemeine kaum von der großen religiösen Erneuerung und Kirchenexpansion berührt wurde, die als „Second Great Awakening" in der ersten Hälfte des 19. Jahrhunderts bekannt ist. Zu dieser Zeit tendierten die Herrnhuter dazu, mehr nach innen zu schauen und sich auf das persönliche geistliche Leben zu konzentrieren, als am sozialen und politischen Leben teilzunehmen. Die Herrnhuter entwickelten sich zu den „Stillen im Lande" und versuchten, Kontroversen und Konfrontationen zu vermeiden. Daher beteiligte sich die Brüdergemeine auch nicht aktiv an den großen Sozialreformen des 19. Jahrhunderts und der Bewegung der Sklavenbefreiung.

Im Zuge der Entwicklung zu mehr Selbstständigkeit wurde der Name „Brüdergemeine" in der Mitte des 19. Jahrhunderts zunehmend in Frage gestellt. Lange Zeit hatte man den deutschen Begriff „Brüdergemeine" in englischer Übersetzung verwendet und sich „United Bethren" bzw. „Church of the Brethren" oder „Evangelical Brethren" genannt. Jedoch gab es in Amerika bereits mehrere evangelikale Kirchen mit ähnlichen Namen, viele von ihnen mit Wurzeln in Pietismus und Täufertum. Der Wunsch, den deutschen Einfluss in der amerikanischen Provinz zu verringern, beinhaltete auch eine Abgrenzung gegen bestimmte, als problematisch empfundene Aspekte der pietistischen Herkunft, vor allem eine Tendenz zu Innerlichkeit, Separatismus und Rückwärtsgewandheit. Für die neue Generation amerikanischer Leitungspersönlichkeiten sollte die Brüdergemeine hingegen eine moderne amerikanische Kirche sein, die mit Stolz auf eine lange Geschichte und eine weltweite Missionsarbeit blicken konnte. Man entschied sich, die vorzinzendorfischen Ursprünge der Brüderkirche herauszustellen und „adoptierte" daher den Namen „Moravians" (Mähren) als den Weg, um sich von anderen amerikanischen Kirchen zu unterscheiden und sich von der deutschen Mutterkirche zu emanzipieren. Der Name ist heute ein wenig paradox, da nur die wenigsten Mitglieder der amerikanischen Provinz ethnisch gesehen „Mähren" sind und die moderne „Moravian Church" kaum Merkmale mit der alten Kirche der Böhmischen Brüder teilt.[4] Als Ergebnis dieser Bemühungen, eine Identität als „Moravians" zu beanspruchen, haben sich die Mitglieder der amerikanischen Brüdergemeine je länger je mehr mit Johann Hus identifiziert, der neben Graf Zinzendorf als der geistliche Gründer der „Unitas Fratrum" betrachtet wird.

Mit neuen Immigrationswellen aus Deutschland und Skandinavien im 19. Jahrhundert, die zur Besiedlung des Mittleren Westens führten, bildete sich auch dort ein Arbeitszweig der Brüdergemeine, zumal manche Einwanderer in Europa zur Herrnhuter Diaspora gehört hatten.[5] Um den Aufbau der sogenannten „Home Mission" zu erleichtern, wurde 1880 der Westdistrikt gebildet, der 1903 weitgehende Selbständigkeit erhielt. In den vorwiegend ländlich geprägten Regionen im Westen bildeten sich zahlreiche Gemeinden, die kaum noch durch die Traditionen der Ortsgemeinden geprägt waren. Als die Landwirtschaft nach dem Zweiten Weltkrieg mechanisiert wurde, nahmen die dortigen Mitgliederzahlen deutlich ab, so dass fast die Hälfte der Gemeinden im Mittleren Westen wieder geschlossen wurden.

Der Kanadische Distrikt entstand zu Beginn des 20. Jahrhunderts durch deutschstämmige Auswanderer aus Russland, die ebenfalls mit der weitverzweigten Herrnhuter Diaspora in Verbindung standen. Mit personeller Unterstützung der Nord-Provinz entstanden in Alberta im westlichen Kanada einige Gemeinden, unter denen die „Bruderheim-Gemeinde" eine führende Rolle einnahm.[6] Als Öl in der Region entdeckt wurde, wuchs die Stadt Edmonton rapide an und einige Gemeinden wurden auch dort gegründet. Derzeit leben ungefähr 2.000 Mitglieder der Brüdergemeine im kanadischen Distrikt. Das Kirchenleben in Kanada tendiert dazu, weniger förmlich zu sein, im Gegensatz zum östlichen Distrikt, und weniger evangelikal als in anderen Teilen der Provinz.

---

[4] Vgl. Peter Vogt, How Moravian are the Moravians? The Paradox of Moravian Identity, *The Hinge. International Theological Dialogue for the Moravian Church* 19:3, 2013, 3–20.

[5] Vgl. David A. Schattschneider, Moravians in the Midwest 1850 to 1900. A New Appreciation, *Transactions of the Moravian Historical Society*, 23:3, 1984, 47–70.

[6] Vgl. Kurt H. Vitt, *They Came to Serve. A Pastoral History of the Bruderheim Moravian Church Bruderheim, Alberta, Canada 1893–1982*, Edmonton 1982.

Im Jahre 1899 wurde der südliche Distrikt zur südlichen Provinz und war zukünftig für seine eigenen Angelegenheiten verantwortlich. Die Leiter der südlichen Provinz ermutigten die Erweckungsbewegung in den 1880er und 1890er Jahren als einen Weg, um die religiöse Hingabe und die Moravian Church insgesamt zu stärken. Die Herrnhuter in den südlichen Provinzen behielten manche traditionelle Gottesdienstformen bei, wie etwa das Liebesmahl, sie übernahmen aber auch viele Eigenschaften des amerikanischen Evangelikalismus, wie die Sonntagsschule, Gospelmusik, Erweckungsgottesdienste und den Aufruf zur Glaubensentscheidung am Altar. Bischof Edward Rondthaler bestärkte die Amerikanisierung der südlichen Provinzen und plante offensiv die Neugründung von Gemeinden in North Carolina und South Virginia. Die Südprovinz wuchs rasant im frühen 20. Jahrhundert und wurde finanziell ziemlich erfolgreich, auch infolge des Aufschwungs der Textilindustrie und der Tabak-Produktion in North Carolina. In den 1950er Jahren erlebte sie einen Nachkriegsboom und gründete weitere Gemeinden in den wachsenden Vorstädten North Carolinas und Floridas. Kulturell und politisch zeigt sich die Südprovinz ein wenig konservativer als die Nordprovinz. Als fast ein Jahrhundert nach dem Bürgerkrieg das Ende der Rassentrenung in den südlichen U.S.-Staaten umgesetzt wurde, standen viele „Moravians" der Aufhebung der Rassentrennung und der Bürgerrechtsbewegung positiv gegenüber, aber Pfarrer wurden angehalten, sich in den sozialen Unruhen der 1960er Jahre nicht politisch zu positionieren.

Eine wichtige Entwicklung der letzten Jahrzehnte ist die Bildung von Migrantengemeinden karibischer und lateinamerikanischer Prägung. Im Zuge des Bürgerkriegs in Mittelamerika in den 1980er Jahren kamen viele Mitglieder der Brüdergemeine aus Nicaragua und Honduras nach Florida, wo es inzwischen zahlreichen neue Gemeinden gibt, die vorwiegend spanischsprachig sind und Gottesdienste im Stil ihrer Heimatländer abhalten. In ähnlicher Weise sind einige Gemeinden in New York und Washington D.C. durch Einwanderer aus der Karibik geprägt.

Bis in die Mitte des 19. Jahrhunderts war Deutsch die offizielle Sprache der nordamerikanischen Brüdergemeine und wurde in einigen Gemeinden im West-Distrikt und Kanada noch bis Mitte des 20. Jahrhunderts im Gottesdienst verwendet. Gleichwohl war die Brüdergemeine in Amerika von Anfang an international ausgerichtet und umfasste auch Mitglieder aus England, Skandinavien, den Niederlanden und der Schweiz. Evangelistische und missionarische Bemühungen im 19. und 20. Jahrhundert weiteten die ethnische Vielfalt aus, jedoch fällt auf, dass im Vergleich zur weltweiten Brüder-Unität und zu anderen protestantischen Kirchen in Nord-Amerika nur wenige Mitglieder afrikanischer Herkunft sind. Während sich die Herrnhuter Missionare im karibischen Raum auf die Evangelisierung der Sklaven konzentrierten, standen die nordamerikanischen Plantagensklaven weniger im Fokus. Die unternommenen Versuche zeigten nur einen begrenzten Erfolg, was vielleicht auch an der Dominanz der deutschen Sprache lag.[7] Die Einwanderungen im 20. Jahrhundert aus der Karibik in die Stadtzentren des Nordens erhöhten die Vielfalt der Rassen und Kulturen in der amerikanischen Nordprovinz. Die Mehrheit der Herrnhuter Gemeinden in New York besteht heute aus Christen, die von den karibischen Inseln kommen. Gottesdienste in diesen karibisch geprägten Gemeinden spiegeln viele regionale Traditionen wieder, etwa den Gebrauch von Calypso Steel Drums und karibischen Liedern.

Die nördliche und die südliche Provinz arbeiten seit Jahren eng zusammen. In regelmäßigen Abständen wechseln Pfarrer ihre Stellen und seit 1970 helfen sich die Provinzen dabei gegenseitig. Zwei besondere Gremien ermöglichen eine weitergehende Kooperation: Das Board of World Mission (BWM), das hauptsächlich die Herrnhuter Missionsarbeit in Zentralamerika unterstützt und auch Katastrophenhilfe in Nord-Amerika leistet, sowie das Interprovincial Board of Communication (IBOC), das das Verlags- und Publikationswerk der Moravian Church betreibt. Das IBOC verantwortet eine Ausgabe der Losungen, die in Nord-Amerika als Moravian Daily Texts bekannt sind, und veröffentlicht auch ein monatliches Magazin. Die Brüdergemeine hat zwei Hochschulen, die Salem Academy in North

---

[7] Zur Geschichte der farbigen Mitglieder der Brüdergemeine in Salem, die im Zuge segregationalistischer Tendenzen als eigene Gemeinde organisiert wurden, vgl. Jon Sensbach, *A Separate Canaan: The Making of An Afro-American World in North Carolina, 1763–1840*, Chapel Hill/NC 1998.

Carolina und das Moravian College in Pennsylvania, sowie drei Schulen der Sekundarstufe. Jede dieser Schulen ist heute rechtlich selbstständig. Die nördliche und die südliche Provinz besitzen außerdem insgesamt sieben Seniorenwohnheime, die ebenfalls weitgehend selbstständig betrieben werden. Entsprechend der regionalen Verbreitung gibt es vier Sommercamps für Jugendliche: eines in der Süd-Provinz sowie drei in der Nord-Provinz, jeweils im Ost-, West- und kanadischen Distrikt.

Im Allgemeinen kann die Herrnhuter Brüdergemeine in Nordamerika als eine traditionelle protestantische Kirche bezeichnet werden, die eine lange Geschichte ökumenischer Kontakte quer durch das theologische Spektrum der Konfessionen besitzt. Häufig wird die Moravian Church als eine „mainline denomination" beschrieben, was besagt, dass sie zu den historischen protestantischen Kirchen gehört, die im Mittelfeld zwischen Liberalismus und Fundamentalismus angesiedelt sind und die die religiöse amerikanische Landschaft bis 1970 dominierten. Allerdings ist die Charakterisierung „Mainline", die auch eine gemäßigte bürgerliche Position beinhaltet, für die Brüdergemeine nicht ganz korrekt, denn sie steht in ihrem pietistischen Ethos mit starker Betonung der Gemeinschaft eher der „Unity of the Brethren", der „Evangelical Convenent Church" und in mancher Hinsicht auch der „Society of Friends", also den Quäkern nahe. Die Nord- und Südprovinz haben inzwischen mit der Episcopal Church und der Evangelisch-Lutherischen Kirche in Amerika (ELCA) volle gegenseitige kirchliche Anerkennung und Abendmahlsgemeinschaft vereinbart.[8] Die Brüdergemeine blickt darüber hinaus auf eine lange Tradition der Zusammenarbeit mit der Vereinigten Methodistischen Kirche, ein Kontakt, der bis zu den Anfängen unter den Brüdern Charles und John Wesley und Graf Nikolaus Ludwig von Zinzendorf zurückreicht.

Die Nord- und Südprovinz gehören jeweils dem „National Council of Churches of Christ" (nationaler Kirchenrat) und

[8] Die Vereinbarung mit der Lutherischen Kirche (Evangelical Lutheran Church in America) trägt den Titel „Following Our Shepherd to Full Communion" (1999), die Vereinbarung mit der Episcopal Church heißt „Finding Our Delight in the Lord. A Proposal for Full Communion Between the Episcopal Church; the Moravian Church-Northern Province; and the Moravian Church-Southern Province" (2010).

dem Weltkirchenrat (ÖRK) seit deren Gründung nach dem Zweiten Weltkrieg an. Das „Board of World Mission" arbeitet mit einer Vielzahl evangelischer Missionsorganisationen in Nordamerika und anderen Orten auf der Welt zusammen. Das Moravian Theological Seminary (MTS) in Bethlehem, Pa., betreut die theologische Ausbildung für beide Provinzen, ist aber in mehrfacher Hinsicht zunehmend ökumenisch ausgerichtet. Derzeit sind weniger als ein Viertel der Studenten Mitglieder der Brüdergemeine, und in den letzten Jahren schrieben sich sogar muslimische Studenten am MTS ein.

Wie viele andere amerikanische und kanadische Kirchen erleben auch die vier Provinzen der Herrnhuter Brüdergemeine einen Rückgang der Mitgliederzahlen und die daraus resultierenden finanziellen Schwierigkeiten. Weiterhin bestehen erhebliche Konfliktfelder bei sozial-ethischen Belangen, besonders in Bezug auf Gender- und Sexualitätsfragen und bei strittigen theologischen Punkten. So beendete etwa vor einigen Jahren die gesamte Belegschaft des BMW, inklusive aller Missionare im Außeneinsatz, ihren Dienst, da sie der Auffassung war, dass die Brüdergemeine in ihrer theologischen wie auch in ihrer sozialen Einstellung zu liberal geworden war.

2. Labrador und Alaska

Die Herrnhuter Mission in Labrador begann 1771 unter schwierigsten Bedingungen, nicht nur im Blick auf die klimatischen Verhältnisse, sondern auch, weil die indigene Inuit-Bevölkerung den Europäern sehr abweisend gegenüberstand.[9] Die Herrnhuter waren die ersten christlichen Missionare, die bei den Inuit willkommen waren. Die Inuit schätzten die Tatsache, dass die Herrnhuter ihre Kultur und Sprache respektierten. Neben dem Evangelium brachten die Herrnhuter Bildungsangebote mit und halfen den Inuit, mit politischen Behörden zu verhandeln. Die Herrnhuter Mission trug entscheidend dazu

[9] Ein erster Versuch, in Labrador eine Mission zu etablieren, scheiterte 1752 mit dem tragischen Tod des Missionars Johann Christian Erhardt, vgl. David A. Schattschneider, A 250-Year-Old Mystery. The Disappearance of Johann Christian Erhardt in Labrador, *Journal of Moravian History* 2, 2007, 76–89.

bei, dass die Inuit Bevölkerung in Labrador nicht das gleiche Maß an sozialer Entwurzelung erlebte, wie andere Gruppen von Ureinwohnern in Kanada. Brüderisches Liedgut und Bibeltexte wurden in die örtliche Sprache übersetzt, was auch die Herausforderung einer kulturellen Übersetzung beinhaltete. Missionare mussten bedenken, wie man über das Lamm Gottes zu Menschen predigen kann, die keine Ahnung haben, was ein Lamm überhaupt ist, geschweige denn verstehen, dass dieses die Sünden der Welt trägt. Die Herrnhuter hatten sehr viel durch ihre frühere Arbeit in Grönland gelernt, ehe sie die Labrador-Mission begannen. 1800 gab es eine Handvoll Inuit-Gemeinden, die von europäischen Missionaren betreut wurden. Bis ins 20. Jahrhundert hinein war die Brüdergemeine eine der wichtigsten Organisationen, die die Ureinwohner in Labrador betreute. Doch die Mission litt immer an einem Mangel an Ressourcen. Da Labrador Teil des britischen Commonwealth war, wurde die dortige Arbeit der Brüdergemeine bis zum Zweiten Weltkrieg nicht von der amerikanischen, sondern von der britischen Provinz geleitet. In Labrador und Newfoundland gibt es zurzeit fünf Gemeinden, die nach wie vor auf Unterstützung von außen angewiesen sind und daher den Status einer Missionsprovinz haben.

Alaska ist ursprünglich durch die russisch-orthodoxe Kirche christianisiert worden, doch mit dem Verkauf des Landes 1867 an die Vereinigten Staaten lies die orthodoxe Missionsarbeit nach. Der Erwerb des Landes Alaska geschah gerade zu dem Zeitpunkt, als die Moravian Church in Amerika nach einer Identität als evangelischer Kirche suchte, die von Europa unabhängig war. Alaska wurde als erstes Missionsgebiet ausgesucht, das von der amerikanischen Provinz begleitet werden sollte.[10] Vertreter der Kirchenleitung untersuchten die Situation in Alaska und stellten fest, dass die Gegend um die Yup'ik Siedlung Mamterillermiut, an dem der Kuskokwim Fluss in das Beringmeer fließt, einen idealen Standort darstellt. Dort befand sich schon ein Fischverarbeitungsbetrieb und Kenntnisse des Christentums waren dank der russisch-orthodoxen Vorarbeit

[10] James W. Henkelman und Kurt H. Vitt, *Harmonious to Dwell. The History of the Alaska Moravian Church 1885–1985*, Bethel/Alaska 1985.

vorhanden. Die Amerikaner nannten das Dorf Bethel, was als offizieller Name beibehalten wurde.

John Henry Kilbuck, ein Mitglied des Lenape Stammes in Kanada, wurde ordiniert, um als erster Missionar nach Alaska zu gehen. Er lernte Yup'ik und begann, die Bibel und brüderische Kirchenlieder in diese Sprache zu übersetzen. Er versetzte die Ansiedlung an einen trockeneren Standort auf der gegenüberliegenden Seite des Flusses und etablierte ein Postamt für den wachsenden Ort. Bethel ist heute nicht nur das Hauptquartier der Kirchenleitung der Moravian Church in der Provinz Alaska, es ist auch Regierungssitz der Yup'ik Region des Staates Alaska. Während des 20. Jahrhunderts trat die Herrnhuter Brüdergemeine als ein Hauptbefürworter für die Rechte der Yup'iks und für die Erhaltung ihrer Sprache und Kultur ein. Nach dem Zweiten Weltkrieg wurde in Bethel ein Bibelinstitut gegründet, um Yup'ik-Pfarrer auszubilden und so den Übergang von der Mission zur Selbständigkeit zu befördern. Die erste vollständig einheimische Kirchenleitung wurde 1978 gewählt.

3. Gottesdienst

Der Gottesdienst der Herrnhuter Brüdergemeine in Nord-Amerika ist durch verschiedene liturgische und kirchliche Traditionen geprägt. Die Mehrheit der Gemeinden folgt dem „Common Lectionary", einer allgemeinen Agende, die von vielen protestantischen Denominationen und der römisch-katholischen Kirche verantwortet wird, wobei es jedoch den Pfarrern freisteht, andere biblische Texte für ihre Predigten auszuwählen. Die Länge und der Stil der Predigt variiert in Abhängigkeit zur lokalen Kultur und den Erwartungen der Gemeinde, aber normalerweise dauert sie weniger als 20 Minuten. Das Gesangbuch *Moravian Book of Worship*, das 1995 publiziert wurde, enthält Kirchenlieder aus einer Vielzahl christlicher Traditionen. Weniger als 25 % der Lieder kommen aus der „klassischen" brüderischen Tradition, die die verschiedenen Perioden der Brüder-Unität umfasst und häufig aus dem Deutschen übersetzt sind. Das Gesangbuch beinhaltet auch verschiedene Liturgien, die die Gemeinde mit einbezieht und normalerweise am Beginn des Gottesdienstes stehen. Sie folgen teils dem Kirchenjahr, teils sind sie thematisch ausgerichtet, etwa zum Thema „Jüngerschaft“ oder „verantwortliche Mitarbeit“. Das Gesangbuch von 1995 spiegelt die theologische und kulturelle Vielfalt der modernen Moravians in den USA wieder. Die meisten Gemeinden in Nord-Amerika nutzen Orgel und Klavier in ihren Gottesdiensten, doch viele, besonders im westlichen Distrikt, haben auch eine „Lobpreis-Band“, die elektrische Gitarre, Keyboard und Schlagzeug verwenden. In den 1980er und -90er Jahren gab die Einführung „zeitgemäßer Gottesdienstformen“ in vielen Gemeinden Anlass zu heftigen Diskussionen. Im Allgemeinen sind die Pfarrer, die dem traditionellen Gottesdienst nahestehen, liberaler in ihrer Theologie, während die Anhänger christlicher Popmusik dazu tendieren, eine stärker evangelikal und konservativ ausgerichtete Theologie zu vertreten.

Die Brüdergemeine in den USA kennt zwei Sakramente: Die Taufe und das Heilige Abendmahl. Üblicherweise wird für Kinder von Gemeindemitgliedern die Säuglingstaufe praktiziert, aber ein Taufaufschub ist möglich. Gelegentliche Tendenzen, die Praxis der Glaubenstaufe einzuführen, konnten sich nicht durchsetzen. Es gab Fälle, wo einzelne Pfarrer die Kindaufe verweigerten oder darauf bestanden, dass nur die Taufe mit Untertauchen gültig sei. Diese Pfarrer wurden zurechtgewiesen. Das Heilige Abendmahl wird normalerweise einmal im Monat gefeiert. 1913 übernahm die amerikanische Brüdergemeine die Praxis des Austeilens von Traubensaft in individuellen Einzelkelchen anstelle von Wein in einem Gemeinschaftskelch. Diese Veränderung erfolgte aufgrund der Abstinenzbewegung und auch aus hygienischen Gründen. Gemeinden steht es frei, ungesäuerte Oblaten oder normales Brot während des Heiligen Abendmahls zu reichen. Nur ordinierte Pfarrer dürfen einem Abendmahlsgottesdienst vorstehen und in vielen Gemeinden teilen auch nur sie das Brot und den Wein aus. Üblicherweise trägt der Pfarrer das gesegnete Brot und den Traubensaft in die versammelte Gemeinde hinein und bedient jede Person individuell. Die meisten Pfarrer tragen einen langen weißen Talar (surplice) für die Feier der Sakramente.

Die Architektur der Kirchengebäude folgt mehr den nordamerikanischen Konventionen als dem traditionellen Herrnhuter Baustil, so dass das Innere der Kirchen mehr den Kirchen anderer amerikanischer Denominationen ähnlich sieht als den alten Kirchensälen in Europa. Die meisten in der Kolonialzeit erbauten Kirchensäle wurden im späten 19. Jahrhundert dem amerikanischen Geschmack angepasst. Viele der vor dem Zweiten Weltkrieg erbauten Kirchen haben einen Kirchturm, Fenster mit Glasmalerei, eine Kanzel, Kirchenbänke, einen Chorraum mit Abendmahlstisch und eine Vorhalle. Moderne Kirchen der letzten 30 Jahre ähneln oft eher einer multifunktionalen Versammlungshalle mit Stühlen, Lesepult, Leinwänden und Projektionsgeräten. Viele Kirchengebäude besitzen darüber hinaus zusätzliche Gemeinderäume für Sonntagsschule, Gemeindegruppe und gesellige Veranstaltungen, meistens auch eine Küche. Die Sonntagsschule umfasst Klassen für Kinder und Erwachsene, die oft vor und nach dem Gottesdienst stattfinden und von ehrenamtlichen Mitarbeitern aus der Gemeinde gehalten werden. Zusätzlich gibt es in vielen Gemeinden Gruppenangebote und Gemeindekreise, wie etwa „Youth Fellowship" (Jugendgruppen) oder „Women's Circle" (Frauenkreis).

Im 19. und 20. Jahrhundert übernahmen die brüderischen Gemeinden in Amerika und Kanada viele Gottesdienstformen anderer Kirchen, aber sie bewahrten auch einige charakteristische Traditionen aus Europa.[11] Eine der bekanntesten davon ist das „Liebesmahl", bei dem ein einfaches Mahl im Rahmen einer gottesdienstlichen Versammlung gefeiert wird. Es gibt keine feste Gottesdienstordnung für das Liebesmahl, jede Gemeinde ist frei, ihre eigene Tradition zu entwickeln. In vielen Gemeinden werden Kaffee und Brötchen zum Liebesmahl gereicht, andere bevorzugen kalte Getränke. In einigen Gemeinden ist das Liebesmahl ein ruhiger und ehrwürdiger Gottesdienst, in dem das Austeilen von speziellen Liebesmahl-Helfern übernommen wird, die als „Diener Corps" oder „Saaldiener" bekannt sind. Andere Gemeinden haben Liebesmahle, die zwangloser und üppiger sind; Mitglieder teilen ihre Brötchen miteinander. Die Gemeinden sind frei, Liebesmahle zu unterschiedlichen Anlässen zu feiern, etwa ein Jubiläum oder ein Fest im Kirchenjahr. In der Weihnachtszeit gibt es an vielen Orten das Liebesmahl am Heiligen Abend, wo Bienenwachskerzen an die Gemeinde-

[11] Vgl. Adelaide L. Fries, *Customs and Practices of the Moravian Church*, Revised Edition, Bethlehem/PA 2003.

glieder verteilt werden. Übrigens hängen vom Ersten Advent bis zum Ende der Epiphaniaszeit auch bei vielen „Moravians" Herrnhuter Sterne über den Eingangstüren der Häuser.

Die Passions- und Osterzeit ist gleichermaßen von besonderen Bräuchen geprägt. In der Karwoche laden viele Gemeinden, speziell in North Carolina und in Pennsylvania, zu besonderen Versammlungen ein, bei denen eine fortlaufende Lesung aus der Leidensgeschichte Jesu dargeboten wird. Am Ostersonntag versammeln sich viele Gemeinden in der Morgendämmerung zur Feier der Auferstehung Christi. Es ist üblich, zur Zeit des Sonnenaufgangs zum kirchlichen Friedhof zu ziehen, nämlich an den Ort, an dem die „Heimgegangenen" zu Grabe getragen wurden und der deshalb Gottesacker („God's Acre") genannt wird. Begleitet wird der Gesang der Gemeinde von einem Bläserchor, der mit seinen Chorälen ein Zeugnis der österlichen Auferstehungshoffnung gibt. Der größte Gottesdienst zum Ostermorgen wird jährlich auf dem Gottesacker in Winston-Salem, N. C. abgehalten, wozu zwischen 5.000 und 12.000 Menschen kommen, von denen über 400 im Bläserchor mitspielen. Die Liturgie am Ostermorgen wird weithin als bestes Glaubensbekenntnis der Brüdergemeine betrachtet.[12]

4. Verwaltungsstrukturen und geistliches Amt

Für jede selbstständige Provinz ist die Provinzialsynode, die aus Pfarrern und gewählten Laienvertretern aller Gemeinden besteht, das höchste Leitungsgremium. Die Synode trifft sich alle drei bis vier Jahre. Synoden bestimmen die Richtlinien der Arbeit in den Provinzen und sprechen mitunter auch soziale Belange an. Eine Hauptaufgabe der Synode ist es, den Präsidenten und die Mitglieder der kirchenleitenden „Provincial Elders Conference" (PEC) zu wählen, die für die Provinzverwaltung und die Aufsicht über die Pfarrer zuständig ist. Die Kirchenordnung („Book of Order") bildet die Grundlage für die Arbeit des PEC und der Pfarrer und garantiert die Kontinuität in Lehre und Praxis über die Grenzen der Provinzen hinweg. Die

[12] Abgedruckt in *Moravian Book of Worship*, Bethlehem/PA 1995, 82–89.

PEC bestimmt, wer zum Pfarrer ordiniert wird. Es gibt drei Ebenen des geistlichen Amts: Diakon, Presbyter und Bischof. Gemäß der gängigen Praxis gibt es keinen substantiellen Unterschied zwischen Diakon und Presbyter, aber Pfarrer müssen wenigstens drei Jahre als Diakon gearbeitet haben, bevor sie als Presbyter eingesegnet werden können. Nur Presbyter kommen zur Wahl zum Bischofsamt in Frage. Bischöfe werden von der Synode gewählt und anschließend von drei anderen Bischöfen für ihren Dienst eingesegnet. Obwohl die Bischöfe von der Synode einer einzelnen Provinz gewählt werden, sind sie dennoch Bischöfe der ganzen Unitas Fratrum und weltweit anerkannt. Die Zählung der Bischöfe und Bischöfinnen erfolgt in aufsteigender Reihe von der Einführung des brüderischens Bischofsamts 1467 an, sowie von der Erneuerung der bischöflichen Verfassung 1735 an.[13] Es entspricht der kirchlichen Ordnung, dass mehrere Bischöfe bzw. Bischöfinnen in den nördlichen und südlichen Provinzen gleichzeitig Dienst tun. Bischöfe der Unitas Fratrum haben keine administrative Rolle in der Kirche, sie dienen und arbeiten auf Augenhöhe mit anderen Mitarbeitern und nehmen als erfahrene Geistliche vor allem seelsorgerliche Aufgaben wahr, sie sind gleichsam „Pastoren für die Pastoren."

Die PEC trägt Verantwortung für den Prozess, mit dem ein Pfarrer einer Gemeinde zugeteilt wird, wenngleich diese Aufgabe in der US-Nordprovinz von einer Bezirksbehörde ausgeführt wird. Im Gegensatz zu anderen Provinzen der weltweiten Unität haben die PECs der Nord- und Südprovinz keine Berechtigung, einen Pfarrer zu berufen, ohne zuvor die Zustimmung der örtlichen Gemeinde und des betroffenen Kandidaten eingeholt zu haben. Die einzelnen Gemeinden werden jeweils von einem Ältestenrat geleitet, der das geistliche Leben verantwortet, und einem Kuratorium, das sich um Finanz- und Grundstücksfragen kümmert. Beide Gremien werden regelmäßig von den Gemeindegliedern gewählt. Ein Pfarrer kann nur durch das PEC zu einem Wechsel aus einer Gemeine angehalten werden. Die PEC stellt sicher, dass Pfarrer und Pfarrerinnen ein ausreichendes Gehalt, gute Wohnmöglichkeiten

---

13 Eine Liste aller brüderischen Bischöfe von 1735 bis 1967 ist abgedruckt in Kenneth G. Hamilton, *History of the Moravian Church: The Renewed Unitas Fratrum 1722–1957*, Bethlehem/PA 1967, 645–653.

und eine Krankenversicherung erhalten. Juristisch gehören die Kirchengebäude nicht der Gemeinde vor Ort, sondern der kirchlichen Provinzialverwaltung. Von jeder Gemeinde wird erwartet, dass sie sich an den Ausgaben für den Verwaltungsaufwand der Provinz und der Arbeit der brüderischen Missionsgesellschaft beteiligt. Die Nord- und Südprovinz betreiben einen Verlag, der ein monatliches Magazin für jede Familie in der „Moravian Church" bereitstellt.

5. Ausblick

Die Moravian Church / Herrnhuter Brüdergemeine in Nordamerika lässt sich beschreiben als eine amerikanisch-evangelische Kirche, die stolz ist auf ihre Wurzeln in den Erneuerungsbewegungen um Jan Hus und Nikolaus Ludwig Graf von Zinzendorf. Aber sie ist auch eine Kirche, die damit ringt, wie das Evangelium in der westlichen Kultur verbreitet werden kann, die zunehmend säkular geprägt ist und sich misstrauisch gegenüber kirchlichen Organisationen zeigt. Die Moravian Church in Nordamerika ist eine Kirche, die einen gewissen Identitätssinn in ihren Bräuchen und Traditionen aus Deutschland findet, aber zugleich vielfältigen Ethnien, Rassen, Kulturen, Frömmigkeitsstile und liturgische Traditionen umfasst. Die Provinz Alaska ist fast gänzlich Yup'ik und die Provinz Labrador ist primär Inuit. Die US-Südprovinz besteht vorwiegend aus englisch-sprachigen Menschen deutscher Herkunft, aber mit einer zunehmenden Anzahl von Miskitu- und spanisch-sprechenden Gemeinden. Die Nordprovinz hat einige Mitglieder, deren Vorfahren mit den ersten Herrnhuter Missionaren um 1740 nach Amerika kamen, daneben solche, deren Großeltern nach Kanada flohen, um dem Wehrdienst bei den Russen zu entfliehen, und solche, die erst kürzlich von den Westindischen Inseln kamen und brüderische Lieder zu Calypso Rhythmen singen. Mit diesen unterschiedlichen Akzenten singen die Mitglieder der Brüdergemeine in Nord-Amerika zusammen, beten zusammen und arbeiten zusammen. Einige Moravians ziehen die alten Herrnhuter Traditionen und Bräuche den modern angehauchten Glaubensformen vor. Andere sehen im Festhalten an den Traditionen ein Hindernis für die Ausbreitung des Evangeliums. Was diese kleine aber facettenreiche Kirche vereinigt, sind nicht gemeinsame Lehrformeln oder die Verwaltungsstruktur oder gar der Gottesdienststil. Es ist vielmehr die Überzeugung, dass „unser Lamm gesiegt hat", und der Wunsch, dem siegreichen Lamm zu folgen.

ABKÜRZUNGEN

BHZ	Dietrich Meyer (Hg.), Bibliographisches Handbuch zur Zinzendorfforschung, Düsseldorf 1987.
COUF	Church Order of the Unitas Fratrum (Moravian Church), 2016. Incorporating Resolutions from Previous Unity Synods. Published by Order of the Unity Synod Held in Montego Bay, Jamaica, 12–19 August 2016. Christiansfeld 2016. (abrufbar über www.unitasfratrum.org)
EBU / EFBU	Europäisch-Festländische Brüder-Unität, Herrnhut und Bad Boll
ITD	Internationaler Theologischer Dialog in der Brüder-Unität, hg. von Volker Schulz, Basel 2003–2016.
MdKI	Materialdienst des Konfessionskundlichen Instituts, hg. vom Konfessionskundlichen Institut des Evangelischen Bundes, Arbeitswerk der Evangelischen Kirche in Deutschland.
ÖRK	Ökumenischer Rat der Kirchen
TMDK	Transatlantische Moravische Dialog-Korrespondenz, hg. von Hartmut Beck, Karlsruhe u. a., 27 Hefte, 1993–2003.
UnFr	Unitas Fratrum. Zeitschrift für Geschichte und Gegenwartsfragen der Brüdergemeine, hg. vom Verein für Geschichte und Gegenwartsfragen der Brüdergemeine, Herrnhut, 1977 ff.
Z-MuD	Nikolaus Ludwig von Zinzendorf, Materialien und Dokumente, hg. v. Erich Beyreuther († 2003), Gerhard Meyer († 1984), Matthias Meyer (seit 1984), Amadeo Molnár († 1990) und Peter Zimmerling (seit 2003) in vier Reihen Hildesheim / Zürich / New York, 1971 ff.

LITERATUR IN AUSWAHL

Grundlagen zur Erforschung der Unitas Fratrum

1. Bibliographische Hilfsmittel

Meyer, Dietrich, Bibliographisches Handbuch zur Zinzendorf-Forschung (BHZ), Düsseldorf 1987.

Peucker, Paul, Herrnhuter Wörterbuch. Kleines Lexikon von brüderischen Begriffen, Herrnhut 2000.

Zeman, Jarold Knox, The Hussite Movement and the Reformation in Bohemia, Moravia and Slovakia, 1350–1650. A Bibliographical Study Guide, Ann Arbor/Mich. 1977.

Aktuelle bibliographische Übersichten von Veröffentlichungen zur Brüdergemeine erscheinen jährlich im Jahrbuch „Freikirchenforschung" des Vereins für Freikirchenforschung (Münster 1991 ff), in der Zeitschrift „Unitas Fratrum" (Herrnhut 1977 ff) und im Jahrbuch „Pietismus und Neuzeit" der historischen Kommission zur Erforschung des Pietismus (Göttingen 1974 ff).

2. Unitätsarchiv

Die wichtigsten Quellen zur Geschichte der Brüder-Unität werden im Unitätsarchiv in Herrnhut aufbewahrt, dem zentralen Archiv der weltweiten Brüder-Unität und der Europäisch-Festländischen Unitätsprovinz. Es wurde 1764 bei der ersten Generalsynode nach Zinzendorfs Tod mit dem Standort Zeist gegründet und befindet sich seit 1820 in Herrnhut. Es enthält umfangreiche archivalische Quellen zur Geschichte und zu den verschiedenen Arbeitszweigen der weltweiten Brüder-Unität vom 18. Jahrhundert bis in die Gegenwart, sowie eine umfassende Bibliothek relevanter Veröffentlichungen. Zahlreiche Findmittel sind über die Webseite des Archivs (www.archiv.ebu.de) zugänglich.

Rüdiger Kröger, Claudia Mai, Olaf Nippe (Hg.), Das Unitätsarchiv. Aus der Geschichte von Archiv, Bibliothek und Beständen. Mit Fotografien von Michael Kießling, Herrnhut 2014.

3. Zeitschriften (Europa und Nordamerika)

„Herrnhuter Bote" – Mitteilungen aus der Brüdergemeine, hg. von der Direktion der Evangelischen Brüder-Unität in Herrnhut und Bad Boll, erscheint monatlich, 1992 ff.

ITD – Internationaler Theologischer Dialog in der Brüder-Unität, hg. von Volker Schulz, Basel 2003–2016.

Journal of Moravian History. Publikation der Moravian Historical Society in Nazareth, Pa. und der Moravian Archives in Bethlehem/PA, 2006 ff.

Moravian Magazine, offizielle Zeitschrift der Moravian Church in America.

Moravian Messenger, offizielle Zeitschrift der Britischen Provinz.

The Hinge. International Theological Dialog for the Moravian Church, hg. vom Center for Moravian Studies, Bethlehem, Pa., erscheint zwei Mal jährlich, 1990 ff.

TMDK. Transatlantische Moravische Dialog-Korrespondenz, hg. von Hartmut Beck, Karlsruhe u.a., 27 Hefte, 1993–2003, weitergeführt als ITD – Internationaler Theologischer Dialog in der Brüder-Unität.

Transactions of the Moravian Historical Society, hg. von der Moravian Historical Society in Nazareth, Pa., 31 Bde, 1857–2000.

Unitas Fratrum. Zeitschrift für Geschichte und Gegenwartsfragen der Brüdergemeine (UnFr), hg. vom Verein für Geschichte und Gegenwartsfragen der Brüdergemeine, Herrnhut, 1977 ff.

Zeitschrift für Brüdergeschichte, 14 Bde, 1907–1920. Nachdruck in: Z-MuD, Reihe 3, Bd. I–IV, hg. von Gerhard Meyer und Erich Beyreuther, Hildesheim 1973.

4. Gesamtdarstellungen

van Buijtenen, Mari P., Cornelis Dekker und Huib Leeuwenberg (Hg.), Unitas Fratrum: Herrnhuter Studien / Moravian Studies, Utrecht 1975.

Hamilton, J. Taylor, und Kenneth G. Hamilton, History of the Moravian Church. The Renewed Unitas Fratrum 1722–1957, Bethlehem, Pa. 1967. (Deutsche Fassung: Die erneuerte Brüder-Unität 1722–1957, Herrnhut 2003).

Kalfus, Radim (Hg.), Brüder-Unität in Bildern 1457–1957, Prag 1957.

Lafrenz, Jürgen, u. a. (Hg.), Herrnhut & Herrnhuter Siedlungen / Moravian Settlements (Deutscher Historischer Städteatlas 3), Münster 2009.

Meyer, Dietrich, Zinzendorf und die Herrnhuter Brüdergemeine (1700–2000), Göttingen 2000, Neuausgabe 2009.

Renkewitz, Heinz (Hg.), Die Brüder-Unität (Kirchen der Welt 5), Stuttgart 1967.

A. Geschichte

5. Geschichte und Theologie der Alten Brüder-Unität in Quellen und Darstellungen

Atwood, Craig D., The Theology of the Czech Brethren from Hus to Comenius, University Park/PA 2009.

Bahlcke, Joachim, u. a. (Hg.), Acta Unitatis Fratrum. Dokumente zur Geschichte der Böhmischen Brüder im 15. und 16. Jahrhundert. Band 1. Regesten der in den Handschriftenbänden Acta Unitatis Fratrum I–IV überlieferten Texte. Wiesbaden 2018.

Halama, Jindřich, Die sozialethischen Implikationen der Lehre von Jan Hus, UnFr 75, 2016, 21–32.

–, Die Soziallehre der Böhmischen Brüder 1464–1618. Übersetzt von Karl-Eugen Langerfeld (Beiheft UnFr 27), Herrnhut 2017.

Just, Jiří, und Martin Rothkegel (Hg.), Confessio Bohemica 1575/1609, in: Reformierte Bekenntnisschriften, Bd. 3.1. 1570–1599, hg. von Andreas Mühling und Peter Opitz, Neukirchen-Vluyn 2012, 47–176.

Mai, Claudia, Auf den Spuren der Väter. Die Geschichte der Acta Unitatis Fratrum, UnFr 67/68, 2012, 1–14.

Meyer, Matthias, Reformationsjubiläum 2017 und die Ursprünge der Brüder-Unität 1467, in: Herrnhuter Boten. Mitteilungen aus der Brüdergemeine, Nr. 269, 2017, 6–8.

Molnár, Amadeo (Hg.), Quellen und Darstellungen zur Geschichte der böhmischen Brüder-Unität, in: Z-MuD, Reihe 1, Bd. 1–7, Hildesheim / Zürich / New York 1971–1981.

Müller, Joseph Theodor, Geschichte der Böhmischen Brüder, 3 Bde., Herrnhut 1922–1931.

Peschke, Erhard, Die Theologie der Böhmischen Brüder in ihrer Frühzeit, Bd. 1: Das Abendmahl. Teil 1: Untersuchungen, Stuttgart 1935, Teil 2: Quellen, Stuttgart 1940.

–, Kirche und Welt in der Theologie der Böhmischen Brüder. Vom Mittelalter zur Reformation, Berlin 1981.

Richter, Manfred, Johann Amos Comenius und das Colloquium Charitativum von Thorn 1645. Ein Beitrag zum Ökumenismus (Labyrinthi 1), Siedlce 2013.

Říčan, Rudolf, Die böhmischen Brüder, Ursprung und Geschichte, Berlin 1961, zweite Auflage Basel 2007.

Rothkegel, Martin, Jan Hus in der Reformation und im Protestantismus, MdKI 66, 2015, 30–33.

Wagner, Murray L., Petr Chelcicky. A Radical Separatist in Hussite Bohemia, Scottdale, Pa. 1983.

Zeman, Jarold K., Restitution and Dissent in the Late Medieval Renewal Movements. The Waldensians, the Hussites, and the Bohemian Brethren, Journal of the American Academy of Religion 44, 1976, 7–27.

6. Quellen zu Zinzendorf und der Herrnhuter Brüdergemeine

Dellsperger, Rudolf (Hg.), Kurze zuverlässige Nachricht von der Brüder-Unität. Das Zeremonienbüchlein (1757) von David Cranz (Beiheft UnFr 23), Herrnhut 2014.

Fabricius, Cajus (Hg.), Die Brüdergemeine. Kirchenordnungen, Lieder, Liturgien und Lehrschriften der Herrnhuter Brüdergemeine, in: Corpus Confessionum 10, Bd. 1, Berlin und Leipzig 1936.

Hahn, Hans-Christoph und Hellmut Reichel (Hg.), Zinzendorf und die Herrnhuter Brüder. Quellen zur Geschichte der Brüder-Unität 1722–1760, Hamburg 1977.

Lost, Christine (Hg.), Das Leben als Lehrtext. Lebensläufe aus der Brüdergemeine (Beiheft UnFr 14), Herrnhut 2007.

Meyer, Dietrich (Hg.), Nikolaus Ludwig Graf von Zinzendorf. Er der Meister, wir die Brüder. Eine Auswahl seiner Reden, Briefe und Lieder, Gießen 2000.

Zinzendorf-Werkausgabe im Georg Olms-Verlag:

Hauptschriften, hg. v. Erich Beyreuther († 2003) und Gerhard Meyer († 1984) 6 Bde., Hildesheim 1962–63; Ergänzungsbände zu den Hauptschriften, hg. v. dens. sowie Matthias Meyer (ab 1984) und Peter Zimmerling (ab 2001), 16 Bde, Hildesheim / Zürich / New York 1964–2010; Materialien und Dokumente (Z-MuD), hg. v. dens. und Amadeo Molnár († 1990), Reihe 1: Quellen und Darstellungen zur Geschichte der böhmischen Brüder-Unität, Hildesheim / New York 1971–1981; Reihe 2: Leben und Werk in Quellen und Darstellungen, Hildesheim / Zürich / New York 1971 ff; Reihe 3: Zeitschrift für Brüder-Geschichte, 6 Bde., Hildesheim 1973; Reihe 4: Gesangbücher und hymnologische Untersuchungen, 6 Bde., Hildesheim / New York 1971–1981.

Meyer, Matthias, Zur 70-bändigen Werkausgabe im Georg Olms-Verlag, Transatlantische Moravische Dialog-Korrespondenz (TMDK), Heft 21, Europa-Ausgabe, Karlsruhe 2000, 46–49.

Historisch-kritische Zinzendorf-Edition im Verlag Vandenhoeck & Ruprecht:

Meyer, Dietrich (Hg.), Nikolaus Ludwig von Zinzendorf. Katechismen, (Texte zur Geschichte des Pietismus. Abt. IV: Nikolaus Ludwig von Zinzendorf Werke, Bd. 6, Teil I), Göttingen 2008.

Meyer, Dietrich (Hg.), Nikolaus Ludwig von Zinzendorf. Bibel und Bibelgebrauch. Bd. 1: Bibelübersetzung, Bd. 2: Zinzendorfs Übersetzung des Neuen Testaments, Evangelien und Apostelgeschichte (Texte zur Geschichte des Pietismus. Abt. IV: Nikolaus Ludwig von Zinzendorf, Werke: Bd. 7.1/2), Göttingen 2015.

Meyer, Dietrich, Zum Programm einer zehnbändigen Zinzendorf-Ausgabe, Pietismus und Neuzeit. Ein Jahrbuch zur Geschichte des neueren Protestantismus, 12, 1986, 145–161.

7. Entstehung und Geschichte der erneuerten Brüder-Unität

Atwood, Craig D. und Peter Vogt (Hg.), The Distinctiveness of Moravian Culture. Essays and Documents in Moravian History, Nazareth/PA 2003.

Bettermann, Wilhelm, Das Werden einer Kirche im 18. Jahrhundert, Zwischen den Zeiten 11, 1933, 514–529.

Beyreuther, Erich, Die große Zinzendorf-Trilogie, Marburg 1988.

–, Studien zur Theologie Zinzendorfs. Gesammelte Aufsätze. Neukirchen-Vluyn 1962. (Nachdruck in: Z-MuD, Reihe 2, Bd. 31, Hildesheim / Zürich / New York 2000).

Böß, Stefanie, Gottesacker-Geschichten als Gedächtnis. Eine Ethnographie zur Herrnhuter Erinnerungskultur am Beispiel von Neudietendorfer Lebensläufen (Studien zur Volkskunde in Thüringen 6), Münster 2016.

Eberhard, Samuel, Kreuzes-Theologie. Das reformatorische Anliegen in Zinzendorfs Verkündigung, München 1937.

Erbe, Hans-Walter, Herrnhaag. Eine religiöse Kommunität im 18. Jahrhundert, Hamburg 1988 (= UnFr 23/24).

Freeman, Arthur J., Zinzendorfs ökumenische Herzenstheologie, Basel 2000.

Lütjeharms, Wilhelm, Het philadelphisch-oecumenisch streven der herrnhutters in de Nederlanden in de achtiende eeuw, Zeist 1935.

Mettele, Gisela, Weltbürgertum oder Gottesreich. Die Herrnhuter Brüdergemeine als globale Gemeinschaft 1727–1857, Göttingen 2009.

Meyer, Dietrich, Die Herrnhuter Brüdergemeine als Brücke zwischen radikalem und kirchlichem Pietismus, in: Wolfgang Breul (Hg.), Der radikale Pietismus – Perspektiven der Forschung (Arbeiten zur Geschichte des Pietismus, Bd. 55), Göttingen 2010, 147–158.

Meyer, Matthias, Das ‚Mutter-Amt' des Heiligen Geistes in der Theologie Zinzendorfs, Evangelische Theologie 43, 1983, 415–429.

–, Dietrich Bonhoeffers Impulse durch Zinzendorf und die Brüdergemeine, in: Rudolf Mohr (Hg.), Alles ist euer, ihr aber seid Christi, FS Dietrich Meyer (Schriften des Vereins für Rheinische Kirchengeschichte 147), Köln 2000, 919–957.

Modrow, Irina, Dienstgemeine des Herrn. Nikolaus Ludwig von Zinzendorf und die Brüdergemeine seiner Zeit (Theologische Studien und Texte, Bd. 4), Hildesheim 1994.

Müller, Joseph Theodor, Das Ältestenamt Christi in der erneuerten Brüderkirche, Zeitschrift für Brüdergeschichte 1, 1907, 1–32. Nachdruck in: Z-MuD, Reihe 3, Bd.1, Hildesheim 1973.

Nielsen, Sigurd, Der Toleranzgedanke bei Zinzendorf, 3 Bde, Hamburg 1952–1960.

Peucker, Paul (Hg.), Graf Ohne Grenzen. Leben und Werk von Nikolaus Ludwig Graf von Zinzendorf, Herrnhut 2000.

–, A Time of Sifting. Mystical Marriage and the Crisis of Moravian Piety in the Eighteenth Century, University Park/PA, 2015.

Philipp, Guntram, Die Wirksamkeit der Herrnhuter Brüdergemeine unter den Esten und Letten zur Zeit der Bauernbefreiung, Köln 1974.

Ranft, Ruth, Das Pädagogische im Leben und Werk des Grafen Ludwig von Zinzendorf, Weinheim 1958.

Reichel, Gerhard, Der 13. August 1727. Herrnhuter Hefte 13, Hamburg 1959.

Reichel, Hellmut, Die Anfänge der Brüdergemeine in der Schweiz mit besonderer Berücksichtigung der Sozietät in Basel, UnFr 29/30, 1990, 9–127.

Schatull, Nicole, Liturgie in der Herrnhuter Brüdergemeine Zinzendorfs (Mainzer Hymnologische Studien 14), Tübingen 2005.

Schneider, Hans, Die „zürnenden Mutterkinder“. Der Konflikt zwischen Halle und Herrnhut, Pietismus und Neuzeit. Jahrbuch zur Geschichte des neueren Protestantismus 29, 2003, 37–66.

–, Philadelphische Brüder mit einem lutherischen Maul und mährischen Rock. Zu Zinzendorfs Kirchenverständnis, in: Martin Brecht und Paul Peucker (Hg.), Neue Aspekte der Zinzendorf-Forschung (Arbeiten zur Geschichte des Pietismus 47), Göttingen 2006, 11–36.

Steinecke, Otto, Die Diaspora der Brüdergemeine in Deutschland, 3 Bde, Halle 1905–1911.

Sterik, Edita, Mährische Exulanten in der erneuerten Brüderunität im 18. Jahrhundert (Beiheft der UnFr 20), Herrnhut 2009.

Teigeler, Otto, Die Herrnhuter in Russland (Arbeiten zur Geschichte des Pietismus 51), Göttingen 2006.

Uttendörfer, Otto, Alt-Herrnhut. Wirtschaftsgeschichte und Religionssoziologie Herrnhuts während seiner ersten zwanzig Jahre, Herrnhut 1925. Nachdruck in: Z-MuD, Reihe 2, Bd. 32, Hildesheim / Zürich / New York 1984.

–, Wirtschaftsgeist und Wirtschaftsorganisation Herrnhuts und der Brüdergemeine von 1743 bis zum Ende des Jahrhunderts, Herrnhut 1926. Nachdruck in: Z-MuD, Reihe 2, Bd. 32, Hildesheim / Zürich / New York 1984.

–, Zinzendorf und die Mystik. Berlin 1950. Nachdruck in: Z-MuD, Reihe 2, Bd. 29/2, mit Einführung und Bibliographie (VII*–XXXVIII*) von Matthias Meyer, Hildesheim / Zürich / New York 2001.

Vogt, Peter, Christologie und Gender bei Zinzendorf, in: Pia Schmidt (Hg.), Gender im Pietismus. Netzwerke und Geschlechterkonstruktionen (Hallesche Forschungen 40), Halle 2015, 63–92.

–, Evangelische Spiritualität bei Nikolaus Ludwig Graf von Zinzendorf (1700–1760) und der Herrnhuter Brüdergemeine seiner Zeit, in: Peter Zimmerling (Hg.), Handbuch Evangelischer Spiritualität, Bd, 1: Geschichte, Göttingen 2017, 438–460.

Weinlick, John R., Count Zinzendorf. The Story of his Life and Leadership in the Renewed Moravian Church, Bethlehem/PA 1989.

Wollstadt, Hanns-Joachim, Geordnetes Dienen dargestellt an den Lebensformen der Herrnhuter Brüdergemeine in ihren Anfängen (Arbeiten zur Geschichte der Pastoraltheologie 4), Göttingen 1966.

Zimmerling, Peter (Hg.), Ein Leben für die Kirche. Zinzendorf als Praktischer Theologe, Göttingen 2010, 147–178.

B. Lehre

8. Theologie und Strukturen

Atwood, Craig D., Jesus Still Lead On. An Introduction to Moravian Belief, Bethlehem/PA 2004.

Barth, Karl, Gespräch mit Vertretern der Brüdergemeine, in: Eberhard Busch (Hg.), Karl Barth Gesamtausgabe, Bd. 25, Gespräche 1959–1962, Zürich 1995, 124–157.

Crews, C. Daniel., Confessing Our Unity in Christ. Historical and Theological Background to „The Ground of the Unity", vierte Aufl., Winston Salem, NC 2013.

Guthrie, David B., Heart and Head Together. Concerning Moravian Essentials, The Hinge. A Journal of Christian Thought for the Moravian Church, 8:2, 2000, 4–17.

Halama, Jindřich, Das Wesentliche und der „Grund der Unität". Welches ist die Bedeutung und welche Rolle spielen die Lehraussagen in der Kirchenordnung der Unitas Fratrum? TMDK 27, 2003, 8–16.

Kirchenordnung der Europäisch-Festländischen Brüder-Unität. Fassung 2018, hg. von der Direktion der Brüder-Unität, Herrnhut / Bad Boll / Zeist, 1987 und 2018.

Müller, Joseph Theodor, Das Bekenntnis in der Brüdergemeine. Eine geschichtliche Darstellung, Zeitschrift für Brüdergeschichte 3, 1909, 1–61. Nachdruck in: Z-MuD, Reihe 3, Bd. 1, Hildesheim 1971.

Renkewitz, Heinz, Die Brüdergemeine und das Bekenntnis, Herrnhut 1937.

Vogt, Peter, Brüdergemeine – das theologische Programm eines Namens, UnFr 48, 2001, 81–105.

–, Aktuelles Reden Gottes. Die Herrnhuter Losungen, in: Walter Klaiber und Wolfgang Thönissen (Hg.), Die Bibel im Leben der Kirche. Freikirchliche und römisch-katholische Perspektiven, Paderborn 2007, 185–198.

–, Liturgisch Leben. Spiritualität in der Herrnhuter Brüdergemeine, in: MdKI 4/52, 2001, 69–73. (Vortrag in Königsfeld bei der Landestagung des Evang. Bundes LV Baden und LV Württemberg am 21.10.2000). Als erweiterter Aufsatz, in: ITD 10/2010, 5–17.

–, Katholizität und Apostolizität der Kirche im Verständnis

der Herrnhuter Brüdergemeine, in: Burkhard Neumann und Jürgen Stolze (Hg.), Ursprung und Sendung der Kirche. Apostolizität und Katholizität in freikirchlicher und römisch-katholischer Sicht, Paderborn 2011, 95–114.

–, Taufe als Tor zu neuem Leben – Initiation wohin? Das Taufverständnis der Herrnhuter Brüdergemeine, in: Walter Klaiber und Wolfgang Thönissen (Hg.), Glaube und Taufe in freikirchlicher und römisch-katholischer Sicht, Paderborn 2005, 173–190.

C. Geografische Verbreitung

9. Zur Mission der weltweiten Brüder-Unität

Beck, Hartmut, Brüder in vielen Völkern. 250 Jahre Mission der Brüdergemeine, Erlangen 1981.

–, (Hg.), Wege in die Welt, Reiseberichte aus 250 Jahren Brüdermission, Erlangen ²2016.

Bintz, Helmut (Hg.), Nikolaus Ludwig von Zinzendorf. Texte zur Mission. Mit einer Einführung in die Missionstheologie Zinzendorfs, Hamburg 1979.

–, u. a. (Hg.), „Gehet hin…“, 250 Jahre Herrnhuter Mission. Dokumentation der Jubiläumsfeiern 1982 in Basel, Zeist, Königsfeld, Bielefeld und St. Thomas/Karibik, Bad Boll 1983.

Mason, John C. S., The Moravian Church and the Missionary Awakening in England, Woodbridge / Suffolk 2001.

Missionsatlas der Brüdergemeine, Herrnhut 1907.

Motel, Hans-Beat, „Mama, mein Herz geht kaputt!“ Das Schicksal der Herrnhuter Missionskinder, Herrnhut 2013.

Müller, Karl, 200 Jahre Brüdermission, 2 Bde, Herrnhut 1931/32.

Schattschneider, David A., Pioneers in Mission. Zinzendorf and the Moravians, in: International Bulletin of Missionary Research 8, 1984, 63–67.

Schulze, Adolf, Abriß einer Geschichte der Brüdermission, Herrnhut 1901. (Ausführliche Quellen und Literaturangaben).

Vogt, Peter, Die Mission der Herrnhuter Brüdergemeine und ihre Bedeutung für den Neubeginn der protestantischen Missionen am Ende des 18. Jahrhunderts. Pietismus und

Neuzeit. Ein Jahrbuch zur Geschichte des neueren Protestantismus 35, 2009, 204–236.
Wessel, Carola, „Es ist also des Heilands sein Predigtstuhl soweit und groß als die ganze Welt". Zinzendorfs Überlegungen zur Mission, in: Martin Brecht und Paul Peucker (Hg.), Neue Aspekte der Zinzendorf-Forschung (Arbeiten zur Geschichte des Pietismus 47), Göttingen 2006, 163–173.

10. Die Brüder-Unität als globale Kirche

Bøytler, Jørgen, Ecclesiology and Culture in the Moravian Church, Aarhus 2009.
–, Unity in Diversity. Challenges to the Worldwide Moravian Unity, The Hinge 21:1, 2016, 3–24.
Church Order of the Unitas Fratrum, 1957, 1974, 1988, 1995, 2002, 2009 und 2016.
Hertzsch, Raimund, Das Bischofsamt in der Brüdergemeine und seine verbindende Funktion, ITD 12, 2009, 37–61.
Meyer, Matthias, Realisierung statt Annihilierung des Protestantismus. Eine transatlantische Zusammenarbeit von Ludwig Feuerbach und Friedrich Kapp über die Herrnhuter, in: Pietismus – Herrnhutertum – Erweckungsbewegung, FS Erich Beyreuther, hg. von Dietrich Meyer (Schriften des Vereins für Rheinische Kirchengeschichte 70), Köln 1982, 362–411.
Motel, Hans-Beat, Ein Abbild der weltweiten Ökumene. Synode der Herrnhuter Brüdergemeine auf Antigua, Ökumenische Rundschau 38, 1989, 224–227.
–, The Moravian Church as a Global Community. Dreams at the Beginning, Challenges Today, Dreams for the Future, The Hinge. A Journal of Christian Thought for the Moravian Church 11:1, 2004, 2–26.
–, Zum Jubiläum 550 Jahre Brüder-Unität und 275 Jahre Herrnhuter Mission, ITD 8, 2007, 43–49.
Schulz, Volker, Einheit der Kirche in der heutigen Unität – Realität oder Fiktion? TMDK 23, 2001, 22–26.
Vogt, Peter, Die kirchliche Einheit der weltweiten Unität. Historische und theologische Perspektiven, ITD 5, 2005, 69–78.
–, How Moravian are the Moravians? The Paradox of Moravian Identity, Journal of Moravian History 18, 2018, 77–101.

–, Our Moravian Treasures. A Manual of Topics for Theological Education in the Unitas Fratrum. Christiansfeld 2019.

Vollprecht, Frieder, „Moravian Identity“ oder „Moravian Identities“ – Wie sieht die Zukunft der Brüder-Unität als weltweiter Kirche aus? ITD 22, 2015, 7–13.

D. Heutige Situation in vier Erdteilen

11. Die Brüder-Unität in verschiedenen Ländern und Regionen

Region Afrika

1. Südafrika

August, Karel Th., The Quest for Being Public Church. The South African Challenge to the Moravian Church in Context (1737–2004), 2. Aufl. Bellville/SA 2009.

–, Mustard Seeds for the Lord. Our Heritage, Our Legacy. Bellville/SA 2015.

de Boer, J., and E. M. Temmers (Hg.), The Unitas Fratrum. Two Hundred and Fifty Years of Missionary and Pastoral Service in Southern Africa (Western Region), Cape Town 1987.

Bredekamp, H. C. (Hg.), Das Tagebuch und die Briefe von Georg Schmidt, dem ersten Missionar in Südafrika (1737–1744), Bellville/SA 1981.

–, und H. E. F. Pliiddemann (Hg.), The Genadendal Diaries. Bd. 1: Diaries of the Herrnhut Missionaries H. Marsveld, D. Schwinn and J. C. Kühnel, (1792–1794), Bellvill/SA 1992.

Jannecke, Chrystal, Constituting Community. The Contested Rural Land Claim of the Tsitsikamma ‚Fingo/Mfengu‘ and Clarkson Moravian Mission in South Africa, Kronos – Southern African Histories 32, 2006, 192–215.

Krüger, Bernhard, The Pear Tree Blossoms. The History of the Moravian Church in South Africa 1737–1869, Genadendal 1966.

–, und Paul W. Schaberg (Hg.), The Pear Tree Bears Fruit. The History of the Moravian Church in South Africa-West, 1869–1960 with an Epilogue 1960–1980, Genadendal 1984.

Lasch, Alexander (Hg.), Mein Herz blieb in Afrika. Eine kommentierte Anthologie Herrnhutischer Missionsberichte von den Rändern der Welt am Beginn des 19. Jahrhunderts, in: Z-MuD, Reihe 2, Bd. 34, hg. von Erich Beyreuther (†), Matthias Meyer und Peter Zimmerling, Hildesheim / Zürich / New York 2009.
Meyer, Derek, und Elise Theunissen, Theological Training in the Moravian Church in South Africa 1838–2010, ITD 16, 2011, 45–52.
Nielsen, W. Sigurd, The Twin Blossom of the Pear Tree Bears Fruit. The History of the Moravian Church Eastern Province in South Africa, Port Shepstone/SA 1999.

2. Tansania

Bachmann, Traugott, Ich gab manchen Anstoß, Hamburg 1956.
Kisanji, Teofilo Hiyobo. Historia Fupi ya Kanisa la Kimoravian Tanganyika Magharibi, Tabora 1975.
Kotz-Kretschmer, Elisa, Missionarsfrau und Ethnographin der Safwa in Ost-Afrika, UnFr 45/46, 1999, 153–163.
Musomba, Angetile Yesaya, Historia Fupi ya Kanisa la Moravian Kusini, Dares Salaam 1990.
–, A Short History of the Moravian Church in Tanzania Southern Province 1891–1976, Rungwe 1991.
Plock, Luise (Hg.), Zukunft braucht Erinnerung. Frauenleben in Tansania, Basel 2008.
Wright, Marcia, German Missions in Tanganyika 1891–1941, Oxford 1971.

Region Europa

1. Brüdergemeine in Großbritannien

The Church of England and The Moravian Church in Great Britain and Ireland, Angelican-Moravian Conversations. The Fetter Lane Common Statement with Essays in Moravian and Angelican History by Colin Podmore (CCU Occasional Papers 5), London 1996.
Lindyard, Fred, and Phillip Tovey, Moravian Worship. Bramcote/Nottingham 1994.

Podmore, Colin, The Moravian Church in England, 1728–1760, Oxford 1998.
Stead, Geoffrey, and Margaret Stead, The Exotic Plant. A History of the Moravian Church in Britain, 1742–2000, Peterborough 2003.

2. Europäisch-Festländische Provinz

Bayer, Siegfried, Zeugnis und Vermächtnis an die Gemeine. Zur Bedeutung des Lebenslaufs in der Brüdergemeine, Der Brüderbote Nr. 464, 1988, 8–11.
Direktion der Evangelischen Brüder-Unität (Hg.), Die täglichen Losungen und Lehrtexte der Brüdergemeine, 290. Ausg. 2020. (in 61 Sprachen in weit über 1. Mill. Exemplaren).
–, (Hg.), Gesangbuch der Evangelischen Brüdergemeine, Basel 2007.
–, (Hg.), Handbuch für Versammlungen in der Brüdergemeine. Eine Arbeitshilfe für Liturgen und Kirchenmusiker, Herrnhut / Bad Boll 1990.
Gärtner, Niels, Das Verhältnis evangelische Landeskirche – Herrnhuter Brüdergemeine: Ortsgemeinde, Regionalgemeinde, Doppelmitgliedschaft. Gelebte Gemeindemodelle der Herrnhuter Brüdergemeine, in: Burkhard Neumann und Jürgen Stolze (Hg.), Kirche und Gemeinde aus freikirchlicher und römisch-katholischer Sicht, Paderborn 2010, 179–194.
Gill, Theodor, Herrnhut – Freikirche in der Landeskirche, Theologische Versuche, Bd. 11, Berlin 1980, 151–164.
Hahn, Hans-Christoph, Die Wirkungen der nationalpatriotischen Tendenzen im 19. und 20. Jahrhundert auf die Brüdergemeine und ihr Verhältnis zum Judentum, UnFr 69/70, 2013, 5–41.
Hafa, Hans-Georg, Die Geschichte der Kirchenordnungen in der Evangelischen Brüder-Unität, Herbergen der Christenheit 15, 1985/86, 105–121.
Hickel, Helmut, Sammlung und Sendung. Die Brüdergemeine gestern und heute, 7. Aufl., Berlin 1988.
„Keti koti“ – Umgang mit ambivalenter Geschichte. Themenheft zum 150-jährigen Jubiläum der Sklavenbefreiung in Suriname, ITD 20, 2013, 1–72.
Kunick, Hans-Jürgen, Die Königsfelder Zinzendorfschulen in

der Zeit des Nationalsozialismus. Geschichte der Schulen 1933–1944, UnFr 43, 1998, 1–128.

Richter, Hedwig, Pietismus im Sozialismus. Die Herrnhuter Brüdergemeine in der DDR (Kritische Studien zur Geschichtswissenschaft 186), Göttingen 2009.

Theile, Martin, Die Brüdergemeine Amsterdam. Geschichte der ersten Surinamischen Gemeinde in Europa, UnFr 73/74, 2016, 23–50.

Vogt, Peter, Die Liturgik der Herrnhuter Brüdergemeine, Blätter für Württembergische Kirchengeschichte 110, 2010, 201–217.

„Wort der Synode 1935" – Themenheft Brüdergemeine und Nationalsozialismus, UnFr 40, 1996, 1–168.

Zimmerling, Peter, Die Losungen. Eine Erfolgsgeschichte durch die Jahrhunderte, Göttingen 2014.

Region Karibik

1. Westindische Inseln-Ost und Jamaika

Füllberg-Stolberg, Claus, The Moravian Mission and the Emancipation of Slaves in the Caribbean. In: Ulrike Schmieder (Hg.), The End of Slavery in Africa and the Americas. A Comparative Approach, Berlin 2011, 81–102.

Hastings, S. U. und B. L. MacLeavy, Seedtime and Harvest. A Brief History of the Moravian Church in Jamaica, 1754–1979, Kingston 1979.

Hüsgen, Jan, Mission und Sklaverei. Die Herrnhuter Brüdergemeine und die Sklavenemanzipation in Britisch- und Dänisch-Westindien (Missionsgeschichtliches Archiv 25), Stuttgart 2016.

Kirton-Roberts, Winelle J., Created in Their Image. Evangelical Protestantism in Antigua and Barbados, 1834–1914, Bloomington/IN 2015.

Lampe, Armando, Mission or Submission? Moravian and Catholic Missionaries in the Dutch Caribbean during the 19th Century, Göttingen 2001.

Lewis, Kingsley, The Moravian Mission in Barbados 1816–1886. A Study of the Historical Context and Theological Significance of a Minority Church among an Oppressed People, Frankfurt/Main 1985.

Maynard, G. G. Oliver, A History of the Moravian Church, Eastern West Indies Province, Port-of-Spain/Trinidad 1968.
Oldendorp, Christian Georg Andreas, Geschichte der Mission der evangelischen Brüder auf den caraibischen Inseln S. Thomas, S. Croix und S. Jan. Barby 1777. Nachdruck in: Z-MuD, Reihe 2, Bd. 27.1+2, Hildesheim 1995.
Raphael-Hernandez, Heike, Black Caribbean Empowerment and Early Eighteenth-Century Moravian Missions Documents, Slavery & Abolition 36, 2015, 319–334.
Robinson, Evelyn L. (Hg.), Moravian Church in Jamaica, 250th Anniversary Souvenir 1754–2004, Kingston, Jamaica 2005.
Sensbach, Jon F., Rebecca's Revival. Creating Black Christianity in the Atlantic World, Cambridge/Mass. 2005.
Tucker, Jimmy, The Story of the Moravians (A Jamaica-Caribbean Perspective), Kingston 1998.

2. Nicaragua

Buczilowski, Ulrich R., Michael Kraus, Ulrich Epperlein u. a., Indigene Lateinamerikas. Die heimliche Revolution, Zeitschrift bedrohte Völker Pogrom, Nr. 220, 4/2003, 16–41.
Motel, Hans-Beat, Nicaragua – zwischen Gewehr und Gebet. Notizen einer Reise an die Ostküste, Stuttgart 1989.
Offen, Karl (Hg.), The Awakening Coast. An Anthology of Moravian Writings from Mosquitia and Eastern Nicaragua, 1849–1899, Lincoln, Nebraska 2014.
Örtzen, Eleonore von, Lioba Rossbach und Volker Wünderich (Hg.), The Nicaraguan Mosquitia in Historical Documents 1844–1927, Berlin 1990.
Robertson, C. Alton, The Moravians, the Miskitu, and the Sandinistas on Nicaragua's Atlantic Coast, 1979–1990, Bethlehem, Pa. 1998.
Schneider, Hermann Gustav, La Mosquitia. Historia de la Unitas Fratrum en La Mosquitia, 1849–1898, Managua 1998.
Tillman, Benjamin F., Imprints on Native Land. The Miskito-Moravian Settlement Landscape in Honduras, Tucson, Arizona 2011.

1. Nord- und Südprovinz in den USA und Kanada

Atwood, Craig, Community of the Cross: Moravian Piety in Colonial Bethlehem, University Park/PA 2004.

Beachy, Robert, and Michele Gillespie (Hg.), Pious Pursuits. German Moravians in the Atlantic World, New York 2007.

Couch, M. Blair and Graham H. Rights, What We Believe. A Glimpse at Moravian Theology, Bethlehem/PA 2006.

Crews, C. Daniel, und Richard Starbuck, With Courage for the Future. The Story of the Moravian Church, Southern Province, Winston-Salem/NC 2002.

–, and Nola R. Knouse, At the Lamb's High Feast We Sing. Moravian Celebration of Holy Communion, Winston Salem/NC 2012.

Engel, Katherine Carté, Religion and Profit. Moravians in Early America, Philadelphia 2009.

Erbe, Helmuth, Bethlehem, Pa. Eine kommunistische Herrnhuter Kolonie des 18. Jahrhunderts, Herrnhut 1929. Nachdruck in: Z-MuD, Reihe 2, Bd. 13, Hildesheim / New York 1975.

Faull, Katherine (Hg.), Moravian Women's Memoirs. Their Related Lives, 1750–1820, Bucknell/PA 1997.

Frack, Kevin C., The Foundation of Our Faith. Preparation for Membership in the Moravian Church, Bethlehem/PA 2007.

Fries, Adelaide L., (Hg.), Records of the Moravians in North Carolina, 11 Bde, Raleigh/NC 1922–1969.

–, Customs and Practices of the Moravian Church. Revised Edition, Bethlehem/PA 2003.

Groenfeldt, John S., Becoming a Member of the Moravian Church, zweite überarbeitete Aufl., Bethlehem/PA 2000.

Knouse, Nola Reed, (Hg.), The Music of the Moravian Church in America (Eastman Studies in Music 49), Rochester/NY 2008.

Kortz, Edwin W. The Liturgical Development of the American Moravian Church, Transactions of the Moravian Historical Society 18, 1962, 267–302.

Loskiel, Georg Heinrich, Geschichte der Mission der evangelischen Brüder unter den Indianern in Nordamerika, Barby 1798. Nachdruck mit Einführung und Bildteil zusammen-

gestellt (* 1–* 100) von Matthias Meyer, in: Z-MuD, R 2, Bd. 21, Hildesheim / Zürich / New York 1989.
Northern Province Book of Order. Bethlehem, Pa.: Provincial Elders Conference, 2010.
Schattschneider, David A., Die Wurzeln der heutigen Brüderkirche in Nordamerika, ITD 9, 2007, 19–49.
Sensbach, Jon. A Separate Canaan, The Making of an Afro-American World in North Carolina, 1763–1840, Chapel Hill/NC 1998.
Smaby, Beverly Prior, The Transformation of Moravian Bethlehem from Communal Mission to Family Economy, Philadelphia 1989.
Sommer, Elisabeth, Serving Two Masters: Moravian Brethren in Germany and North America, 1727–1801, University of Kentucky 2000.
Southern Province Book of Order, Winston-Salem/NC 2010.
Thorp, Daniel B., The Moravian Community in Colonial North Carolina. Pluralism on the Southern Frontier, Knoxville/Tenn 1989.
Vogt, Peter, Zinzendorf und die Pennsylvanischen Synoden 1742, UnFr 36, 1995, 5–61.
Wellenreuther, Hermann, und Carola Wessel (Hg.), Herrnhuter Indianermission in der Amerikanischen Revolution. Die Tagebücher von David Zeisberger (Selbstzeugnisse der Neuzeit 3), 1772–1781, Berlin 1995.
Wessel, Carola, Delaware-Indianer und Herrnhuter Missionare im Upper Ohio Valley, 1772–1781 (Hallesche Forschungen 4), Halle / Tübingen 1999.
Wheeler, Rachel M., To Live Upon Hope. Mohicans and Missionaries in the Eighteenth-Century Northeast, Ithaca/NY 2008.

2. Alaska

Henkelman, James W., und Kurt H. Vitt, Harmonious to Dwell. The History of the Alaska Moravian Church, 1885–1985, Bethel/Alaska 1985.
Schwalbe, Anna Buxbaum, Dayspring on the Kuskokwim. The Story of Moravian Missions in Alaska, Bethlehem/PA 1951, zweite, erweiterte Auflage 1985.

3. Labrador

Olsthoorn, Thea, Die Erkundungsreisen der Herrnhuter Missionare nach Labrador (1752–1770), in: ZMuD, Reihe 2, Bd. 35, Hildesheim / Zürich / New York 2002.

Rankin, Sharon, Marianne Stenbaek und Henrik Wilhjelm (Hg.), The Moravian Beginnings of Canadian Inuit Literature. An Exhibition of Special Collections from McGill University Library Rare Books and Special Collections, February to April 2009, Montréal 2010.

Rollmann, Hans, Labrador through Moravian Eyes. 250 Years of Art, Photographs and Records. St. John's/Newfoundland 2002.

–, (Hg.), Moravian Beginnings in Labrador. Papers from a Symposium Held in Makkovik and Hopedale, (Newfoundland and Labrador Studies Occasional Publication 2), St. John's/ Newfoundland 2009.

Whiteley, William H., The Records of the Moravian Mission in Labrador, The American Archivist 24, 1961, 425–430.

–, The Establishment of the Moravian Mission in Labrador and British Policy, Canadian Historical Review 45, 1969, 29–50.

AUTORINNEN UND AUTOREN

Prof. Dr. Craig D. Atwood, (* 1960), seit 2010 Professor am Moravian Theological Seminary in Bethlehem, Pa. (USA) und Direktor des dortigen Centers for Moravian Studies. Forschungsschwerpunkt: Geschichte und Theologie der Brüder-Unität, Pietismus, Konfessionskunde der USA. Zahlreiche Veröffentlichungen, u.a. The Theology of the Czech Brethren from Hus to Comenius (2009).

Ulrich Epperlein, (* 1948), Pfarrer der Evang. Landeskirche in Baden, von 1990–2002 und erneut seit 2016 Mitarbeiter der Iglesia Morava in Nikaragua als Seelsorger, Dozent und Entwicklungshelfer.

Rev. Dr. Paul Gardner, (* 1963), Jamaika, 2005–2017 Vorsitzender der Kirchenleitung der Moravian Church in Jamaika, 2008–2012 Präsident des Unitätsvorstands der weltweiten Brüder-Unität.

Prof. Dr. Jindřich Halama, (* 1952), Pfarrer der Brüder-Unität (Jednota Bratrská – Missionsprovinz), Professur für Ethik und Pastoraltheologie an der Evangelisch-Theologischen Fakultät der Karls-Universität Prag, Dekan von 2010 bis 2014; Forschungsschwerpunkte: Systematische Theologie und Theologie der Alten und erneuerten Brüder-Unität. Zahlreiche Veröffentlichungen, zuletzt Die Soziallehre der Böhmischen Brüder (2017).

Dr. Kingsley Lewis, (* 1949), Bischof der Brüder-Unität, 1987–1996 Vorsitzender der Kirchenleitung der Moravian Church Eastern West Indies, 1994–1996 Präsident des Unitätsvorstands der weltweiten Brüder-Unität.

Dr. Dietrich Meyer, (* 1937), Herrnhut, 1973–2000 tätig im Archiv der Evang. Kirche im Rheinland in Düsseldorf, seit 1976 als leitender Archivar. Zahlreiche Veröffentlichungen zur rheinischen und schlesischen Kirchengeschichte, zur Freikirchenforschung, zur Geschichte der Brüder-Unität und des Pietismus.

Dr. Matthias Meyer, (* 1953), Weinheim, Pfarrer der Evang. Landeskirche in Baden, 1993 bis 2006 Lehraufträge an der

Fachhochschule des Bundes für öffentliche Verwaltung und der Universität Mannheim, 1993–2012 Pfarrer an der Christuskirche Mannheim, 2012–2017 Referent im Konfessionskundlichen Institut des Evang. Bundes in Bensheim; seit 2017/18 Dozent der Prädikantenausbildung in Baden, Stiftsseelsorger im Augustinum Heidelberg und ea. Bundespfarrer der Johanniter. Mitherausgeber der Zinzendorf Werkausgabe im Georg Olms Verlag, Hildesheim.

Jackie Morten, (* 1952), Geschäftsfrau und Prädikantin der Moravian Church in Great Britain, 1994–2010 Mitglied der Kirchenleitung. Publikationen im Moravian Messenger.

Dr. h.c. Hans-Beat Motel, (* 1940), Königsfeld im Schw., Pfarrer der Brüdergemeine, 1981–2004 Mitglied der Kirchenleitung der Evangelischen Brüder-Unität (Europ.-Festl. Provinz) und mehrfach Vorsitzender des Unitätsvorstands der weltweiten Brüder-Unität. Mitarbeit in vielen ökumenischen Gremien und zahlreiche Veröffentlichungen, zuletzt „Mama, mein Herz geht kaputt!" Das Schicksal der Herrnhuter Missionskinder (2013).

Angetile Yesaya Musomba, M.Div., (* 1943), Ileje/Tansania, Pfarrer der Moravian Church in Tansania. Viele Jahre Generalsekretär des Nationalen Christenrates von Tansania (C. C. T. Christian Council of Tansania) und bis zu seinem Ruhestand 2006 Vorsitzender der Kirchenleitung der Moravian Church in Tanzania – Southern Province (Rungwe), 2001–2004 Präsident des Unitätsvorstands der weltweiten Brüder-Unität.

Volker Schulz, (* 1958), Basel, Bischof der Brüder-Unität, Dienst als Pfarrer in Hamburg, Nordrhein-Westfalen und Basel. Mitarbeit in ökumenischen Gremien. Seit 2008 Schriftleiter von ITD – Internationaler Theologischer Dialog in der Brüder-Unität.

Elise Theunissen, M.Th., (* 1954), Pfarrerin der Moravian Church in South Africa, zeitweilig Dozentin und Leiterin des Theologischen Seminars in Heideveld, 2008–2016 Mitglied der Kirchenleitung.

Frieder Vollprecht, (* 1960), Pfarrer der Brüdergemeine, 1997–2002 Dozent am Theologischen Seminar der Brüder-Unität in Paramaribo/Surinam, 2002–2014 Mitglied der Kirchenleitung der Evangelischen Brüder-Unität (Europ.-Festl. Provinz), seit 2014 Dienst in Basel. Mitwirkung in Missionsgesellschaften und ökumenischen Gremien.

Dr. Peter Vogt, (* 1967), Pfarrer der Brüdergemeine, seit 2013 Dienst in Herrnhut, zugleich seit 2005 Studienleiter der Evangelischen Brüder-Unität; seit 2010 Präses der Provinzialsynode, Mitarbeit im Herausgeberkreis der Zeitschriften „Unitas Fratrum" und „Journal of Moravian History", Forschungsschwerpunkte: Geschichte der Brüdergemeine, Theologie Zinzendorfs und Geschichte des Pietismus; zahlreiche Veröffentlichungen, u. a. Von Goethe bis Grass – Herrnhuter in der Literatur (2016).

NAMENSREGISTER

Bensheimer Hefte im Verlag Vandenhoeck & Ruprecht Göttingen

Die Reihe „Die Kirchen der Gegenwart“

wird herausgegeben von

- Prof. Dr. theol. Gury Schneider-Ludorff, Lehrstuhl für Kirchen- und Dogmengeschichte an der Hochschule Augustana Neuendettelsau

und

- Dr. theol. Walter Fleischmann-Bisten M.A., ehem. Direktor des Konfessionskundlichen Instituts Bensheim und Generalsekretär des Evangelischen Bundes

Dargestellt werden die Entwicklung und die gegenwärtige Situation aller christlichen Kirchen in den fünf Erdteilen. Die 19 Bände haben einen Umfang zwischen 150 und 300 Seiten. Sie sind nach folgendem Schema aufgebaut:

A Geschichte (Ursprünge und historischer Abriss)
B Lehre (Theologie und Strukturen)
C Geographische Verbreitung
D Heutige Situation in den fünf Erdteilen:

- Historische Entwicklung und rechtliche Situation
- Mission und Evangelisation
- Wachstum und Schrumpfung
- Gottesdienste, Liedgut, Liturgie
- Verhältnis zur jeweiligen Kultur
- Verhältnis zur jeweiligen Gesellschaft
- Ökumenische Situation

1. **Lutherische Kirchen**
   Hg. Prof. Dr. Michael Plathow, Leimen 1.Aufl. 2007, vergriffen [Neubearbeitung erfolgt durch Prof. Dr. Bernd Oberdorfer, Augsburg]
2. **Methodistische Kirchen**
   Hg. Bischof em. Dr. Walter Klaiber, Tübingen (2011, 330 S.)
3. **Die katholischen Ostkirchen**
   Prof. Dr. Andriy Mykhaleyko, Lviv/Lemberg (2012, 183 S.)
4. **Freie Evangelische Gemeinden**
   Hg. Pastor Dr. Johannes Demandt, Düsseldorf (2012, 229 S.)
5. **Alt-Katholische Kirchen**
   Hg. Prof. Dr. Günter Eßer, Bonn (2016, 152 S.)
6. **Herrnhuter Brüdergemeine (Unitas Fratrum)**
   Hg. Pfarrer Dr. Matthias Meyer, Weinheim und Pfarrer Dr. Peter Vogt, Herrnhut (2020, 262 S.)
7. **Mennoniten**
   Hg. Prof. Dr. Fernando Enns, Amsterdam
8. **Reformierte Kirchen**
   Hg. Prof. Dr. Georg Plasger, Siegen
9. **Anglikanische Kirchen**
   Hg. Prof. Dr. Charlotte Methuen, Glasgow
10. **Östliche Kirchen der byzantinischen Tradition**
    Hg. Dr. Dagmar Heller, Bensheim
11. **Östliche Kirchen der nicht-chalzedonensischen Tradition**
    Hg. Prof. Dr. Karl Pinggéra, Marburg
12. **Baptisten weltweit**
    Hg. Prof. Dr. Erich Geldbach, Marburg (erscheint 2020)
13. **Adventisten**
    Hg. Dozent Dr. Johannes Hartlapp, Friedensau
14. **Pentecostale Kirchen**
    Hg. Prof. Dr. Michael Bergunder, Heidelberg
15. **Unierte Kirchen**
    Hg. N. N.
16. **Die römisch-katholische Kirche**
    Hg. Prof. Dr. Wolfgang Thönissen, Paderborn
17. **Unabhängige Kirchen**
    Hg. Pfarrer Martin Bräuer D. D., Bensheim
18. **Quäker, Nazarener, Heilsarmee u. a.**
    Hg. Dr. Walter Fleischmann-Bisten, Bensheim
19. **Die Neuapostolische Kirche**
    Hg. Andrea V. Huber, Heidelberg und Dr. Lothar Triebel, Bensheim